Coordenação editorial

Irene Sá

ELA

Infinito movimento ∞

VOL. 2

CB078417

Literare Books
INTERNATIONAL
BRASIL · EUROPA · USA · JAPÃO

© LITERARE BOOKS INTERNATIONAL LTDA., 2025.
Todos os direitos desta edição são reservados à Literare Books International Ltda.

PRESIDENTE DO CONSELHO
Maurício Sita

PRESIDENTE
Alessandra Ksenhuck

VICE-PRESIDENTES
Cláudia Pires e Julyana Rosa

DIRETORA DE PROJETOS
Gleide Santos

GERENTE EDITORIAL
Anselmo Vasconcelos

EDITOR
Helder Novaes

EDITORA JÚNIOR
Júlia Almeida

ASSISTENTE EDITORIAL
Emerson Xavier

REVISORES
Aline Graça, Débora Zacharias e Laura Kerstenetzky

CAPA
Gabriel Uchima

DIAGRAMAÇÃO
Ana Paula Nunes Medeiros

IMPRESSÃO
Printi

Dados Internacionais de Catalogação na Publicação (CIP)
(Câmara Brasileira do Livro, SP, Brasil)

Ela : vol. 2 : infinito movimento / [coordenação Irene Sá]. -- São Paulo : Literare Books International, 2025.

ISBN 978-85-9455-446-8

1. Mulheres empresárias 2. Mulheres - Relatos I. Sá, Irene.

25-281200 CDD-658.4092

Índices para catálogo sistemático:

1. Mulheres empresárias : Sucesso em negócios : Relatos pessoais : Administração 658.4092

Eliete Marques da Silva - Bibliotecária - CRB-8/9380

LITERARE BOOKS INTERNATIONAL LTDA.
Alameda dos Guatás, 102
Vila da Saúde — São Paulo, SP. CEP 04053-040
+55 11 2659-0968 | www.literarebooks.com.br
contato@literarebooks.com.br

MISTO
Papel | Apoiando o manejo florestal responsável
FSC® C196274

SUMÁRIO

PREFÁCIO

O que me faz bem, o que me transforma, se for possível ser passado adiante, eu o faço com a tranquila convicção de que poderá fazer o bem ao outro, também.

Irene Sá

Essa forma de pensar e agir vem ao encontro do movimento "quando uma sobe, dá a mão para a outra subir também" e isso se atribui a todos os seres humanos que querem evoluir. As nossas ações reverberam no Universo.

A leitura de *Ela: infinito movimento*, embora trate de relatos de mulheres vitoriosas, é endereçada a todas as pessoas que queiram elevar suas percepções, sejam elas profissionais, pessoais, familiares ou comportamentais. Os relatos deste livro apresentam a vida de cada coautora e todos estes fatores estão conectados. Não há ficção, é a vida como ela é, reverberando aí na sua vida e, possivelmente, instigando-o a buscar as saídas que tanto quer.

Este livro nasceu do movimento "Ela", a força da mulher na sua singularidade, inspirando outras e formando uma legião de mulheres extraordinárias que ousaram dizer "sim" a si mesmas, que transformaram medos em força, dúvidas em ação e obstáculos em aprendizado. *Ela: infinito movimento* é uma celebração de trajetórias reais, intensas e corajosas, que mostram o quanto o feminino pode e deve ocupar todos os espaços; atuar como líderes em todas as escalas, sejam elas, empresariais, políticas, civis, militares ou religiosas, desde que estejam capacitadas para tal.

As páginas a seguir apresentam 33 vozes, 33 histórias, 33 caminhos que se cruzam neste projeto com um objetivo comum: inspirar. Não com discursos inalcançáveis, mas com vivências autênticas que mostram que empreender vai muito além de abrir um negócio – é sobre abrir caminhos, dentro e fora de si.

Este livro é para quem busca referência, coragem, conexão. Para quem acredita que toda transformação começa com um passo – e que esse passo pode ser dado agora.

Ao virar estas páginas, você vai encontrar mulheres que ousaram, caíram, recomeçaram e venceram. Histórias que revelam que não existe uma única forma de chegar lá – mas que todas têm algo em comum: o movimento constante de quem não aceita ficar parada.

Que este livro a inspire a se mover também. Porque quando uma mulher se move, ela carrega com ela o poder de mover o mundo.

Irene Sá

01

RELACIONAMENTOS:

CONEXÕES, OPORTUNIDADES E RESULTADOS

A importância de saber dizer SIM às oportunidades que se abrem como portas para o mundo das conexões, unindo as afinidades e mostrando os caminhos, gerando movimentos que facilitarão a realização de metas.

IRENE SÁ

Irene Sá

Professora, empresária, agente de viagens e relações internacionais. CEO da Fisk Xanxerê. Possui Graduação em Letras (Inglês) pela Facepal – Palmas/PR, pós-graduações em Português e Literaturas pela URI (RS) e Espanhol e Inglês pela Unoesc Xanxerê (SC), aperfeiçoamento Internacional em Inglês (Nova York, Londres e Toronto), cursos em Business na LSI (Londres e Toronto), *Marketing and Strategies for Developing Countries* na Beijing Normal University (Pequim, China) e TESOL na Mississippi College (EUA). É Vice-Presidente Regional do CEME – Conselho Estadual da Mulher Empresária de Santa Catarina (2020/2023), Presidente da Associação Empresarial de Xanxerê (ACIX), gestão 2021/2022, Diretora de Comunicação e Marketing da Federação das Associações Empresariais de Santa Catarina (FACISC), gestão 2022/2023, Presidente do Rotary E-Club Inspiração (2023/2024), membro do Conselho Municipal dos Direitos da Mulher de Xanxerê (CMDM), coordenadora das Relações Internacionais da Universidade do Oeste de Santa Catarina (Unoesc) desde 2009, e membro do Conselho Superior da ACIX, 2022/2026.

Contatos
Instagram: @irenesaaffolter
LinkedIn: https://www.linkedin.com/in/irene-sa-affolter
49 98839 7389

Não é bom que o homem esteja só (...).
Gênesis, 2:18.

"Nenhum homem é uma ilha" é uma frase que pode ser atribuída ao poeta britânico John Donne ou ao filósofo inglês Thomas Morus. A frase demonstra que as pessoas não são isoladas, mas fazem parte de um todo (Merton, 2021).

Conexões são mais do que simples interações sociais; principalmente no mundo empresarial feminino, em que elas representam pontes para oportunidades e crescimento, haja vista as dificuldades que muitas mulheres enfrentam nos primeiros passos de sua jornada empresarial. Empreender no Brasil não é fácil para ninguém, e para as mulheres sempre foi um pouco mais difícil por diversas situações. Por meio do *networking*, dos relacionamentos, as mulheres empresárias criam uma rede de contatos que podem ser a chave para alcançar novos mercados e, assim, obter suporte profissional e ampliar seus horizontes. Em um ambiente em que os desafios são constantes, a importância de ter uma rede de apoio confiável faz toda a diferença.

A importância das conexões para mulheres no mercado de trabalho

Podemos destacar que essas interações podem abrir portas para oportunidades e gerar resultados significativos. As mulheres enfrentam desafios específicos no mundo dos negócios, desde a desigualdade salarial até a menor representatividade em cargos de liderança. Nesse cenário, o *networking* torna-se uma ferramenta essencial, com a qual criamos conexões com outras mulheres empresárias e futuras parceiras de negócios, proporcionando experiências e conhecimentos valiosos que ajudam a superar as barreiras e fortalecem a presença feminina no mercado de trabalho.

E essas conexões vão muito além do simples ato de conhecer alguém novo. Elas constroem relacionamentos significativos e verdadeiros que podem nos trazer um valor mútuo. Ao criar esse vínculo profissional, as mulheres ampliam suas perspectivas, trocam experiências e fortalecem sua presença no mundo empresarial, pois, quando as mulheres se conectam juntas a uma nova oportunidade, ambas crescem unidas, promovendo o fortalecimento e o sucesso de uma rede conjunta. "Quando uma sobe, dá a mão para a outra subir também." As conexões podem transformar carreiras e negócios. Aliadas ao *networking*, novas oportunidades surgem, como:

- **Novos negócios**: a troca de informações entre elas resulta em parcerias estratégicas, colaborações e oportunidades de negócios com possibilidades inesperadas.
- **Mentoria e desenvolvimento**: mentoras experientes ajudam a evitar erros comuns, e proporcionam insights valiosos para o crescimento profissional.
- **Investimentos**: abrem-se oportunidades de novos investimentos, que são descobertos mediante indicações e recomendações dentro das redes de contatos.
- **Visibilidade e reconhecimento**: com essa troca e esse envolvimento, tudo se transforma e aumenta a visibilidade das empresárias, fortificando suas marcas e ampliando seus negócios.

Dizer SIM às oportunidades que as conexões apresentam

O verdadeiro diferencial está em saber dizer SIM e aproveitar as oportunidades que surgem a partir dessas conexões. É importante saber como utilizá-las a seu favor e não perder essas chances que são portas valiosas que se abrem. O NÃO manterá você na zona de conforto, sem nada de novo, correndo o risco da estagnação.

No entanto, o SIM a desassossega e é a chave para transformar as oportunidades em resultados concretos com proatividade. É essencial estar aberta a novas parcerias, buscar aprendizado contínuo e não ter medo de se expor e arriscar. Há que se ter coragem para as mudanças.

Às vezes, pôr uma noite no meio é imprescindível, ou seja, significa que não podemos nos precipitar. Analisar as situações para uma boa tomada de decisão é fundamental e uma noite bem dormida no meio disso tudo deixará tudo mais claro.

Mulheres que colaboram entre si constroem um ecossistema mais forte e sustentável para todas. Sempre enfatizo em minhas falas que, quando uma mulher sobe, dá a mão para a outra subir também e assim vamos fortalecendo esses relacionamentos, aumentando as conexões, aproveitando as oportunidades, melhorando os resultados das nossas empresas e também do nosso desempenho pessoal.

Uma vez afirmando algo, deve confirmá-lo. Quando uma pessoa diz "sim", nenhuma atividade de retirada tem lugar. O organismo está num movimento para a frente, aceitando, numa atitude aberta, com isso, que o maior número possível de "sins" recebidos logo de início conduzirá ao máximo de probabilidades na concretização do nosso objetivo. O filósofo Sócrates, um dos mais brilhantes já conhecidos mudou o curso do pensamento humano e, mesmo após séculos, é um dos maiores sábios e influenciadores do mundo com sua técnica do sim, conhecida como "Método Socrático", que se baseia conduzir o interlocutor a responder afirmativamente por meio de perguntas sucessivas (Carnegie, 2012, p.177-182).

Atraindo resultados das conexões

O crescimento sustentável dos negócios está diretamente ligado à rede de contatos. Empresas lideradas por mulheres que investem em *networking* têm maior probabilidade de expandir suas operações e conquistar novos clientes. Além disso, um bom *networking* pode proporcionar referências de qualidade, fortalecer a reputação no mercado e gerar indicações valiosas.

Outra forma pela qual as conexões impactam os resultados é por meio do aprendizado contínuo. Participar de grupos e comunidades voltadas para o empreendedorismo feminino permite a troca de experiências, facilitando a adaptação às mudanças do mercado e a identificação de novas tendências.

Para maximizar os benefícios do *networking*, é essencial adotar estratégias como:

- Vivacidade nos relacionamentos: não basta fazer conexões, é preciso cultivá-las.
- Oferecer valor antes de pedir algo em troca: o *networking* eficaz baseia-se na reciprocidade.

• Participar ativamente de eventos e grupos: a presença constante reforça a credibilidade e amplia as oportunidades de conexão.

Considerações finais

Conectar pessoas vai além do simples ato de conhecer alguém novo. Trata-se de construir relacionamentos significativos e verdadeiros que possam gerar valor mútuo. Para mulheres empresárias, isso significa criar um ecossistema de apoio que favoreça a colaboração e o crescimento conjunto.

Para obter resultados positivos nos relacionamentos interpessoais, é necessário confiança, empatia e respeito mútuos e muita boa vontade para que o propósito principal seja alcançado. Tendo por base esses componentes, as conexões, sejam superficiais ou profundas, tornam-se decisivas para o sucesso pessoal ou profissional.

A gestão das emoções, de forma equilibrada e consciente, fruto do autoconhecimento, nos proporciona ambientes de trabalho mais benéficos, não apenas do ponto de vista social, mas também da saúde física e emocional.

Conectar-se a pessoas certas pode transformar carreiras e negócios. Para homens e mulheres com o propósito de crescer e prosperar, o *networking* é uma ferramenta poderosa que gera oportunidades e impulsiona resultados reais. Ao fortalecer suas redes de contato, aqui, referindo-me às mulheres, vejo excelentes empresárias ganhando não apenas acesso a novos mercados, mas também apoio, conhecimento, respeito e inspiração para seguir crescendo e se destacando no mercado empresarial.

Acredite na força dos relacionamentos e siga obtendo excelentes resultados.

Referências

CARNEGIE, D. *Como fazer amigos e influenciar pessoas*. Trad. Fernando Tude de Souza. 52. ed. São Paulo: Nacional, 2012.

MERTON, T. *Homem algum é uma ilha*. Trad. D. Timóteo Amoroso Anastácio. 23. ed. Rio de Janeiro: Petra, 2021.

02

MINHA HISTÓRIA DE DESAFIOS E CONQUISTAS

Desde cedo, aprendi o valor da determinação e do trabalho em equipe. No esporte, desenvolvi disciplina e resiliência, destacando-me no vôlei. Minha trajetória profissional começou no setor financeiro, mas foi na Mary Kay, multinacional americana, que descobri minha paixão: transformar vidas. Como diretora, desenvolvi minha liderança, conquistei vários reconhecimentos, incluindo o icônico carro rosa.

ADRIANE FRANKE SPILMANN

Adriane Franke Spilmann

Atuante na promoção da liderança feminina e no fortalecimento da comunidade, é Diretora de Vendas Independente Mary Kay, Conselheira Administrativa do Sicoob/Credimoc, integrante do Núcleo da Mulher Empresária da Associação Empresarial de Xanxerê (ACIX) e da Associação da Casa da Amizade de Xanxerê (ACA), além de Vereadora Suplente de Xanxerê (2021/2024). Acredita no poder da representatividade, do empreendedorismo e da colaboração como ferramentas para transformar realidades.

Contatos
frankeadri@hotmail.com
Instagram: @frankeadri
49 99924 8342

Adriane Franke Spilmann

Sou a caçula de seis irmãos, dois homens e quatro mulheres. Meu pai nasceu em Ipira, Santa Catarina, e, ainda jovem, foi trabalhar em Maravilha/SC, onde construiu sua família. Anos depois, ele, minha mãe e seus seis filhos pequenos se mudaram para Xanxerê/SC em busca de uma vida melhor.

Vivíamos de forma simples, mas meu pai sempre com o grande sonho de proporcionar melhores condições para todos nós. No entanto, a nossa vida mudou drasticamente quando eu tinha apenas oito anos. Minha mãe adoeceu e, diagnosticada com câncer de útero, veio a falecer. A perda dela nos deixou sem rumo, porém, meu pai assumiu o papel de pai e mãe com uma força incrível. Apesar da saudade e da dor, eu e minha irmã tivemos que assumir grandes responsabilidades em casa.

Exatamente um ano após a perda de nossa mãe, fomos atingidos por uma enchente, o que trouxe ainda mais desafios para nossa família. Lembro que, naquela tarde, ao sair da escola, chovia muito. Não tínhamos carro e eu sabia que não havia outra opção senão ir a pé mesmo, na chuva. Chegando perto da rodoviária me deparei com a rua cheia de água e, sem a mínima noção do perigo, atravessei. Não sabia nadar, mas estava acostumada a brincar no rio que passava ao lado da minha casa. Escutei pessoas gritarem para eu não entrar na água, pois a correnteza estava muito forte e eu poderia me afogar. Então, um taxista, que estava ali perto, me levou para minha casa.

A tristeza tomou conta dos nossos corações ao vermos nossa casa embaixo d'água. Quando a água baixou, ver aquela lama foi desesperador. Perdemos muitas coisas e as memórias da infância foram levadas. No entanto, tudo foi superado com o amor e a união da nossa família

Eu sempre fui apaixonada por esportes. Todos os dias, quando chegava em casa do colégio, gostava de jogar bola com os amigos do bairro e, muitas vezes, ficávamos na rua jogando até anoitecer. Me destaquei no vôlei e comecei a treinar no time do colégio para disputar os torneios escolares. Logo depois, ingressei na Comissão Municipal de Esportes (CME) para representar o município em campeonatos regionais e nos Jogos Abertos de Santa Catarina (JASC). Sempre fui competitiva e disciplinada, buscando melhorar meu desempenho a cada dia.

O esporte me ensinou lições valiosas, como a importância da resiliência. Mesmo em situações de pressão, adversidades e desafios, aprendi a manter o foco e a produtividade. Hoje, percebo como essas experiências no esporte moldaram minha determinação e capacidade de enfrentar obstáculos, tornando-me mais forte e preparada para qualquer desafio que a vida possa apresentar.

Quando estava no Ensino Médio, recebi o convite para participar do concurso de beleza Garota Atlântida. Esse concurso reunia milhares de pessoas em todas as cidades, onde aconteciam as eliminatórias, e as vencedoras representavam seus municípios na grande final. Por ser tímida, fiquei apreensiva. Além disso, teria que desfilar de maiô e eu tinha vergonha das minhas pernas magras. Contudo, não deixei que a insegurança e o medo me impedissem, aceitei o convite.

Ao participar, descobri uma confiança em mim mesma que nunca havia sentido antes. Essa experiência me ensinou a importância de enfrentar meus medos e acreditar no meu potencial. Para minha surpresa e alegria, venci o concurso, representando meu município na grande final.

Em 1993, aos 21 anos, iniciei a faculdade de Economia. No entanto, acabei abandonando o curso, pois, na época, o vôlei era minha prioridade e os treinos noturnos tornavam impossível conciliar com os estudos. Nesse período, trabalhava como caixa na Casa dos Esportes e, em seguida, fui convidada a ingressar na cooperativa de crédito Sicoob/Credimoc, onde comecei a construir minha carreira profissional.

Naquela época, muitas tecnologias, como computadores e internet, ainda não eram amplamente utilizadas. Foi um período de grandes mudanças e esperanças renovadas no país. O crescimento da cooperativa foi notório e nós, como funcionários, também evoluímos. Foi uma satisfação enorme fazer parte daquela instituição, pois me desenvolvi muito profissionalmente durante esse tempo.

Meu pai sentia um imenso orgulho por eu integrar essa instituição, especialmente porque isso me proporcionou segurança – algo que eu e ele tanto valorizávamos, considerando todas as dificuldades, emocionais e financeiras, que enfrentamos, como família, ao longo da nossa vida.

Após três anos trabalhando na cooperativa, meu pai faleceu. Sua partida foi devastadora, porque ele era o pilar central da minha vida. Sentir sua ausência foi como perder meu alicerce, pois ele era tudo para mim.

Conheci o amor da minha vida de uma maneira inesperada. Um dia, apareceu no meu trabalho um rapaz lindo de 21 anos, cinegrafista da TV Record, querendo falar comigo. Ele me contou que estava organizando, com outras pessoas, um concurso na cidade para escolher a Rainha do Rodeio e me convidou para participar.

Aceitei o convite e, durante os ensaios, ficamos cada vez mais próximos. Quando percebemos, estávamos apaixonados. Então, começamos a namorar e, um ano e nove meses depois, nos casamos. Juntos, tivemos dois filhos: William e Gustavo. Ser mãe foi, sem dúvida, uma das experiências mais gratificantes e transformadoras da minha vida.

Desde o nascimento dos meus filhos, sentia um desejo profundo de passar mais tempo com eles, com flexibilidade de buscá-los na escola, levá-los ao futebol e estar mais presente no dia a dia. Quando William tinha nove anos e Gustavo quatro, tomei uma das maiores decisões da minha vida: pedi demissão. A dúvida e o medo de ter feito a escolha errada eram reais, mas a vontade de mudar e de conquistar flexibilidade era maior.

Estava realizada como mãe, mas não deixei de me capacitar. Continuei fazendo cursos e comecei a participar da Associação das Senhoras de Rotarianos – que era um sonho que eu tinha: poder contribuir, de alguma maneira, em uma entidade. Essa jornada foi uma combinação de amor, crescimento pessoal e dedicação, permitindo-me estar mais presente na vida dos meus filhos e, também, buscar meus próprios interesses e desenvolvimento pessoal.

Em uma formatura da turma da Dale Carnegie, curso que eu havia feito anteriormente, reencontrei o instrutor, que já conhecia minha história e, por isso, me falou sobre uma oportunidade de trabalho na Mary Kay, uma multinacional americana. Ele disse que eu poderia me interessar, pois, nessa empresa, as diretoras que se destacavam conseguiam conquistar muitos reconhecimentos, inclusive um carro rosa.

Senti curiosidade em saber mais sobre essa empresa que, até então, nunca tinha ouvido falar. Fiquei encantada ao descobrir que Mary Kay Ash fundou sua empresa com base nos valores pessoais que guiavam sua vida – integridade, honestidade e uma crença inabalável na regra de ouro: "Faça aos outros o que gostaria que fizessem a você".

Além disso, a empresa promovia o equilíbrio de prioridades, colocando Deus em primeiro lugar, a família em segundo e a carreira em terceiro. Esses valores ressoaram profundamente em mim. Assim, decidi me juntar à Mary Kay, sentindo que havia encontrado um lugar onde poderia crescer profissionalmente, com ambiente acolhedor e qualidade de vida.

Além dos valores inspiradores, outro aspecto que me chamou a atenção foi a história do carro rosa da Mary Kay. Ele se tornou um ícone da empresa, representando sucesso e reconhecimento para as consultoras que atingem altos níveis de vendas e liderança. Mary Kay Ash escolheu a cor rosa porque queria que as mulheres se sentissem especiais e reconhecidas por seus esforços. Esse símbolo de realização e empoderamento me motivou ainda mais a me dedicar e a buscar crescer dentro da empresa.

As clientes se surpreendiam com a qualidade dos produtos e, assim, eu as fidelizava. Percebi, então, que poderia ajudar muitas mulheres que, assim como eu, tinham o desejo de ser donas do próprio negócio. Comecei a oferecer a outras mulheres essa oportunidade, formando minha própria equipe de vendas. Logo depois, me tornei Diretora de Vendas Independente Mary Kay, trazendo não apenas desenvolvimento profissional, mas também um crescimento pessoal significativo.

Ao longo da minha jornada na Mary Kay, tive inúmeros reconhecimentos, incluindo várias viagens internacionais para destinos como Buenos Aires, Bariloche, Punta del Este além de lugares incríveis pelo Brasil. Contudo, minha maior conquista foi o tão sonhado carro rosa. Esse prêmio não é somente um símbolo de sucesso financeiro, ele representa as muitas vidas que foram tocadas e transformadas por meio das oportunidades da Mary Kay.

Cada viagem, cada reconhecimento e, especialmente, o carro rosa, são testemunhos do impacto positivo que essa empresa teve na minha vida e na vida de tantas outras pessoas. Essa trajetória me ensinou a importância de acreditar nos meus sonhos e de trabalhar para inspirar outras mulheres a fazerem o mesmo.

Ao longo dos anos, inspirei e motivei muitas mulheres a construírem seus próprios negócios, conhecendo seus desejos e anseios. Com o tempo, percebi que poderia contribuir ainda mais por meio da política, onde são tomadas decisões importantes que afetam diretamente nossas famílias e o futuro dos nossos filhos.

Entendo a importância de termos uma perspectiva feminina nesses espaços de poder e decisão. Por isso, decidi concorrer ao cargo de vereadora em 2020. Embora não tenha sido eleita, fiquei como primeira suplente, o que me oportunizou assumir por três ocasiões como vereadora, totalizando um período de oito meses.

Durante esse intervalo, fui nomeada procuradora da mulher, um papel que desempenhei com muita responsabilidade. Essa experiência me mostrou a importância de representar e defender os direitos das mulheres, reforçando o meu compromisso em lutar por uma sociedade mais justa e inclusiva.

Além disso, meu objetivo na política é despertar, em outras mulheres, o desejo de se envolverem e participarem ativamente do processo político. Acredito que, com a visão e a sensibilidade feminina, podemos contribuir, de maneira significativa, para as decisões políticas que moldam nossa comunidade e criar um ambiente mais equitativo para todas as pessoas.

Olhando para trás, vejo como cada desafio e conquista moldou quem sou hoje. A história da minha vida é marcada por superação, amor e um desejo incessante de fazer a diferença. Este é apenas o começo de uma nova fase, em que continuarei a inspirar e a ser inspirada por aqueles ao meu redor.

Acredito que, com fé em Deus, determinação e o apoio da minha família, o futuro reserva ainda mais realizações e momentos especiais. Gratidão a Deus por todas as bênçãos que tive ao longo de minha vida, a Ele toda a honra e toda a glória.

[illegible]

[illegible]

[illegible]

[illegible]

03

FEMININO CONSCIENTE

O DESPERTAR DA VERDADEIRA ESSÊNCIA DA MULHER

Você está prestes a conhecer a história de uma mulher que aprendeu a ser mulher mergulhando nas águas profundas da maior fonte de vida. A nossa história é a nossa maior ferramenta de força e poder de transformação e saber o caminho de se reconectar a ela é o que irá determinar se sua força fará você viver ou apenas sobreviver.

CARLA DAIANE MANFRO MALESKI

Carla Daiane Manfro Maleski

Filha do Moacir e da Neida, irmã da Débora, neta daqueles que confiaram na vida e planejaram o extraordinário em seu futuro. Mulher determinada, que sempre teve uma voz interior potente e que trazia um grande chamado. Esposa do Edemar e mãe da Maria Luiza e da Maria Clara. Uma mulher perfeita nas suas imperfeições, que estuda muito, que se formou em Administração de Empresas, mas que acredita que títulos na parede são só papéis que amarelam com o tempo e que a verdadeira força vem do ser, do viver, do aprender e da conexão com a verdadeira essência. Fundou o Instituto Carla Manfro com o propósito de acolher mulheres e casais que também desejam viver uma vida autêntica e leve, na qual é possível construir novos significados por meio da própria história, do amor pela vida, da resiliência e do autoconhecimento. Uma mulher que encontrou na própria história de vida a autenticidade e que tomou posse para poder ser a mulher que nasceu para ser e, assim, curar-se para poder curar.

Contatos
institutocarlamanfro@hotmail.com
Instagram: @carlamanfro
@celebrante.carlamanfro
YouTube: Carla Manfro
Facebook: /institutocarlamanfro
49 99112 2747

Minha história: minha maior ferramenta de transformação

Que ninguém te faça duvidar, cuida da tua 'raridade' como a flor mais preciosa da tua árvore. Tu és o sonho de todos os teus antepassados.
Bert Hellinger

Nasci em Rodeio Bonito, no interior do Rio Grande do Sul, onde vivi minha infância na linha Caçador, cercada pelo amor dos meus avós paternos, com quem passei grande parte do tempo, já que meus pais trabalhavam na roça. A ligação com meu *nonno*, em especial, foi profunda e só mais tarde compreendi a sua importância.

Minhas lembranças da infância são como um bálsamo para o coração. Fui uma criança que viveu a simplicidade da vida com alegria, mesmo com recursos limitados. Tinha uma boneca de plástico com articulações rígidas, mas que era minha inseparável companheira. Minha mãe, com sua habilidade na costura, fazia roupinhas para ela. Bonecas de espiga de milho, poças de barro e balanços improvisados com cordas de vacas eram as minhas aventuras diárias.

Essas memórias são apenas uma fração da minha infância abençoada e feliz. Fui cercada por uma família que me amou profundamente, e isso foi a base sólida sobre a qual construí minha vida. À medida que crescia, meus desejos também evoluíam. Queria mais do que a vida simples podia oferecer, mas os recursos eram escassos. Lembro-me de uma fase particularmente difícil, quando meu pai enfrentou a depressão, e o *nonno* estava sempre ao seu lado, cuidando dele.

Por muito tempo da minha vida, na ânsia de buscar algo melhor, deixei de ver o quanto eu não estava honrando aquilo que era tão meu, algo único e que ninguém mais tinha porque eu ficava conectada apenas com a falta e não via o quanto eu tinha tudo na vida.

Desejo de crescer e busca por independência

Fui criada com muito amor, um amor que ainda sinto nas minhas células. Meus pais e avós sonhavam que eu tivesse um futuro diferente, com educação e independência financeira, para não depender de ninguém. Por isso, não trabalhei no campo e saí cedo de casa para trabalhar na cidade, buscando conquistar o que eles não podiam me oferecer.

Após o Ensino Médio, queria cursar Psicologia, mas as circunstâncias não permitiram. A universidade mais próxima era em Ijuí/RS, com um curso diurno, que tornava inviável trabalhar para pagar a mensalidade. Optei, então, por Administração de Empresas, com foco em Recursos Humanos, uma área pela qual sempre tive paixão.

O desejo de me tornar independente e encontrar um lugar onde pudesse ser eu mesma me levou a Xanxerê/SC. Ali, me senti acolhida e consegui concluir minha faculdade, além de começar a trabalhar com pessoas na área de recursos humanos, o que marcaria o início de uma jornada significativa.

A vida em Xanxerê e o reencontro com o amor

Sempre valorizei os relacionamentos. Saí de Rodeio Bonito/SC casada, mas o matrimônio não evoluiu, pois não éramos maduros o suficiente para fortalecer nosso vínculo. Essa experiência me trouxe grandes aprendizados.

Após a separação, conheci meu atual marido, um homem gentil e respeitoso. Acredito que nosso encontro foi um reencontro de almas. O primeiro lugar que visitei em Xanxerê/SC foi em frente à casa dos meus sogros, onde ele morava. Mal sabia eu o que a vida reservava para nós.

Quando engravidei da minha primeira filha, decidi parar de trabalhar, aos 23 anos, e me dedicar à maternidade. Planejava retornar ao mercado de trabalho quando ela completasse cinco anos, mas ser mãe e dona de casa não era suficiente para mim. Queria trabalhar, produzir e também cuidar da minha filha. Então, comecei a vender produtos da Natura e da Avon.

A Avon foi uma porta imensa que se abriu para mim. Fui contratada como Gerente de Setor de Vendas e, apesar de minha filha ter menos de quatro anos, abracei a oportunidade com muito amor e determinação. Eu não sabia exatamente como faria, mas sabia que precisava aproveitar esse momento.

Desafio de conciliar carreira e família

Minha vida virou de cabeça para baixo. De repente, minha filha passou a conviver menos comigo, ficava semanas fora de casa por causa dos treinamentos. Sem WhatsApp ou videochamadas, lidar com a distância era difícil naquela época. Mas, como sempre, nos adaptamos.

Na Avon, realizei muitos sonhos, tanto meus quanto dos meus pais. Tornei-me financeiramente estável, independente e ganhei viagens e prêmios. No entanto, com o tempo, um vazio começou a surgir. Acordar de manhã não trazia mais alegria. Eu me sentia perdida.

Minha vida estava em desordem. Olhava para meu marido e, muitas vezes, não queria ficar. Minhas filhas adoeciam com frequência e a mais velha estava enfrentando síndrome do pânico. Eu me sentia frustrada, decepcionada e perdida, sem saber o que fazer. A solução era me separar? Ou seria resolver algo dentro de mim?

A escolha de viver plenamente

Desde criança, sonhava em casar, ter uma casa, filhos e viver feliz para sempre. Porém, ao me sentir perdida e sem sentido, decidi buscar ajuda. Meu corpo já refletia o que minha alma calava. Não sabia que estava iniciando uma jornada sem fim: o autoconhecimento. Ele começa quando decidimos mergulhar em nossas profundezas e encarar a verdade, mas isso é algo infinito, pois quanto mais nos encontramos, mais queremos enxergar.

Acredito que esse é o verdadeiro chamado da alma, um encontro com aquilo que buscamos, mas que muitas vezes procuramos nos lugares errados. Foi no momento em que decidi viver, em vez de apenas sobreviver, que pedi demissão da Avon. A experiência de trabalhar nessa multinacional foi transformadora, um divisor de águas em minha vida profissional e sou imensamente grata por tudo o que vivi, aprendi e me tornei ao longo de nove anos.

A decisão mais difícil e o apoio incondicional

Eu sabia que não podia continuar. Não seria justo comigo nem com a empresa. Renunciar a um lugar conquistado, que meu ego adorava, foi a decisão mais difícil da minha vida. Contudo, foi o que me trouxe de volta à vida. Nesse momento crucial, tive o apoio incondicional do meu marido, que sempre esteve ao meu lado, me incentivando a ser uma grande mulher, embora na época eu não percebesse isso.

Assim que tomei a decisão, muita coisa começou a mudar. As crises de pânico da minha filha diminuíram, a febre da minha filha menor desapareceu sem explicação e comecei a me sentir mais leve. Foi necessário esse movimento para me resgatar como mulher, esposa e mãe. E, então, deixo uma pergunta para sua reflexão: você está vivendo ou apenas sobrevivendo?

A força do merecimento e a autenticidade

Somos muito mais leais do que livres.
Bert Hellinger

Para quem é programada para ser independente e acostumada com o esforço e dificuldades, aceitar uma vida mais leve não é fácil. Parece que, ao buscar leveza, você perde o valor. Fui acostumada a lutar por tudo: a fazer dinheiro, a ter um relacionamento saudável, a enfrentar a vida de forma difícil.

Como poderia me sentir leve sendo dona de casa, mãe presente e esposa, se minha mãe e minha *nonna* tiveram vidas tão sofridas? Quando ouvi a frase "somos muito mais leais do que livres", de Bert Hellinger, um psicoterapeuta alemão, senti no corpo o poder dela. Sei que elas não puderam viver de outra forma. Então, como eu poderia fazer diferente?

É comum escolhermos caminhos difíceis para honrar nossos ancestrais. Fazer algo diferente nos gera culpa (mesmo inconscientemente) e, com isso, sabotamos nossa própria jornada. Quando as coisas vão bem, encontro uma maneira de fazer algo dar errado para me sentir mais próxima delas.

A transformação através da constelação familiar

A constelação familiar, ou a filosofia sistêmica aplicada em minha vida, me trouxe para a luz e me fez assumir a vida que desejo viver. Hoje, olho para minha história e a tomo como minha verdade, pois ela é minha maior ferramenta de força. Sou quem sou porque tenho um pai, uma mãe e uma história formada por pessoas fortes, que enfrentaram as dificuldades para que fosse mais fácil para mim.

Foi um desafio aprender a parar de complicar as coisas. Lembro-me de um exercício sistêmico em que uma memória da minha infância veio à tona.

Estava com a *nonna* e, sempre que recordo esse momento, lágrimas surgem nos meus olhos, pelo tanto de amor que senti.

Ela sonhava para mim: que moraria na cidade, casada com um homem rico, com dois filhos, vivendo uma vida linda. A partir disso, me perguntei: como poderia escolher uma vida de sofrimento, se ela me abençoava a viver uma vida plena, que ela não pôde viver, mas que eu podia, por mim e por ela?

A jornada de autoconhecimento e a busca por autenticidade

Fácil é aquilo que permitirmos vir.
Bert Hellinger

Não estaria honrando o sofrimento que meus pais e ancestrais enfrentaram se não vivesse minha vida ao máximo. Percebi o quanto estava emaranhada em situações que não eram minhas. A vida me convidou a um novo caminho e, para segui-lo, precisei renunciar a muitos pesos e situações, seguindo com o que era meu, abrindo espaço ao novo.

Durante essa caminhada, me conectei com a força do merecimento a fim de tomar aquilo que era meu e integrar na minha vida. Quando uma mulher decide se curar, ela não se cura sozinha. Ela se transforma em uma obra de amor e compaixão para si, seus ancestrais e as gerações futuras.

A vida autêntica e os valores como pilares da vida

Não tenho dúvidas de que minha jornada de autoconhecimento foi o que me transformou. Viver minha verdade, alinhada à minha essência, é o que me torna uma mulher inteira, capaz de ocupar todos os papéis da vida com clareza e propósito. No entanto, é desafiador, pois é um caminho solitário. Todo mergulho interno é solitário, assim como toda mudança. E, se isso assusta, pode paralisar.

Poucos irão entender, muitos irão julgar, mas curar minhas feridas de rejeição, abandono e traição me permitiu deixar ir o que não me servia, abrindo espaço para o novo. Desenvolvi novas habilidades e consciências para sustentar a vida maravilhosa que vivo hoje, sabendo quem sou, com quem quero estar e onde quero chegar.

O que poucos sabem é o preço que pago para fazer as melhores escolhas para mim e minha família – minha família é o que construí com meu marido e minhas filhas. Portanto, não me corrompo mais para caber em lugares que não contribuem para meu crescimento.

E, por mais que pareça desafiador, ao refletir sobre meu próprio crescimento e evolução pessoal, lembro sempre da frase, cujo autor desconheço: "o que não te desafia, não te transforma". Ela me inspira e me lembra que, mesmo quando me sinto fraca, é o desafio que me impulsiona a seguir em frente.

A conexão com a essência e o servir ao propósito

Da sua maior dor, nasce seu maior talento.
Bert Hellinger

Tenho valores inegociáveis que orientam minhas decisões. Isso é tão profundo que os clientes que chegam até mim, em busca de cura e transformação, compartilham desses mesmos valores. Por isso, meu "servir" é tão assertivo e gera resultados na vida das pessoas. Vivo primeiro, depois ensino. Autenticidade, verdade e coerência são minhas marcas. Não tenho medo de manifestar o que gosto, desejo e que reflete a verdade da minha alma. Isso é o que me torna única.

Quando fui convidada pela Irene a participar desta obra, pensei no que escrever. Tenho tanto para compartilhar. Mas, ao fechar os olhos, me conectar com meu coração e alma, a orientação que veio foi convidar todos a se conectarem com sua maior ferramenta de força na vida: sua história. Minha história, finalmente, precisava se tornar inspiração.

Convido, então, cada pessoa que chegar até aqui a se permitir beber desse elixir que somente a sua história pode proporcionar, por mais desafiador que seja. Precisamos, agora, acessar e curar a parte difícil de nossa jornada, pois é da nossa maior dor que nasce nosso maior talento.

A inspiração e a transformação

Me inspiro muito nas pessoas. Quando escolho um profissional para me ajudar, se não houver inspiração e admiração, não consigo me conectar. Acredito que todos podem realizar o que desejam, basta se permitirem. Se eu tivesse desistido de pedir demissão da Avon, por apego ao dinheiro ou ao cargo, não sei onde estaria hoje. Mas sou grata, pois agora sirvo ao propósito da minha alma.

Hoje, sou apenas a filha mais velha dos meus pais. Eles são sábios e se sustentam sozinhos, e jamais seria arrogante a ponto de achar que sou melhor que eles. Vivo meu casamento plenamente. Após mais de 20 anos juntos, vivemos muitas fases, mas nunca desistimos.

A consciência sistêmica mudou tudo, mostrando-me qual era meu lugar na relação: ao lado dele, de mãos dadas, com confiança. Não precisamos competir, ele é o homem da relação, e eu assumi meu lugar como mulher. Parece simples, mas a maioria dos casais não vive assim, o que leva a desordem, brigas e desconexões.

A vida plena e a conexão com a família

Estando no meu lugar, conectada com a minha verdade, é que, depois de 18 anos, o "sim" para o casamento foi genuíno das duas partes. Sempre sonhei com o vestido branco e o véu, mas, para ele, isso não era importante. Porém, ao tomarmos consciência do real significado do casamento em nossas vidas, o "sim" foi lindo e mágico, uma cura ancestral para nós e nossas filhas.

Após o casamento, meu marido me disse: "muito obrigado por não ter desistido do seu sonho, você me fez viver um dos dias mais lindos da minha vida". Isso ainda me emociona. Se eu estivesse em um lugar de arrogância ou exigindo dele uma atitude, esse momento não teria sido possível. Minha jornada de cura pessoal me levou a confrontos e escolhas difíceis.

Hoje, escolho ser dona de casa e me orgulho disso. Demorei a encontrar leveza nessa escolha, pois o lugar parecia pesado, mas com terapia e introspecção, percebi que sou muito mais valiosa ali do que em qualquer outro lugar. Ao me conectar com minha vida, sou uma mãe presente.

Junto ao meu marido, somos responsáveis por nossas filhas e, ao olhar para elas, integro a história dos meus pais e ancestrais. Assim, posso filtrar e tentar garantir que o fluir da vida seja mais calmo e limpo para as futuras gerações, honrando o passado, vivendo o presente com saúde e consciência, abrindo, então, caminhos mais leves para o futuro da minha família.

A transformação e o servir ao propósito

Conheça todas as teorias, domine todas as técnicas, mas ao tocar uma alma humana, seja apenas outra alma humana.
Carl Jung

A dor, as dificuldades e toda a parte difícil não começaram em mim, mas acabam em mim. Isso liberou para minhas Marias um destino mais leve. O fortalecimento da Carla como mulher, trouxe poder e força para o meu "servir" de um modo que ainda não sei explicar. É servir a um propósito que não é só meu, que é de Deus. Acredito que sou usada por Ele e pela espiritualidade para tocar almas e faço isso de forma amorosa e com muito respeito.

Hoje, sou terapeuta sistêmica e desenvolvi meu próprio método de desenvolvimento humano, baseado em tudo o que já vivi, com soluções que mostram caminhos possíveis, vividos e validados por mim. Não aponto para lugares desconhecidos, porque primeiro vivo, curo e valido para depois ensinar o caminho.

E com esse know-how, sou também mentora de mulheres que buscam viver um feminino saudável. Trabalho com mulheres, especialmente por nossa herança ancestral, com renúncias, dores e feridas profundas que reverberam em nossas células. Se não nos tornarmos conscientes dessas questões, será muito mais desafiador viver a vida que tanto sonhamos, pois somos muito mais leais do que livres.

Me tornei especialista em relacionamentos de casal. Por meio do meu método, ajudo casais a se verem com verdade, integridade e amor. Ajudar casais a compreenderem os padrões inconscientes sobre o casamento e a vida que levam, para então escolherem viver o matrimônio de maneira mais leve e duradoura, é parte fundamental do meu trabalho. Não aprendemos nada sobre casamento, apenas vivemos o que é conhecido – e nem sempre isso é bom para fortalecer o vínculo conjugal.

Com o atendimento a casais, percebi a necessidade de ir além. Fui desafiada e me tornei celebrante de casamentos. Cada celebração é única, inspirada na história do casal e construída com elementos que ressoam profundamente com suas almas. O ritual de casamento que celebro não é só uma cerimônia, mas um convite para que o casal se veja com verdade e reconexão.

Eu percebi que minha paixão por casamentos não se limitava ao meu próprio casamento. Era um chamado para o propósito de construir famílias curadas ou que se permitem viver algo novo. E não parei por aí. Em 2024, desafiei-me a realizar mais um sonho: ser palestrante. Durante muito tempo, acreditei que isso não era para mim, devido ao medo de ser mal interpretada e julgada. Mas, ao mergulhar nas minhas jornadas de cura, descobri que a minha expressão e comunicação são talentos naturais.

Minha verdade não é melhor nem pior que a de ninguém, mas à medida que me abro para ouvir minha alma, mais escolho o caminho que Deus e a espiritualidade desejam para mim. Estou aqui com um propósito, assim como você está. E, quanto mais nos abrimos, mais coisas extraordinárias acontecem. Pessoas chegam, novos caminhos surgem e, em vez de julgamentos, encontramos incentivo e reconhecimento. E isso é grandioso.

Com muito orgulho e amor, eu lhes digo: sou palestrante. Quando pego o microfone na mão, a minha história se desenrola diante de mim, me preenchendo de força e clareza. Estou aqui para fazer a diferença, levar transformação e inspirar outras pessoas a se reconectarem com a sua própria verdade.

A vida não para de nos desafiar

Em 2023, a vida me desafiou mais uma vez. Senti que era hora de mudar o nome do meu espaço de atendimento. O que antes fazia sentido, já não refletia mais o meu momento. A única opção que vinha à mente era "Instituto Carla Manfro". Porém, com esse impulso, surgiram turbilhões de vozes internas que começaram a me sabotar: "quem você pensa que é para colocar seu nome na sua empresa?" Essa dúvida martelava incessantemente em minha cabeça.

Mas, em um momento de clareza, a resposta veio com força: eu sou Carla Daiane Manfro Maleski, uma mulher que construiu a marca "Carla Manfro" com muito amor, dedicação e coragem. Ao longo dos anos, vivi tudo o que compartilhei com vocês aqui: minhas dores, curas e transformações. Desenvolvi um propósito e valores firmes. Assim, eu tenho uma missão que vai além de mim: contribuir com a evolução da humanidade.

Esse Instituto não é só um nome. É um local onde as pessoas irão iniciar um grande despertar, onde elas serão tocadas pela força de minha história e pela minha verdade. Esse espaço é a extensão do que (e quem) sou, da minha vivência. Ele será um ponto de transformação para todos que decidirem trilhá-lo. Não foi apenas uma mudança de nome, foi um reconhecimento profundo de quem sou e de como quero impactar a vida das pessoas.

A minha história de vida é minha maior ferramenta de transformação

As histórias que foram sempre contadas não precisam ser contadas para sempre.

Luiza Valeri Pires

A vida é como um rio. Nasce em algum lugar que não sabemos ao certo onde é e saber não vai fazer diferença pois o que importa é o fluxo que ele segue. A minha vida começou em algum lugar, muito longe, com pessoas que não desistiram da vida apesar de toda dificuldade.

Não consigo imaginar como foi para muita gente, mas, do ponto que eu tenho conhecimento eu sei que não foi fácil. Sempre foi muito difícil. Essas histórias sempre foram contadas, porém, decidi que elas não precisam ser repetidas para sempre. Sou a porta-voz (com ou sem microfone na mão) da mudança da minha narrativa e do impacto que ela pode ter sobre gerações.

O que aconteceu no passado me trouxe até aqui e eu deixo nele toda a parte difícil. Me permito, agora, desfrutar da vida mais fácil que eu tenho hoje, por mim, por eles e pelo fluir do rio da vida para a frente, sempre!

Sou muito orgulhosa da mulher e da profissional que me tornei. Fico feliz em ver que todas as pessoas que me escolhem para viver seus processos seguem com mais paz no coração e mais conectadas com a vida. Sei que não salvo ninguém, mas é justamente desse lugar que posso, verdadeiramente, ajudar as pessoas.

Mas não pensem que para por aí! Afinal de contas, "enquanto vivos, inacabados", como diria nosso amado Bert Hellinger. Eu estou viva – muito viva – e em constantes mergulhos internos para me aprofundar, viver uma vida mais inteira e também levar meus clientes a lugares mais profundos.

Escolhi transformar minha história em um novo começo. Agora, convido você a fazer o mesmo, pois a verdadeira transformação começa quando nos permitimos fluir com a vida, sem medo de mudar nossa narrativa, pois as histórias que foram sempre contadas não precisam ser repetidas para sempre.

04

LIDERAR É PERSISTIR

Liderar é persistir diante das adversidades e transformar cada desafio em uma oportunidade de crescimento. A verdadeira liderança vai além do cargo, sendo forjada na coragem de seguir em frente, mesmo quando o caminho é incerto. Cada passo dado é a construção de um legado, uma inspiração para os que vêm depois, mostrando que, ao persistir, podemos alcançar o extraordinário.

CARLA FABIANA CAZELLA

Carla Fabiana Cazella

É Doutora em Administração e Mestre em Educação pela Universidade do Oeste de Santa Catarina (Unoesc), com graduação em Administração e especialização em Gestão Escolar. É membro ativo de grupos de pesquisa em empreendedorismo e possui capacitação pelo *Clinton Center for Teaching and Learning* em Ensino de Empreendedorismo e Negócios. Atualmente, é Vice-Reitora da Unoesc Videira, sendo a primeira mulher a ocupar essa posição na história da instituição. Também é Diretora da Associação Comercial de Videira (ACIAV) e do Conselho Regional de Administração de Santa Catarina (CRA-SC), no qual contribui para o desenvolvimento econômico e profissional da região. Sua trajetória é marcada pela liderança e compromisso com a educação e a comunidade.

Contatos
carla.cazella@unoesc.edu.br
49 9813 9368

Carla Fabiana Cazella

Liderar nunca foi uma escolha fácil, mas sempre foi a minha escolha. Desde o início da minha trajetória, aprendi que a verdadeira liderança não é apenas sobre estar no comando, mas sobre a coragem de acreditar em si mesma e manter-se firme, mesmo quando o caminho parece se tornar obscuro e tortuoso.

Ao olhar para trás, vejo que minha jornada até a vice-reitoria de uma grande universidade foi marcada por mais do que competência. Ela foi forjada na persistência, na coragem e na força da transformação – uma força silenciosa, mas inabalável.

Quando pensava em desistir, olhava para meu filho Lorenzo, sempre ao meu lado – no trabalho, nos estudos, nas viagens, no lazer ou na simplicidade de nos sentarmos na grama para apreciar o pôr do sol. Eis que, então, surge de dentro uma força gigante, mesmo nos momentos mais sombrios, quando o mundo ao nosso redor parece dizer para desistir.

Minha história é, em sua essência, a história de uma menina sonhadora, que foi estimulada pelo seu avô paterno a ser uma mulher corajosa e independente. É a história de uma mulher que, diante das dificuldades e adversidades da vida, escolheu não se curvar e não desistir.

Aos seis anos de idade precisei sair de casa para estudar, meus pais moravam em uma fazenda, minha irmãzinha tinha um ano de idade e eu fui morar com meus avós paternos. Esperava o ônibus na estrada de chão juntamente com meu pai nas segundas-feiras pela manhã. O trajeto era de uns 30 km até Catanduvas/SC, descia na rodoviária com minha malinha, andava até a casa dos meus avós e retornava nas sextas-feiras à tarde para a casa dos meus pais.

Nessa época, aos seis anos de idade, precisei ter coragem, autonomia e muita responsabilidade. Tenho consciência e memórias de que esse foi o primeiro grande desafio que enfrentei. Meus avós sempre foram maravilhosos, mas eu sentia saudades dos meus pais e da minha irmã, e, para dormir, sentia medo. Apesar disso, precisei aprender a lidar com meus medos, minhas saudades e seguir.

Quando minha irmã adoeceu gravemente com a Covid-19, em 2021, o coração apertou de uma forma que eu nunca havia sentido antes. Vi alguém tão próxima, tão querida, se debater contra a vida. Essa dor foi imensa. Porém, mesmo ali, na fragilidade do momento, a liderança que pulsa em mim não me permitiu desviar os olhos.

Eu precisei liderar, não só por ela, mas por mim mesma, por nossa família, por meus pais, por todos que estavam fragilizados naquele instante. Ser líder não é só estar em cima, mas ser a força silenciosa que se levanta quando os outros parecem se quebrar.

Liderança é saber que, mesmo na dor, você é capaz de encontrar a força e a fé para continuar, para ser a base quando todos ao seu redor precisam se apoiar. Liderança é também saber que, por mais que você queira proteger, não pode controlar todos os aspectos da vida.

Quando vejo meu filho de 18 anos seguindo para longe, em busca de seu próprio sonho, meu coração se enche de orgulho, mas também de saudade, de uma dor que não sei traduzir. Ele segue em sua jornada e eu fico com o coração apertado, imaginando se ele está pronto para enfrentar as batalhas que o aguardam.

Mais uma vez, precisei gerenciar meus medos e minhas saudades. É nesse momento que a liderança se torna mais desafiadora, porque liderar não é somente orientar os outros, mas saber confiar, deixar ir, entender que parte de ser um líder é permitir que os outros cresçam e conquistem seus próprios espaços.

A liderança também se revela quando você é desafiada a liderar um time novo, em um ambiente desconhecido, em uma cidade nova. A habilidade de se conectar com pessoas que você ainda não conhece, entender suas necessidades, guiá-las sem conhecer completamente o terreno, é a verdadeira prova de liderança.

Nessas ocasiões, não se trata apenas de estar à frente, e sim de construir confiança, entender as dinâmicas e saber liderar com empatia, inspirando os outros a seguir, ainda que tudo ao redor pareça incerto. A liderança que surge nesses contextos não é sobre a posição, mas sobre a capacidade de fazer com que um time se una em torno de um objetivo comum, mesmo em meio à incerteza.

São em ocasiões de fragilidade e dúvida, por exemplo, que a verdadeira liderança se revela. Quando as brigas internas gritam mais alto e o cansaço parece tomar conta, a liderança precisa emergir de dentro da pessoa, não como uma escolha, mas como uma necessidade.

As conversas internas mais difíceis, aquelas que nos desafiam a questionar nossa própria capacidade, são as que moldam a verdadeira força de um líder. Eu aprendi, com isso, que liderar é sobre estar em constante diálogo com os próprios medos, dúvidas e inseguranças, e, ainda assim, seguir em frente.

O caminho até a liderança nunca foi simples e, em nenhum momento, tive a ilusão de que seria fácil. Desafios surgiram a todo instante, inesperados, e, por muitas vezes, grandiosos a ponto de me fazerem questionar se seria possível continuar. Contudo, foi em épocas semelhantes a essas que a liderança, como uma característica nata, se mostrou indomável.

Quando tudo parece desmoronar, a verdadeira líder não desiste, ela se reinventa, encontra força nas fraquezas, transforma a dor em coragem e a incerteza em oportunidade. Persistir não é simplesmente resistir, é aprender com cada adversidade, utilizar os obstáculos como combustível para avançar, crescer e conquistar o que, no início, parecia inatingível.

A liderança que carrego em mim não é do tipo que me separa das adversidades, mas uma que me permite enfrentá-las com coragem. Isso porque, sei que ser líder é, na essência, saber que a vida será cheia de altos e baixos, mas que a única forma de realmente viver e de transformar o mundo e as pessoas ao seu redor é escolher não desistir, mesmo quando o fardo parece pesado demais para carregar.

A persistência no mundo das mulheres

Quando falo sobre persistência, falo sobre as mulheres que enfrentam desafios invisíveis, aqueles que ninguém vê, mas que estão presentes em cada decisão, em cada ação, em cada palavra proferida. Liderar como mulher, em um mundo que ainda carrega o peso de estruturas históricas e sociais do patriarcado, que muitas vezes nos subestimam ou nos diminuem, é um ato de coragem e resistência.

Não estamos apenas lidando com as dificuldades explícitas, aquelas que nos desafiam diretamente. Estamos lidando com as invisíveis: expectativas não ditas, julgamentos silenciados, críticas que não ousam ser pronunciadas, mas que pairam como sombras sobre nossas cabeças.

Liderar, nesse sentido, é fazer frente a todas essas pressões invisíveis. É, portanto, aprender a não se deixar abalar pelo que os outros esperam, pelo que a sociedade diz que podemos ou não fazer.

Esses desafios, que muitas vezes são silenciosos, exigem não só habilidade técnica, mas uma força emocional capaz de nos manter de pé quando o mundo tenta nos derrubar. A liderança feminina não pode ser medida apenas pelos títulos ou pelas posições ocupadas, mas pela coragem de continuar, de se levantar, de se reerguer a cada vez que tropeçamos.

Porque, ao longo de nossa trajetória, o que mais aprendemos é que o caminho não é linear, ele é tortuoso e, muitas vezes, desafiador. Mas isso não significa que devemos desviar dos obstáculos – significa que devemos abraçá-los como oportunidades.

Eu sei o que é ser a única mulher em uma reunião. Sei o que é ser a única a ter de provar, não só a minha competência, mas a minha legitimidade para estar ali. Sei o que é ser questionada, subestimada, ignorada, porque os outros acham que, talvez, eu não pertença a esse espaço. E sei, também, o que é superar cada uma dessas barreiras, porque a minha persistência, o meu compromisso comigo mesma, é mais forte do que qualquer julgamento alheio.

O poder da mulher persistente

A verdadeira liderança nasce da coragem de persistir, de transformar cada obstáculo em uma oportunidade de crescimento. Cada desafio que a vida impõe a nós pode se tornar um trampolim para algo maior, desde que tenhamos a coragem de não recuar, de não nos deixar vencer pela adversidade. Aprendi, ao longo da minha jornada, que não se trata apenas de resistir à pressão; trata-se de usar essa pressão para nos impulsionar para a frente, para nos fazer crescer, para nos fazer evoluir.

As mulheres são mestres em encontrar soluções criativas para os problemas que enfrentam. Somos capazes de fazer mais com menos, de ver além do imediato e de transformar o improvável em realidade.

A nossa capacidade de adaptação é um dos maiores pontos fortes da liderança feminina. Precisamos, no entanto, aprender a abraçar nossa natureza resiliente e não nos envergonhar dela. Não devemos enxergar os desafios como algo negativo, mas como parte do nosso processo de aprendizado e evolução.

Cada obstáculo enfrentado, cada desafio superado, cada dia de luta representa um passo em direção ao nosso crescimento, à nossa evolução. E é assim que a persistência se torna algo mais do que uma qualidade isolada: ela se transforma em uma mentalidade, uma prática diária. Liderar como mulher é saber que, a cada passo dado, você está quebrando barreiras, está criando novos caminhos, está abrindo portas para as que virão depois de você.

O legado da persistência são as marcas deixadas para as próximas gerações

Liderar nunca foi apenas sobre chegar ao topo. Sempre acreditei que a verdadeira conquista não está no cargo que ocupamos, mas no caminho que construímos e no impacto que deixamos. A liderança feminina não é uma corrida solo; ela é uma jornada coletiva, que visa não só o sucesso individual, mas o sucesso de todas as mulheres que se alinham ao nosso redor. A persistência não é apenas superar desafios pessoais, mas garantir que cada passo dado pavimente o caminho para as futuras gerações.

A cada mulher que lidera com coragem, com determinação, com paixão, ela está deixando uma marca indelével no mundo, mostrando a todas as outras que é possível ser tudo o que desejamos ser, mesmo diante das dificuldades. A persistência é a chave que abre as portas para que mais mulheres possam trilhar os mesmos caminhos, conquistar os mesmos espaços, alcançar os mesmos objetivos.

Cada decisão difícil que tomamos, cada momento de incerteza que enfrentamos, é uma oportunidade para transformar nossa trajetória pessoal e profissional em algo que inspire outras mulheres. Liderar é, portanto, um convite não só à transformação pessoal, mas também à transformação coletiva. É entender que, ao persistir em nossa luta, ao continuar seguindo em frente, estamos criando um futuro mais inclusivo, mais justo, mais igualitário para todas as mulheres.

A persistência como fonte de inspiração

O mundo precisa de mulheres que liderem com coragem. O mundo precisa de mulheres que, ao enfrentarem obstáculos, não apenas sobrevivam, mas floresçam. O mundo precisa de mulheres que mostrem a todos que, ao persistirmos, não estamos apenas resistindo, mas, acima de tudo, estamos nos transformando, estamos deixando nossa marca, estamos tornando o impossível, possível.

Eu sei que a jornada não é fácil. Sei que há momentos em que tudo parece ser mais difícil do que imaginávamos. Sei também que, ao olhar para as mulheres ao meu redor, vejo não somente colegas e amigas, mas guerreiras que, com sua persistência, têm o poder de mudar o mundo.

E, além disso, posso falar com propriedade que na minha jornada pude e posso contar com homens admiráveis, os que me impulsionaram a ser o que sou. Eu sou apenas um reflexo dessa força feminina que habita em todas nós. E, se você também é mulher, saiba que dentro de você há uma força imensurável. Uma força que, quando acionada, é capaz de mover montanhas, de romper barreiras, de transformar a realidade.

Lembre-se: a verdadeira liderança não está apenas na capacidade de alcançar grandes feitos, mas na capacidade de persistir, de continuar, de transformar cada desafio em uma oportunidade. Como mulher, você não precisa ser perfeita. Você precisa ser persistente. Porque, ao persistir, você é capaz de realizar o extraordinário.

E você, mulher, como quer deixar sua marca no mundo?

A resposta está em sua persistência e em sua coragem. Não importa quantas vezes você cair. O importante é quantas vezes você se levanta e segue em frente. Assim, o mundo precisa de mulheres que liderem com paixão, força e a certeza de que, ao persistir, estão pavimentando o caminho para que outras mulheres sigam por um caminho semelhante.

Nunca se esqueça: ao persistir, você não só transforma a sua vida, mas também o mundo ao seu redor. E lembrem-se: **somos do tamanho que compartilhamos!**

05

O IMPACTO DO ENDIVIDAMENTO NA SAÚDE FINANCEIRA, EMOCIONAL E EMPRESARIAL

Desde cedo, percebi que as finanças vão além de cálculos: afetam relações, estabilidade emocional e sucesso profissional. O endividamento, silencioso e destrutivo, compromete a economia e o bem-estar. Com minha experiência como contadora e advogada, trago reflexões e estratégias para prevenir crises financeiras, proteger direitos e lidar com dívidas de forma segura e eficaz.

CINTHIA NAISSARA MAGRINI

Cinthia Naissara Magrini

Advogada e contadora, especialista em Direito Bancário e Previdenciário. Possui pós-graduação em Direito Bancário e em Direito Previdenciário, e MBA em Direito Previdenciário. Atua na defesa de consumidores, segurados e empresários, auxiliando na prevenção e solução de crises financeiras e previdenciárias. Membro da Comissão Estadual de Direito Bancário da OAB/SC (2022/2024), da Comissão Estadual de Direito Previdenciário da OAB/SC (2022/2024) e da Comissão de Direito Processual Civil da Associação Brasileira de Advogados (2024/2025). Secretária da Comissão Brasileira de Direito Bancário (gestão 2023/2024), Secretária Adjunta da Comissão Estadual de Direito Bancário da OAB/SC (2025/2026) e membro do Conselho Comunitário de Segurança de Xanxerê/SC (CONSEG). Possui ampla experiência na advocacia estratégica, reestruturação de dívidas e benefícios previdenciários.

Contatos
cinthiamagrini@gmail.com
@cinthiamagrini.advogada
49 99923 7751

Inicialmente, "ter acesso ao crédito não precisa ser sinônimo de preocupação – com conhecimento e estratégia, é possível financiar sonhos sem abrir mão da tranquilidade e da liberdade financeira".

Desde os primeiros passos da minha jornada acadêmica, percebi que lidar com números e estratégias financeiras não se trata apenas de cálculos matemáticos ou balanços contábeis. A realidade é que as finanças permeiam todas as áreas da vida: das relações pessoais à estabilidade emocional, do sucesso profissional à sobrevivência empresarial.

E, muitas vezes, o endividamento surge como um fator silencioso e destrutivo, comprometendo não apenas a economia doméstica e corporativa, mas também o bem-estar e a saúde de quem é afetado. Este capítulo propõe explorar como o endividamento impacta a vida das pessoas e das empresas, analisando suas consequências emocionais, jurídicas e financeiras.

A partir da minha experiência como contadora e advogada, trago reflexões importantes sobre a necessidade de uma abordagem estratégica para prevenir crises financeiras e proteger direitos, além de apresentar alternativas para lidar com esse problema de forma mais segura e eficaz.

Endividamento como fenômeno social

O endividamento não é um problema isolado, mas um fenômeno social que afeta milhões de pessoas e empresas. No Brasil, a inadimplência atinge índices alarmantes, refletindo um ciclo que se retroalimenta: pessoas físicas e jurídicas contraem dívidas sem planejamento adequado, enfrentam dificuldades para pagá-las e acabam comprometendo ainda mais suas finanças ao recorrer a novas fontes de crédito para cobrir as anteriores (Serasa, 2025a).

As causas do endividamento são variadas. Para pessoas físicas, pode ser resultado de uma educação financeira insuficiente, gastos impulsivos, perda de renda, crises econômicas, problemas de saúde ou mesmo fraudes bancárias. Já no mundo empresarial, fatores como má gestão financeira, oscilações de mercado, alta carga tributária e falta de planejamento estratégico podem levar negócios à beira da falência.

O grande desafio é que, na maioria dos casos, as dívidas não afetam apenas o aspecto financeiro, mas também geram impactos psicológicos e sociais significativos, a exemplo de sentimento de culpa e vergonha, desesperança, prejuízo na produtividade, foco e desempenho no trabalho, entre outros.

Impacto do endividamento na saúde das pessoas e famílias

Para muitas pessoas, as dívidas se tornam um peso insustentável, gerando estresse, ansiedade, insônia e até depressão. Pesquisas mostram que indivíduos endividados têm maior propensão a desenvolver doenças como hipertensão, transtornos de ansiedade e até problemas cardíacos devido ao impacto emocional causado pela preocupação constante com as contas a pagar (Serasa, 2025b).

Além disso, as dificuldades financeiras podem gerar conflitos familiares, afastando casais e comprometendo a relação com filhos e parentes. Muitas separações conjugais têm como uma de suas principais causas o descontrole financeiro, que gera discussões recorrentes e, em alguns casos, até violência doméstica.

Endividamento empresarial e seus riscos

Outro aspecto relevante é o impacto do endividamento na produtividade profissional. Nesse sentido, observa-se que pessoas sobrecarregadas com problemas financeiros costumam apresentar dificuldades de concentração no trabalho, baixo desempenho e, em casos mais graves, acabam perdendo seus empregos, o que agrava ainda mais a situação.

No mundo dos negócios, o endividamento pode ser tanto uma ferramenta estratégica quanto um risco significativo. Empresas frequentemente recorrem a empréstimos e financiamentos para expandir operações, investir em novos produtos ou cobrir necessidades de capital de giro. Quando bem planejado, esse processo é saudável e pode gerar crescimento sustentável.

O problema surge quando a dívida empresarial se torna excessiva ou mal administrada. Muitas empresas, especialmente pequenas e médias, não possuem uma gestão financeira eficiente e acabam acumulando passivos que comprometem sua operação. Além disso, a alta carga tributária e os juros abusivos cobrados por bancos e financeiras dificultam ainda mais a recuperação desses negócios.

Assim, em um cenário de crise econômica, a falta de planejamento pode levar empresas à falência. Pequenos erros de gestão financeira, como a falta de controle sobre prazos de pagamento e recebimento, podem resultar em um efeito dominó, afetando fornecedores, colaboradores e clientes.

Estratégias para evitar o endividamento excessivo

O caminho para uma vida financeira equilibrada passa por escolhas conscientes e estratégias bem definidas. Seja para indivíduos ou empresas, evitar o endividamento excessivo exige mais do que simplesmente cortar gastos ou buscar novas fontes de renda, demanda uma mudança na forma como lidamos com o dinheiro, com as oportunidades e com os riscos.

Muitas pessoas e empresários acabam contraindo dívidas sem compreender a real extensão de seus compromissos financeiros, seja por falta de planejamento, seja por desconhecimento dos direitos que possuem diante de contratos abusivos.

A primeira e mais poderosa ferramenta para evitar o endividamento excessivo é a educação financeira. Saber como funciona o crédito, quais são os impactos dos juros compostos e como elaborar um orçamento eficiente faz toda a diferença na tomada de decisões.

No Brasil, infelizmente, o ensino sobre finanças pessoais ainda é falho e muitos consumidores acabam aprendendo sobre dinheiro da pior forma possível: enfrentando crises e dificuldades para honrar compromissos. Com isso, percebe-se que a falta de conhecimento abre espaço para armadilhas como empréstimos com juros elevados, refinanciamentos prejudiciais e o uso indiscriminado do crédito rotativo.

No mundo dos negócios, a necessidade de uma gestão de riscos eficiente se torna ainda mais evidente, uma vez que empresas que não fazem projeções financeiras realistas ou que ignoram a importância de um fluxo de caixa saudável acabam sucumbindo ao endividamento descontrolado.

Nesse contexto, frisa-se que diversificar fontes de receita, analisar contratos antes de assiná-los e manter reservas financeiras para emergências são medidas essenciais para garantir a sustentabilidade prolongada de um negócio.

Quando a dívida já existe, a renegociação se apresenta como um dos caminhos mais viáveis para a recuperação financeira. Isso porque bancos e credores, frequentemente, oferecem condições especiais para clientes inadimplentes, pois possuem interesse na recuperação do crédito.

Muitas pessoas, no entanto, deixam de buscar acordos mais vantajosos por medo ou por falta de informação. Então, conhecer os próprios direitos e entender a forma correta de negociar pode evitar que uma dívida se transforme em um problema ainda maior.

Além disso, um aspecto pouco discutido, mas de extrema relevância, é a defesa contra práticas abusivas do mercado financeiro. Cobranças indevidas, taxas escondidas e juros abusivos são realidades enfrentadas diariamente por consumidores e empresas.

Muitas vezes, a solução não está apenas na renegociação, mas na contestação judicial dessas cobranças. A legislação brasileira prevê mecanismos para proteger cidadãos contra contratos leoninos[1] e práticas injustas. Logo, o conhecimento desses direitos pode representar uma diferença significativa na reestruturação financeira.

Por fim, entender que nem toda dívida é negativa é um passo importante para uma relação mais saudável com o dinheiro. Diante disso, tem-se que o crédito, quando bem utilizado, pode ser um aliado no crescimento pessoal e empresarial. A questão central não é evitar completamente o endividamento, mas saber quando e como utilizá-lo de maneira estratégica, garantindo que o retorno seja maior do que os custos envolvidos.

Dessa forma, em vez de ser um fator de preocupação e desgaste emocional, o dinheiro pode se tornar um instrumento de segurança e liberdade. Com planejamento, conhecimento e suporte adequado, é possível reverter crises financeiras, evitar problemas futuros e construir um futuro mais estável e próspero.

Papel do acompanhamento jurídico na recuperação financeira

Em muitos casos, um bom suporte jurídico pode fazer a diferença na recuperação financeira de indivíduos e empresas. A legislação brasileira estabelece

1 Contratos leoninos são aqueles que contêm cláusulas abusivas, extremamente desproporcionais ou que favorecem excessivamente apenas uma das partes, geralmente em detrimento da outra, tornando a relação contratual injusta e desequilibrada.

diversas formas de proteção contra abusos financeiros, permitindo, dessa maneira, que consumidores questionem cobranças indevidas, renegociem contratos e, em alguns casos, anulem cláusulas abusivas.

No ambiente empresarial, a assessoria jurídica também pode ser fundamental para evitar que empresas fechem suas portas devido a problemas financeiros. A recuperação judicial, por exemplo, é uma ferramenta que pode permitir a reorganização de um negócio antes que ele entre em falência.

Além disso, a atuação preventiva da advocacia pode ajudar empresários a estruturarem melhor seus contratos, evitando armadilhas que possam comprometer sua estabilidade financeira no futuro.

Conclusão

O endividamento, quando mal administrado, pode se tornar um problema devastador, comprometendo não apenas a saúde financeira, mas também o bem-estar emocional, a estabilidade familiar e a sobrevivência empresarial. No entanto, com planejamento, conhecimento e apoio jurídico adequado, é possível evitar crises e reverter cenários difíceis.

Seja na vida pessoal ou no mundo dos negócios, compreender a importância da gestão financeira e da defesa de direitos é um passo essencial para um futuro mais estável e próspero.

Desse modo, portanto, o crédito não precisa ser uma prisão, mas uma ferramenta de crescimento e liberdade. Quando bem utilizado, ele deixa de ser um peso e se torna um aliado na construção de um futuro financeiro seguro e sustentável.

Referências

SERASA. Mapa da inadimplência e negociação de dívidas no Brasil. *Serasa*, jan. 2025a. Disponível em: https://www.serasa.com.br/limpa-nome-online/blog/mapa-da-inadimplencia-e-renogociacao-de-dividas-no-brasil/. Acesso em: 28 abr. 2025.

SERASA. Serasa e dr.consulta disponibilizam atendimento psicológico gratuito no Vale do Anhangabaú. *Serasa*, mar. 2025b. Disponível em: https://www.serasa.com.br/imprensa/serasa-e-dr-consulta-disponibilizam-atendimento-psicologico-gratuito-no-vale-do-anhangabau/. Acesso em: 28 abr. 2025.

06

A REALIDADE QUE NINGUÉM CONTA

UM CAMINHO DE SONHOS, DESAFIOS E SUPERAÇÃO

De uma infância simples, cheia de sonhos e aprendizados, transformei desafios em degraus rumo às conquistas. Com fé, amor pelo que faço e coragem, abracei a vida com determinação. Minha história mostra que, mesmo com raízes humildes, é possível florescer e inspirar quem também acredita nos seus sonhos.

CRISTIANE VERUCH

Cristiane Veruch

Graduada em Recursos Humanos, Pedagogia, Administração e Direito. Pós-graduada em Desenvolvimento e Tecnologia e Docência para Educação Profissional.

Contatos
crisveruch@gmail.com
Instagram: @cristianeveruch
49 99131 5061

Cristiane Veruch

Escrever sobre minha história de vida, ou mesmo sobre uma pequena parte dela, é algo profundamente desafiador. Mas, como sempre digo, vou começar falando sobre sonhos, pois são eles que me dão forças para buscar e atingir minhas metas. Os sonhos, para mim, sempre foram como estrelas em uma noite escura – pequenos pontos de luz que me guiam mesmo nos momentos mais difíceis.

Hoje, aos 38 anos, sou filha de Jussara e Selvino (*in memoriam*), irmã de Fabiane e tia orgulhosa de Ariane. Minha jornada começou em uma família de agricultores, humilde e batalhadora, que deixou o campo para tentar uma vida melhor na cidade. Eu era apenas uma criança, com dois anos e sete meses, quando fizemos essa transição.

Meus pais sonhavam com uma realidade melhor para nós, e, por isso, nos mudamos para um dos bairros mais pobres da cidade. Minha mãe, grávida da minha irmã Fabiane, logo após o seu nascimento, começou a trabalhar em uma empresa de carnes, em que meu pai já era funcionário. Lembro-me de, desde cedo, ter a responsabilidade de cuidar da minha irmã mais nova, para que minha mãe pudesse realizar as compras e tarefas do dia a dia.

Aos cinco anos e meio, comecei a frequentar a escola. Eu acordava cedinho, pegava meu lanche e descia uma pequena trilha de terra, passando por duas pontes até chegar ao colégio. Essa jornada matinal, por mais simples que pareça, me ensinou muito sobre a vida. Aprendi a enfrentar desafios com determinação. Lembro-me, com um sentimento estranho, de que observava meus colegas brincando no parquinho, enquanto eu, muitas vezes, ficava do lado de fora. Talvez, naquele momento, sem perceber, eu estava internalizando uma lição valiosa: a vida nem sempre oferece as mesmas oportunidades para todos, mas cabe a nós lutarmos por um lugar ao sol.

Minha infância foi marcada por mudanças, tanto físicas quanto emocionais. Mudamo-nos para o porão da casa de um tio enquanto nossa nova casa era construída. Esse porão era úmido e frio, mas, também, era um lugar de afeto e convivência familiar. Apesar das dificuldades, éramos felizes, cercados por primos e primas que transformavam aquele espaço em um lugar de brincadeiras e risadas.

Sempre fui muito apegada ao meu pai. Todos os dias, eu esperava ansiosamente por sua chegada às 14h30. Contudo, um certo dia no ano de 2004 trouxe uma reviravolta na nossa vida. Meu pai não chegou no horário habitual. Minha mãe, preocupada, disse que ele havia sofrido um acidente de trabalho.

Aquele foi o início de uma fase muito difícil para nossa família. Ele precisou passar por uma cirurgia e, embora tenha retornado para casa, nunca mais foi o mesmo. Com apenas nove anos, eu testemunhei as dificuldades que se abateram sobre nós. Meu pai, um homem forte e dedicado, foi dispensado da empresa onde trabalhava e nossa situação financeira se deteriorou rapidamente.

Minha mãe deixou o emprego para cuidar dele e eu, ainda tão jovem, assumi responsabilidades que muitas crianças nem imaginam. Foi nesse período que comecei a trabalhar fora, cuidando de duas crianças pequenas e ajudando nas tarefas domésticas. Lembro-me de voltar da escola ao meio-dia e ir diretamente para a casa onde trabalhava.

Aqueles anos foram duros, mas me ensinaram a valorizar cada centavo e a importância do trabalho árduo. E, desde lá, até completar os 18 anos, trabalhei em um, dois e até três lugares durante o dia para ajudar em casa. Entre um emprego e outro, sempre procurei investir em mim mesma, comprando livros e fazendo cursos com o pouco que sobrava do meu salário. Eu sonhava poder estudar, ter uma carreira e um bom salário, mas sabia que isso estava muito longe da minha realidade.

Por muitos anos, minha mãe e eu contamos com a ajuda de parentes e amigos. Cada pequeno gesto de generosidade foi uma bênção. Eu não tinha mochila para ir à escola e usava as que meu primo me dava, mas isso nunca me impediu de seguir em frente. Acredito que a força dos meus sonhos era maior do que qualquer obstáculo.

Minha mãe, sempre atenta e compreensiva, sabia do meu desejo de algo mais. Aos 18 anos, comecei a trabalhar na mesma empresa em que meu pai havia se acidentado. Foi um período desafiador, mas também de aprendizado.

Aquele salário que eu ganhava ajudava a sustentar nossa casa, enquanto eu fazia um curso de Gestão de Recursos Humanos.

Ainda durante essa fase, minha irmã Fabiane ficou gravemente doente. As incertezas sobre sua saúde foram uma provação para todos nós. A fé, que sempre foi um pilar em nossa família, nos manteve unidos e esperançosos. Mesmo quando os médicos não sabiam mais o que fazer, nunca perdemos a esperança.

E, de fato, um milagre aconteceu: Fabiane se recuperou, contra todas as probabilidades. Algum tempo depois, descobrimos que ela estava grávida, algo que os médicos haviam dito que era impossível. Ariane, minha sobrinha, nasceu saudável e cheia de vida, trazendo uma nova luz para nossa família.

Esse período coincidiu com o início da minha trajetória acadêmica. Sempre sonhei em fazer uma graduação, mas sabia das limitações financeiras que enfrentávamos. Minha mãe, com a generosidade que lhe é característica, me apoiou no que pôde: "você pode estudar, mas sabe que não temos condições de ajudar financeiramente. Se conseguir pagar, nós podemos te dar a comida", ela disse.

Assim, com muito esforço e determinação, comecei a cursar Administração. O deslocamento diário era cansativo, levando cerca de duas horas entre ida e volta, mas a alegria de estar na universidade compensava qualquer sacrifício. Nos primeiros dois anos, lembro-me de que eu tinha apenas uma calça jeans, que usava em todas as ocasiões mais formais. Mas isso não importava. O que realmente contava era o sonho que eu estava realizando.

Os quatro anos de faculdade passaram com muita luta, mas também com muitas vitórias. Recordo-me da emoção no dia da minha formatura. Ver meus pais tão felizes foi a maior recompensa que eu poderia ganhar. Durante esse período, trabalhei como estagiária e contratada no setor público, além de ter trabalhado em um banco privado, ambos na área agrícola. Foi lá que me aproximei ainda mais do trabalho com produtores rurais, um campo que sempre me comoveu profundamente. Inclusive, muitas vezes, chorei após ouvir as histórias dos agricultores que atendia. Suas dificuldades e lutas ecoavam as minhas, o que fazia eu me sentir ainda mais motivada a ajudá-los.

Entretanto, a vida, com sua imprevisibilidade, trouxe outro desafio. Meu pai, que já havia superado tantas adversidades, foi diagnosticado com câncer. A notícia foi devastadora e os meses seguintes foram marcados por idas e vindas ao hospital, onde ele passava por quimioterapias. Eu, tão apegada a ele, passava noites em claro, sentada em uma cadeira de plástico ao lado da sua cama.

Orava para que ele pudesse voltar para casa e tivéssemos mais tempo juntos. Por um breve período, Deus nos concedeu esse tempo. Vencemos a primeira batalha contra o câncer e meu pai pôde desfrutar de mais dois anos conosco, aproveitando a vida em família, algo que tinha se tornado difícil depois do seu acidente devido ao envolvimento com álcool, que ele precisou abandonar.

Durante esses dois anos, ele me contou muitas histórias de sua vida. Histórias de alegria, de luta e de superação. Percebi o quanto ele era um homem de coração generoso e como fui abençoada por tê-lo como pai. Uma das minhas lembranças mais queridas é de como ele sempre acordava por volta das quatro da manhã, preparava seu chimarrão e ligava o rádio para ouvir músicas de raiz. Ele adorava tocar violão e cantar, esses momentos eram preciosos para ele. Antes de o sol nascer, voltava ao quarto, sentava ao lado da cabeceira da cama da minha mãe e compartilhava o chimarrão com ela, enquanto conversavam sobre a vida.

Infelizmente, o câncer retornou e, desta vez, os médicos nos disseram que ele não tinha muito tempo. Em 1º de julho de 2015, dia do meu aniversário, fui até o hospital. Minha mãe, tentando levantar o ânimo dele, perguntou se ele lembrava que era meu aniversário: "sim, da preta", ele respondeu, usando o apelido carinhoso que tinha para mim. Esse foi um dos últimos momentos em que o vi consciente.

No dia 3 de julho de 2015, quando voltei ao hospital, ele já estava entubado. Ao vê-lo naquela condição, a tristeza me dominou. Minha mãe voltou para casa e eu fiquei ao lado dele. Rezei, pedi a Deus que o segurasse no colo naquele momento tão difícil que estava passando e, às 4h15 da manhã, em 4 de julho de 2015, enquanto eu segurava sua mão, ele partiu.

Com 29 anos, eu perdi o chão. O sentimento de responsabilidade caiu sobre mim como um fardo pesado. Eu tinha minha mãe, minha irmã e minha sobrinha para cuidar, sabia que precisava ser forte. Chorei muitas vezes, escondida, para não demonstrar fraqueza. Mas, também, sabia que precisava seguir em frente. Depois de muitos dias de luto, decidi que era hora de levantar a cabeça. Reunimos forças e seguimos em frente, levando conosco as lições e o amor que meu pai nos deixou.

Naquela época, eu estava em um relacionamento de quatorze anos. Poderia ter sido o momento de nos unirmos ainda mais, mas a vida tinha outros planos. A relação não sobreviveu aos desafios que enfrentamos e acabei seguindo um novo caminho. No entanto, essa fase de transição me ensinou muito sobre mim mesma. Descobri que a força e a resiliência que desenvolvi ao longo dos anos não eram apenas para superar as dificuldades, mas também para me reinventar, crescer e buscar a felicidade, mesmo que isso significasse recomeçar.

Depois do término, decidi focar em mim, nos meus sonhos e na minha carreira. Retornei o meu sonho, o qual, por volta dos meus doze anos, sonhei: fazer uma graduação em Direito. Nesse mesmo período, deixei um emprego de oito anos, meu companheiro de vida e eu resolvemos morar juntos – uma fase linda e de muitos desafios.

Eu tinha um desejo e medo ao mesmo tempo: ter uma empresa própria. Foi assim que surgiu a oportunidade de darmos sequência na empresa já existente dele, mas que atuava em outro setor de consultoria. Conversamos e decidimos iniciar um novo ciclo de negócios em assessoria e consultoria. E, sim, enfrentamos muitos desafios, especialmente no começo, quando parecia que tudo estava contra nós.

Mas a fé, a dedicação e a vontade de merecer a credibilidade e confiança dos nossos clientes nos mantiveram firmes. O início foi árduo, pois as dificuldades eram muitas. Contudo, a satisfação de construir algo do zero e ver o crescimento do nosso trabalho trouxe uma sensação de realização indescritível.

Hoje, a MLB Assessoria & Consultoria se consolida como uma empresa sólida no mercado, com mais de nove anos de história. Durante esse tempo, temos nos dedicado, com paixão e empenho, a atender produtores e produtoras rurais em suas dificuldades, além de prestar serviços a diversas indústrias. Nosso compromisso e amor pelo que fazemos nos permitiram expandir nossos horizontes, atendendo clientes não só no nosso município, mas também em outras regiões e estados.

Cada oportunidade que recebemos é uma bênção e Deus nos presenteou com pessoas maravilhosas ao longo desse caminho, às quais somos eternamente gratos. Quando iniciamos essa jornada, carregávamos sonhos grandes e a certeza de que, com muito esforço e dedicação, as recompensas viriam de uma forma ou de outra. Hoje, ao olhar para trás, vemos que esses sonhos se tornaram realidade, e o reconhecimento que recebemos é prova de que todo sacrifício valeu a pena.

Aceitar desafios sempre fez parte da minha jornada e um desses momentos foi quando fui convidada a integrar a Associação Empresarial de Seara

(ACIS). Inicialmente, assumi a vice-presidência da pasta do agronegócio, uma área que sempre fez parte de mim e que eu amo profundamente. Foi um desafio apaixonante, mas eu me sentia preparada para contribuir com o meu conhecimento e dedicação.

No entanto, a vida me reservava algo ainda maior. O atual presidente da associação me convidou para assumir a presidência da entidade, que há 35 anos desempenha um papel fundamental no desenvolvimento do nosso município. Essa proposta me fez refletir profundamente. Conversei com meus queridos amigos, aqueles que sempre me apoiaram, e decidi aceitar o convite. Hoje, tenho a honra de ser a primeira mulher a presidir essa associação, um marco que, acredito, muitas outras mulheres também poderiam alcançar. Mas, neste momento, acredito que foi a vontade de Deus que me trouxe até aqui.

Lembranças antigas vieram à tona com essa nova responsabilidade. Recordo-me de quando trabalhava em até três lugares no mesmo dia, em um deles eu passava pela entrada da sala da ACIS, olhava com entusiasmo para as pessoas que ali trabalhavam, imaginando como seria fazer parte daquele mundo. Hoje, ao me ver nesse papel, percebo que, de certa forma, aqueles sonhos e aspirações foram guardados no meu subconsciente, apenas esperando o momento certo para se tornarem realidade.

Assumir uma pasta tão importante é um grande desafio, porém, também é uma oportunidade de retribuir e contribuir ao máximo, inspirando confiança na equipe. Peço a Deus, todos os dias, que me permita dar o meu melhor, para honrar essa posição e deixar um legado positivo para as próximas gerações, sempre com ética, transparência e comprometimento para promover o bem-estar coletivo.

Estar em tantos lugares ao mesmo tempo e me dedicar a cada um deles é uma tarefa desafiadora, que exige não apenas tempo, mas também uma entrega de alma. Tenho certeza de que muitas de vocês, ao lerem estas palavras, sentem o peso e a complexidade dessa jornada. Entre cuidar de si mesma, ser esposa, estudante, manter o lar em ordem, gerenciar uma empresa, ajudar na propriedade rural, envolve-se com a comunidade, ser filha, madrinha e tantas outras facetas que assumimos ao longo da vida, a carga se torna pesada.

O peso dessa jornada é real e o caminho, muitas vezes, solitário. Contudo, dentro de nós reside uma força quase mágica. É uma força silenciosa que nos impulsiona a seguir em frente, mesmo quando tudo parece desmoronar.

Muitas vezes, invisível e difícil de definir, ela nos faz levantar todos os dias e continuar, mesmo diante das maiores adversidades.

Essa força, que não se mede em palavras, mas em ações e pequenos passos, revela a nossa capacidade de superar muito mais do que imaginamos. Ela nos sustenta e nos faz acreditar na possibilidade de continuar, mesmo quando o cansaço e a dúvida nos atingem. É uma força quase inexplicável, que, mesmo quando não a reconhecemos, está sempre presente, guiando-nos e ajudando-nos a enfrentar cada obstáculo com coragem e determinação.

Hoje, ao olhar para trás, vejo que todas as experiências, boas e ruins, moldaram quem eu sou. As dificuldades da infância, a luta pela educação, a perda do meu pai e o desafio de iniciar um negócio do zero são partes inseparáveis da minha história. Elas me ensinaram a valorizar o que realmente importa, a ser resiliente e a nunca desistir dos meus sonhos.

Minha história ainda está sendo escrita e sei que muitos desafios ainda virão. Mas, como sempre, estou pronta para enfrentá-los, guiada pelos mesmos sonhos que me trouxeram até aqui. A vida me ensinou que, por mais difícil que o caminho possa parecer, sempre há uma luz alimentada pela fé, pela esperança e pelo amor.

Essa jornada é uma celebração de todos aqueles que estiveram ao meu lado e é com um coração cheio de gratidão que continuo avançando, inspirada por cada pessoa que fez parte dessa caminhada. Vamos seguir sonhando e vivendo, pois cada momento é uma oportunidade de criar um legado de sonhos e superação para o futuro.

Mulheres: nunca desistam dos seus sonhos

Gostaria de dedicar algumas palavras a todas as mulheres que, assim como eu, enfrentam desafios diários em busca de seus sonhos. Por vezes, os obstáculos parecem intransponíveis e as frustrações podem ser grandes, mas saibam que cada barreira vencida nos torna mais fortes. Assim sendo, não tenha medo de compartilhar suas dificuldades, de expor seus sentimentos e vulnerabilidades.

A dor e o fracasso fazem parte do caminho, mas muitas vezes são eles que nos preparam para o sucesso. Acredito que, quando algo não acontece da forma como planejamos, pode ser o universo – ou Deus, para aqueles que creem – nos dizendo que ainda não estamos prontos. Isso não é motivo para desistir, mas sim para ser forte.

Além disso, quero reforçar a importância de olharmos para o feminino que existe dentro de nós. Devemos considerar nossa força interior, nossa história e as lições que dela extraímos. A cada experiência, a cada desafio, nos moldamos e nos preparamos para algo maior.

Por isso, é essencial que nos apoiemos mutuamente, que inspiremos umas às outras a nunca desistir e a seguir em frente, com fé. Então, acredite nos seus sonhos, pois eles têm o poder de transformar vidas. E lembre-se: o caminho pode ser difícil, mas é nele que descobrimos a nós mesmas.

Concluindo minha jornada até aqui

Poderia escrever sobre tantos outros desafios, sonhos e realidades, mas, neste momento, a inspiração me leva a compartilhar essa jornada. Quem sabe, mais adiante, venham outras formas de escrita.

Ao olhar para minha trajetória, percebi que cada dificuldade superada, cada decisão tomada e cada sonho cultivado me trouxeram até onde estou hoje. As dificuldades não desapareceram, mas foram transformadas em oportunidades de crescimento e aprendizado. Acredito, firmemente, que cada um de nós tem um propósito.

Sendo assim, que possamos, juntas, construir uma rede de apoio, em que as histórias de luta, resiliência e sucesso se cruzem e se fortaleçam. E que, ao compartilhar nossas jornadas, consideremos que somos capazes de tudo o que sonhamos, desde que não deixemos de acreditar em um futuro melhor.

Deixo aqui também meu agradecimento, cheio de carinho, a uma mulher inspiradora que me convidou a fazer parte deste livro: Irene Sá Affolter. Sou imensamente grata pela sua vida e por essa oportunidade tão especial. Que esse convite sirva também de inspiração para que outras mulheres contem suas histórias, compartilhem suas jornadas e fortaleçam, com sua voz, a rede de mulheres que transformam o mundo todos os dias.

07

ESCULPINDO A VIDA E OS SORRISOS

Afinal quem é Daniela? Formada por tantas! Pela coragem, pela força, pela resiliência, pela bravura, pela doçura, pela fascinação em buscar o melhor para os outros sempre. Aquela que encanta com seu sorriso, mas transforma o sorriso de tantos. Aquela que poderia ser vários adjetivos, mas preferiu bravamente, brilhantemente, conjugar o verbo "ser" em todos os tempos. O que a define? A única certeza é que a vida se expande em proporção à sua coragem.

Por Joseane Pasinato

DANIELA SGUISSARDI INVITTI

Daniela Sguissardi Invitti

Casada com Fabiano Invitti, mãe do Augusto. Cirurgiã dentista formada pela Unifenas/MG. Especialista em Dentística pela Universidade de Passo Fundo. Possui aperfeiçoamento em endodontia e cursos de harmonização orofacial. Com mais de 25 anos de experiência na odontologia, transforma vidas por meio do sorriso.

Contatos
danisguissardii@gmail.com
Instagram: @dradanielasguissardi
49 99994 6364
49 99921 6666
49 3433 2804

Daniela Sguissardi Invitti

Meu nome é Daniela, mas já fui Camila, até meu pai chegar ao cartório. Quando nasci, meu avô paterno disse não gostar de Camila, então passei a ser Daniela.

Sou a filha caçula do casal Odete Dambroso Sguissardi e Ivo Sguissardi. Meu irmão Rafael e eu temos pouco mais de dois anos de diferença. Meu pai trabalhava no ramo de comércio de bebidas, com seu pai e irmãos. Minha mãe, após o casamento, dedicou-se à família que estava iniciando. Tudo ia muito bem, até o fatídico 9 de dezembro de 1979, quando meu pai foi brutalmente assassinado ao separar uma briga. Ele, jovem demais, nos deixou aos 29 anos. Minha mãe, viúva aos 27 anos, com dois bebês. Meu irmão, com pouco mais de três anos, e eu havia acabado de completar um ano. O pilar da nossa família nos deixou. Amigo e conhecido por todos como o goleiro do time de futebol, que, anos depois de sua morte, o homenageou com seu nome: Arena Esportiva Ivo Sguissardi. Minha mãe, avós e tios assumiram os negócios da família e, unidos, deram continuidade ao que meu pai havia iniciado. Meu avô e meus tios foram muito presentes e importantes em nosso crescimento. A presença das tias, tanto da família Sguissardi quanto Dambroso, foram essenciais em nossa infância, com amor e carinho. Minha mãe, uma verdadeira guerreira.

Ela sempre nos incentivou a fazer diversas atividades extraclasse: dança, música, artes, inglês e atividades físicas. Hoje, entendo que foram oportunidades. Tive uma infância feliz, que guardo em minha memória, repleta de aventuras, brincadeiras e amizades.

Estudei os anos iniciais no colégio Estadual Costa e Silva. Em meados do terceiro ano, após uma greve na escola pública, passamos a estudar no Colégio La Salle.

A adolescência foi tranquila. Tinha sempre em meus pensamentos, que minha mãe não merecia qualquer desgosto e mais sofrimento, sua vida foi dedicada a nós.

Comemorei meus 15 anos como toda adolescente sonhava: com um baile de debutantes. A data do baile coincidiu exatamente com o dia do meu aniversário. Tive a honra de ser conduzida pelo meu avô Carlos, e tive meu irmão como par na primeira valsa.

Que época memorável. Tinha grandes amigas e amigos. Muitos ainda fazem parte da minha vida.

Com 16 anos fui estudar em Curitiba para cursar o "terceirão". Nessa época os negócios da família começaram a passar por momentos difíceis. Minha mãe, sempre firme, proporcionou-me a mesma oportunidade que meu irmão teve. Nas férias da metade do ano, iniciei meu namoro com a pessoa que se tornou meu marido, amigo e companheiro. Fabiano e eu já nos conhecíamos, pois estudamos juntos por dois anos, no La Salle. Mas nunca havia olhado para ele com os olhos do coração até o dia 22 de julho de 1995. Ele sempre diz que se apaixonou por mim desde que me viu pela primeira vez.

Vieram os vestibulares e a indecisão de que carreira escolher. Fiz alguns vestibulares com opção em Bioquímica e Farmácia, e apenas um para Odontologia. Não passei em nenhum. Já iria iniciar o cursinho, e, dias antes, sonhei com uma pessoa querida que já havia partido, ela dizia que eu havia passado no curso de Odontologia. Uma semana depois, recebi um telegrama anunciando minha aprovação: Odontologia na Unifenas/MG.

Foi uma felicidade, euforia total e, ao mesmo tempo, a tristeza em saber que não poderia cursar. Um curso caro em uma faculdade particular, longe, em um momento em que os negócios da família não estavam bem. Meu avô, sempre com seu coração bondoso, disse que iríamos achar uma forma. Chamou tia Ivone e tio Bento e perguntou se poderiam nos ajudar. Prontamente, eles se dispuseram a pagar meus estudos. Sempre eles, meus pais do coração.

Com pouquíssimo tempo para me apresentar, pois as aulas já haviam começado, lá fui eu, 17 anos, 1500 km longe de casa, mãe, família e namorado. Eles não puderam me acompanhar. Tudo novo, com pessoas estranhas. No primeiro dia, liguei nove vezes, desesperada. Apavorada com a residência onde iria ficar. Minha mãe moveu o céu por meio de amigos para encontrar outro local em que eu pudesse ficar em segurança. Na mesma noite, uma família que havia residido em Xanxerê e morava lá, foi me buscar. Eu não as conhecia, mas Dona Regina e suas filhas foram verdadeiros anjos.

Eu estudava em período integral, com dedicação, as dificuldades sempre fizeram parte. A saudade era de longe a pior. Os anos de faculdade foram maravilhosos e difíceis. Ganhei amigos, amadureci, desabrochei para a vida, e o namoro sobreviveu à distância. A formatura chegou e com ela a nova etapa que estava somente começando. Como não tínhamos condições de montar um consultório, a princípio eu faria concursos. Até que surgiu a oportunidade de alugar um consultório montado, de um colega que não exercia mais a profissão. Um consultório simples, que precisava de uma boa organizada. E com que dinheiro? Novamente ela, tia Ivone, me ajudou com um valor para comprar os materiais iniciais e poder dar início às atividades.

No dia 13 de março de 2000, com 21 anos, dava início a minha caminhada profissional. Familiares e amigos foram meus primeiros clientes. Além do consultório, atendia no sindicato. No ano seguinte, passei no concurso público da prefeitura municipal de Xanxerê. Logo depois, marcamos a data do casamento.

Fabiano e eu casamos em 4 de outubro de 2003. Moramos com minha mãe por dois anos. No ano seguinte compramos nosso apartamento, praticamente inacabado, mas era o nosso sonho tomando forma. No mesmo mês, passei na prova de especialização em dentística, na Universidade de Passo Fundo (UPF). Sempre amei transformar sorrisos, fazer o belo. A dentística me qualificaria ainda mais. Sabia que não seria fácil, pois estaria assumindo despesas altas. Não tive medo, trabalhava e me dedicava incansavelmente para dar conta de tudo e oferecer um atendimento diferenciado e com qualidade para aqueles que procuravam meus serviços. Por inúmeras vezes, a contragosto de minha mãe, almoçava no consultório, às vezes um lanche, para não perder tempo.

Foram dois anos bem puxados, mas tudo deu certo. Finalizei a especialização e, no mesmo ano, concluímos o apartamento. Sair em definitivo da casa da mãe foi um momento difícil, lembro que chorei por muitas noites ao olhar a casa dela pela janela do apartamento. Continuamos almoçando juntas, pois o Fabiano trabalhava e, ainda trabalha, em Xaxim. No mesmo ano, fiz uma grande reforma no consultório, e então montei a minha cadeira. Tudo novo, como desejei. Uma nova fase na profissão se iniciava, com mais destaque no mercado de trabalho. Nos anos seguintes, realizei inúmeros cursos de aperfeiçoamento na minha especialidade e também em outras. Já com estabilidade profissional e na vida de casada, veio o desejo de ser mãe.

No início de 2008, com tudo planejado, demos início ao sonho. Ele só se realizou em outubro. Que felicidade, nosso bebê estava a caminho. No terceiro mês tive um descolamento de placenta, e precisei diminuir o ritmo. Logo soubemos que nosso bebê seria um menino, Augusto. O nome que desejei desde o início. No final do sexto mês, outro descolamento. Dessa vez, precisei ficar em observação no hospital, e depois ficamos 15 dias na casa da minha mãe, pois eu não poderia subir escadas. Ela nos recebeu com todo amor. Nos meses seguintes, segui trabalhando e organizando a chegada do bebê.

Na manhã de 31 de maio, tive uma visão ao acordar, minha mãe morta. Aquele sentimento me incomodou, falei com ela, que disse estar bem. Na verdade, não estava, mas não falou, e, naquela tarde, ela infartou. Não teve sequelas, ela estava bem. Porém passaria por uma cirurgia de safena. Longos dias de hospital, até o dia 8. A cirurgia correu bem, ela estava tendo uma recuperação boa. Já pronta para sair da UTI, conversando e feliz, me contou que havia sonhado com meu pai. Lembro que falei: ele veio te ver, amanhã é Dia dos Namorados. Estávamos muito felizes com sua recuperação e com a chegada do Augusto, que estava próxima. E ela iria ficar conosco para se recuperar e nos auxiliar com o bebê. Mas, naquela madrugada, ela teve um AVC hemorrágico. E nos deixou na tarde do dia 12, aos 57 anos. Seu grande amor veio buscá-la. A maior dor que alguém pode sentir, a ausência da mãe. O mundo caiu aos meus pés. Jamais imaginei não tê-la ao meu lado na chegada do meu filho. Tínhamos muitos planos. Dia 21 de junho saímos da missa de sétimo dia e minha bolsa estourou.

Meu maior presente, meu filho Augusto, chegou para preencher meu coração dilacerado. Nunca imaginei passar pela maior dor e receber o melhor presente da vida ao mesmo tempo. Dias difíceis, mistura de emoções: o amor e a dor. Eu me sentia culpada quando estava triste, pois tinha meu bebê, e culpada quando estava feliz, pois havia perdido minha mãe. Fui muito amparada pelo meu marido, madrinha, tias, primas, sogra, por toda família e amigos. Voltei ao trabalho pouco mais de 40 dias depois, em meio período. A rotina do trabalho ajudou muito nessa fase. Augusto sempre foi um bebê lindo e saudável, mas chorava muito. Passávamos noites em claro. Foi tudo muito intenso. Tivemos a bênção de ter uma *tata* maravilhosa ao nosso lado. Juçara ficou conosco até ele completar 4 anos. Temos muita gratidão por todo amor e cuidado que teve com nosso filho, e conosco. A decisão de termos somente ele foi toda nossa.

Nossa rede de apoio, que já era pequena, de repente ficou menor ainda. Minha madrinha, tia, prima e irmão mudaram para outra cidade. Dependíamos sempre de empregadas. Nosso menino lindo, de olhos azuis como o céu, cresceu. Sempre alegre e esperto. Dono de um coração lindo, amoroso, educado e inteligente. Nos enche de orgulho ver o ser humano maravilhoso que está se tornando.

Fabiano foi e é um pai maravilhoso. O elo de amor e cumplicidade entre eles é um presente de Deus. Como mãe, tenho tentado ser assertiva. Nunca deixei faltar amor, cuidado e atenção. Sou firme na medida que as situações nos colocam em teste. Tento passar para meu filho todos os princípios que aprendi com minha mãe. Nem sempre fazemos o ideal, mas aquilo que nosso coração nos guia. Por inúmeras vezes me culpei por ter voltado ao trabalho tão cedo. Mas, naquele momento, precisei manter minha cabeça muito focada, para não pensar em tudo que estava acontecendo. Por muito tempo, sofri pensando que minha mãe havia me abandonado no momento em que mais precisava dela. Mas não, ela sempre esteve ao meu lado. E aquele era o momento dela, seu ciclo havia se encerrado, e com toda maestria. Me fez ser uma mulher forte porque vim de uma guerreira. Ainda assim, estamos expostos a julgamentos.

Ao longo da nossa jornada matrimonial, passamos por diversas estações. Sonhamos, iniciamos e finalizamos projetos. Passamos por diversas experiências positivas e negativas. Somos companheiros, amantes, amigos, um o porto seguro do outro. Em 2020, em meio a pandemia, a casa que sonhamos estava em construção, mas levamos um grande susto. Fabiano foi diagnosticado com um seminoma. Vi meu mundo desabando novamente. Ele, em depressão, querendo desistir de tudo. Mas Deus é bom o tempo todo, o tumor não teve metástases e o tratamento foi cirúrgico e apenas preventivo. Nós nos unimos ainda mais, nosso amor se fortaleceu. Seguimos tentando realizar nossos sonhos, viver com amor e respeito. E agradecendo diariamente a benção da cura.

Como profissional, tento ser e fazer melhor a cada dia. Sou extremamente detalhista no que faço, e faço com muito amor. Esculpir sorrisos é uma arte, um dom que requer técnica, paciência, habilidade e muito capricho. Transformar vidas por meio do sorriso é uma responsabilidade grande. Além de entender as necessidades, temos que captar os anseios de cada pessoa. Tive ruptura de tendão no braço direito, no mesmo mês em que iria realizar o sonho de conhecer Paris. Viajamos mesmo assim, e, no retorno, passei por cirurgia. Fiquei afastada do trabalho para recuperação, e quão difícil foi o pós-operatório. Esse momento me fez reavaliar muitas coisas. Pedi exoneração do serviço público, após 22 anos de saúde pública. Sou feliz e grata por tudo que vivi e aprendi. Passei a me dedicar exclusivamente ao meu consultório e a ter mais tempo com minha família. Posso dizer com muito orgulho que sou realizada e reconhecida profissionalmente.

Toda mulher tem um sexto sentido que pode ser despertado para valer, como pode ficar adormecido e nunca se manifestar. O meu sempre esteve de prontidão em todos os momentos da minha vida. Inclusive, quando recebi o convite para participar deste projeto. Eu já sabia que ele viria.

Ao mesmo tempo que me senti lisonjeada, senti o pânico em não saber o que dizer, e como falar de mim mesma. Hoje, agradeço pelo desafio!

Com ele, pude olhar para dentro de mim mesma. Sou grata por todos os desafios e dificuldades. Elas me fizeram forte, dona do meu destino e percebi o quanto cresci como mulher, mãe e profissional.

Minha vida, minhas lutas e conquistas. Minha história! Que sigo escrevendo com amor e gratidão!

Os que confiam no Senhor renovarão as forças, subirão com asas como águias. Correrão, e não se cansarão, caminharão, e não desfalecerão.

Isaías 40:31.

08

É SOBRE...

Se vestir de ousadia; é sobre ter liberdade; é sobre ter coragem de viver suas escolhas; é sobre lutar pelo que você acredita. Viver é isso, é sobre experimentar desafios e também se expor emocionalmente. É sobre perceber quais são os desafios que nos fortalecem e nos fazem crescer pessoal e profissionalmente.

DEISI KOTINSKI BURTET

Deisi Kotinski Burtet

Mãe da Heloísa. Professora e empresária. Diretora e proprietária da News Idiomas há 21 anos. Possui graduação em Letras (Inglês e Português) e pós-graduação em inglês (Fonética e Fonologia), pela Unochapecó, *English Acquisition Course*, aperfeiçoamento internacional em inglês (Nova Iorque e Boston - EUA), curso de espanhol completo pela News Centro de Ensino. É coordenadora do Núcleo da Mulher Empresária de Xaxim (Nucleomexx), gestão 2024/2025.

Contatos
deisiburtet@gmail.com
Instagram: @deisikburtet
49 99987 9481

A coragem de viver suas escolhas

Viver é isso, ficar se equilibrando o tempo todo, entre escolhas e consequências. A vida é feita de escolhas e das consequências dessas escolhas. Tomamos decisões o tempo todo, desde as mais simples até as mais complexas, que definem a nossa trajetória e futuro.

Desde criança sempre gostei de me desafiar quando diziam: "Você não vai conseguir". Sempre fui determinada a sair da zona de conforto, enfrentar novos desafios e abraçar novas experiências, tentar me superar e buscar a excelência.

Sempre procuro respeitar meu ritmo, honrar meu descanso e cuidar da minha energia. Se podemos fazer algo com o nosso tempo, é viver bem a cada instante. Sair do piloto automático, do "algum dia", do futuro hipotético, onde, enfim, faremos o que amamos… Esse "algum dia" é **hoje**.

Tento aprender observando pessoas que envelheceram bem, com dignidade, sabedoria e inteligência. Quem ama a vida descobre as alegrias e prazeres de todas as idades, e nossa mente é implacável: o que você pensa, você cria; o que você sente, atrai. O que você acredita, torna-se realidade.

Desafios são presentes que nos forçam a procurar um novo centro de gravidade. Aprendi a não lutar contra eles, apenas a encontrar uma nova maneira de resistir e seguir.

Ser mulher: uma jornada complexa

Ser mulher é ser forte, é ser inteira e íntegra.

Sejamos sinceras, ser mulher não é fácil, é uma jornada complexa. A gente vai aprendendo no caminho, superando desafios, resolvendo problemas, buscando se autoconhecer e desabrochar seu poder.

É aceitar um grande desafio, o desafio de aprender a lidar e equilibrar muitas coisas, inclusive algumas que às vezes não estão de acordo com a nossa vontade. Precisamos aprender desde cedo a ser resilientes e determinadas. Acordar cedo, cuidar e se doar de forma incondicional para a família, para o trabalho, para a equipe.

E por conta disso, muitas vezes, deixamos de cuidar do nosso corpo, da nossa energia e da nossa saúde mental.

E mesmo com tantas demandas, conseguimos nos apaixonar pela vida, pela nossa profissão e pelo nosso propósito, e, a cada dia, temos um novo dia para fazer de novo e de novo, com disciplina e bom humor.

Ser mulher é ter um coração com espaço suficiente para, de forma empática, transformar a vida daqueles que nos rodeiam, deixando um legado e espalhando **amor**.

Somos feitas de todas as estações. Quanto mais eu me conheço, mais eu me curo e melhoro.

Que todas consigamos ser aquilo que sonhamos.

Felizes são as mulheres que têm a oportunidade de fazer acontecer, que vão à luta e constroem o seu próprio legado e fazem suas próprias escolhas e lutam pelos seus ideais.

Amor

Ciclos se iniciam e se encerram, pessoas entram e saem da nossa vida, pois a vida está sempre em movimento.

Tanto os momentos bons quanto os ruins são passageiros. Aceitar as mudanças e acolher novas oportunidades é uma opção madura, pois há sempre algo bom a caminho, assim, preparamos o nosso coração. E, de repente, nesse caminho encontramos alguém que soma tanto que queremos dividir o café, a conversa, a risada, o guarda-chuva, a roupa, o corpo, a cama, o sentimento.

Acredito que o fundamental é você ter ao seu lado alguém que te incentiva a ser a sua melhor versão. Aquela pessoa companheira que acredita nos seus sonhos e vibra com suas conquistas.

O amor é, acima de tudo, uma escolha. Eu escolhi o meu há algum tempo e posso dizer que fiz uma **bonita** escolha.

Dedico este artigo aos dois amores da minha vida: meu parceiro de vida, meu marido Gustavo e meu solzinho que ilumina meus dias, minha filha Heloísa.

Maternidade

Esses dias, eu li a seguinte frase: "Nós mulheres somos a única passagem para chegar aqui na Terra".

Que lindo isso, né!? Através do nosso corpo, podemos transformar o amor entre duas pessoas em algo físico. Ser mulher é servir de lar para um filho, e isso é, sem sombra de dúvidas, uma das maiores dádivas dessa vida.

A vida é uma grande escola e a maternidade me ensina muito. Aprendo a cada dia a não ter medo de errar, pois os erros me trazem aprendizados que me tornam mais forte.

Por isso, seja a mãe que você dá conta de ser. Faça sempre o seu melhor. Não se cobrar tanto também é importante e, ao acertar, se orgulhe. A maternidade é um dos momentos mais enriquecedores da vida de uma mulher. Tornei-me mãe há 24 anos e venho aprendendo desde então.

Empreendedorismo e seus desafios

Ser uma mulher empreendedora é seguir acreditando sempre. É seguir em frente quando todos param. Dividir-se em muitas, sem deixar de ser uma, a mais importante. A mulher acontece, encanta, muda, floresce, cuida, cria, sente, beija, gerencia seu negócio, escuta, vê, brinca e brinca com a vida… e **vive**!

Eu gosto de dizer: quanto maiores são os galhos da árvore, e mais largos eles se tornarem lá fora, mais profundas as raízes lá dentro precisam ser, para sustentar tudo. Você entende o que eu estou dizendo?

Espero que, assim como ocorreu comigo, você também tenha se sentido tocada e estimulada a refletir sobre nossas raízes, sobre termos uma boa sustentação nelas. Saber que, dentro da nossa rotina, ninguém irá atender a todas as demandas com sucesso de 100%.

Por isso, é fundamental estarmos com nossas raízes bem sólidas e profundas. Sobre isso, fica a minha mensagem para você, que é como eu, que abraça vários papéis. Que tem a liberdade de tomar suas próprias decisões, mas que também enfrenta o difícil equilíbrio entre família, trabalho, saúde e algum tempo para si.

Parabéns para todas as mulheres que se desafiam todos os dias. É a partir dos desafios que nós crescemos e nos fortalecemos e sabemos que nem sempre atendemos às expectativas dos outros, da sociedade. O que precisamos atender, sim, são aqueles valores que constituem as nossas raízes.

Mulheres têm mentes e almas, além de corações. Temos ambições e talentos e, dessa forma, tornei-me empreendedora. E, desde então, venho lidando com os desafios dessa escolha. Algumas vezes, é difícil, mas, na maioria das vezes, é prazeroso e recompensador. E esse mundo empresarial me colocou no caminho do associativismo.

O associativismo é o celeiro de oportunidades, existe uma vida antes e uma vida depois dele, pois ele vem para potencializar o papel de cada mulher na sociedade, enquanto pessoa e profissional empreendedora.

Somos como água, crescemos quando nos unimos e, assim, descobrimos a nossa força, o nosso poder. Essa é a conquista.

Precisamos ficar cada vez mais juntas, porque é dessa união que a força do coletivo avança e derruba muralhas e vence situações difíceis, que pareciam ser impossíveis de serem resolvidas.

Trabalhar com mulheres empresárias nos ajuda e nos dá subsídios para nos desenvolvermos, nos capacitarmos enquanto empresárias e profissionais liberais e, dessa forma, nos posicionarmos melhor no comando do nosso próprio negócio.

O associativismo tem o poder de mudar nossa visão, ampliar nossos contatos e fazer com que nos sintamos mais confiantes no mundo empresarial. Os aprendizados são imensuráveis, pois cada integrante do grupo traz o seu desenvolvimento, e cada conquista que alcançamos reflete a nossa força e capacidade de tornar nossos sonhos realidade. Juntas nos apoiamos, e o sucesso de uma é a inspiração de outras.

Unir para **crescer**!

Um dos grandes prazeres: viajar!

Amo viajar e já vivi momentos inesquecíveis nas minhas aventuras por esse mundão lindo e elas marcaram a minha paixão pela vida.

Viajar é cultura para a **vida**. É investir na felicidade, aprender, crescer, conhecer, acrescentar, ser livre, aquecer o coração, respirar novos ares, descobrir, realizar, simplesmente aventurar-se. Experiência que enriquece o ser e renova a alma. Para longe ou perto, a pé, sobre rodas, por águas ou ar…

Uma das belezas de viajar para mim é esta: ter a possibilidade de aprender algo, pois cada lugar, cidade ou país tem alguma coisa diferente, peculiar, que nos oferece uma nova experiência. Estou falando de aprendizado de vida e isso é encantador.

Quando volto de uma viagem, trago um pouco do lugar comigo, a parte boa, os sorrisos fáceis, as gentilezas, as belezas que meus olhos viram e sempre agradeço a Deus por me proporcionar momentos de imensa alegria e paz.

Amadurecer: uma escolha

Ninguém nasce borboleta, crescer é um processo. Hoje faço minhas escolhas conscientemente. Não quero nada que me aperte ou deixe desconfortável... seja nos calçados, nas roupas ou na **vida**.

Envelhecer não é uma escolha, mas amadurecer, sim. Às vezes, ficamos discutindo certas coisas que não fazem mais sentido para nós, na nossa vida.

A energia nunca mente, tudo o que você pensa, sente, fala e ouve moldam a sua vibração. Por isso, precisamos selecionar as energias que nos rodeiam.

Existem coisas que não são visíveis ou belas aos olhos, mas que são fundamentais para o coração. A sabedoria está em entender os sinais que a vida dá. O importante é confiar no nosso passo, celebrar durante o caminho, ir devagar e atento e, assim, vamos entendendo os porquês e os por quem... Super importante mesmo é sermos fiéis a nós mesmas e ao nosso tempo; encontrarmos o caminho de volta, aquele que nos leva para dentro de nós, para nossas origens, pois, assim, nunca nos esqueceremos dos motivos que nos fizeram dar o primeiro passo. Amadurecer é isso, é quando você aprende que silenciar o mundo e escutar seu coração é necessário para ser feliz consigo mesma. E não confundir seguidores com amigos, *likes* com abraços, *stories* com vida real. Sabemos que juventude, beleza, os corpos esbeltos vão passar, mas a construção pessoal e emocional que você faz de dentro para fora não irá mudar, isso ninguém tira.

E nessas voltas da vida com o passar do tempo, aprendi a não me comparar tanto, a ser mais gentil comigo mesma. Aprendi a acolher minhas emoções e a abraçar minhas imperfeições, a enumerar minhas qualidades, me permitir errar, mudar de ideia, começar de novo. Aliás, reinventar-se é uma das artes mais bonitas, e talvez a mais poderosa do mundo. Eu desejo que a gente nunca espere coisas ruins acontecerem para nos lembrarmos de que a vida é frágil, que o tempo passa rápido e que os momentos simples importam demais.

Eu gosto muito da palavra "evoluir" e acho que ela faz um "*match*" muito poderoso com amadurecer. É sobre ter plena consciência de que podemos ser melhores para nós mesmos e para todos que cruzam nosso caminho, é deixar para trás os pesos e nos abrirmos para as mudanças que trazem cura para a nossa alma, é ter como meta ser alguém que inspira o bem, alguém que a gente admira.

Amadurecer é sobre isso! Você concorda?

Considerações finais

A vida é uma grande escola. Aprenda a cada dia e não tenha medo de errar. Cada erro traz um aprendizado que te torna mais forte.

Se eu tenho algo a dizer para aquelas que irão ler este relato… que ele possa ajudá-las a seguir em frente:

> Feliz novos sonhos.
> Feliz novos dias… feliz novos planos, novos caminhos.
> Feliz novas chances.
> Feliz recomeço, pois a vida é recomeçar sempre!

09

UM CHAMADO PARA A AÇÃO

A PARÁBOLA DOS TALENTOS

Minha vida se compara a essa parábola, quando percebi que deveria fazer algo com o que o Senhor me confiou. Mesmo que fosse com meu jeito bem humilde, decidi começar, porque sempre carrego comigo a frase de um desconhecido: "Não importa de onde eu vim, o que importa é para onde eu vou".

ELIANE GASPARIN PRADELLA

Eliane Gasparin Pradella

Empresária e consultora, formada em Administração pela Unopar (2019), com especializações em Liderança Sistêmica, Inteligência Emocional e Gestão Financeira. Reconhecida pela excelência e transformação nos negócios, atua como mentora de mulheres e sócia-administradora na Pradella Transportes e Logística desde 2005, liderando inovação, gestão financeira e desenvolvimento de equipes. Certificada pelo Instituto IOD em PLN Sistêmico (2020), Mentoria (2021), Constelação Sistêmica Familiar e avançado em Consultoria Sistêmica Organizacional (2022), Seja Líder, Inteligência Emocional (2021); e pela Fundação Napoleon Hill e MasterMind em Liderança e Comunicação (2024). A sua missão é equilibrar relações e negócios com foco em alta performance e qualidade.

Contatos
elianegpradella@gmail.com
Instagram: @elianepradella
Facebook: Eliane Pradella
49 99983 8849

A parábola dos talentos, encontrada em Mateus 25:14-30, é uma das passagens bíblicas que mais me inspira. Quando finalmente compreendi seu verdadeiro significado, decidi fazer algo relevante com os talentos que possuo, ou melhor, com os talentos que Deus me deu. Não apenas com o que tenho, mas com quem sou e como sou.

A jornada de cada mulher é única, mas há algo universal na luta para equilibrar a vida pessoal e profissional. Eu, Eliane, filha de pais corajosos, exigentes, humildes e de valores inegociáveis, que desbravaram o desconhecido para construir uma vida melhor, sou um exemplo vivo de que o trabalho árduo e o desenvolvimento pessoal caminham lado a lado. Não podemos separar nossa vida pessoal da profissional; ambas são intrinsecamente conectadas, e o sucesso em uma depende da harmonia na outra.

Nesse trecho da Bíblia, o Senhor também nos fala sobre a necessidade de vigilância, algo que muitas vezes ignoramos em nossa jornada. Quero refletir sobre essa parábola, em que o proprietário, sendo um homem extremamente próspero, entregou alguns de seus talentos a seus servos para que cuidassem até que ele voltasse de viagem.

As raízes da força

Cresci vendo meus pais, determinados, enfrentando desafios inimagináveis sob a perspectiva da vida que temos hoje. Eles vieram do Rio Grande do Sul, desbravando matas, sem recursos, apenas com a força de seus braços e a coragem de seus corações. Minha mãe, grávida de mim, trabalhava lado a lado com meu pai, construindo uma base sólida para nossa família. Para mim, a principal base de tudo sempre foi a família.

Essa força que presenciei se enraizou em mim como uma lição eterna: somos capazes de superar qualquer desafio, desde que estejamos dispostos a nos comprometer e a trabalhar com zelo no que Deus nos deu: nossos talentos.

Assim como meus pais encontraram força em meio às adversidades, nós também recebemos talentos e habilidades únicos e específicos, que Deus nos concede para cumprir nossa missão nesta vida. Estar vigilante é uma ferramenta essencial e bíblica; por isso, "vigiai e orai em todas as áreas da sua vida", nos ensina Mateus 26:41.

Os talentos que recebemos são como sementes plantadas em nosso coração, únicos e preciosos. Cabe a nós decidir como cultivá-los, sejam eles mais evidentes ou sutis, pois todos têm igual importância aos olhos de Deus. Não importa se temos muitos ou poucos talentos; o que realmente importa é como os utilizamos para criar algo maior e impactar o mundo ao nosso redor.

Meus pais me ensinaram que o verdadeiro valor não está na quantidade de talentos, mas na coragem de usá-los com sabedoria e fé. Mesmo sem riquezas materiais, eles possuíam perseverança, resiliência, valores, empatia e amor incondicional, e com esses dons construíram uma vida que continua a me inspirar.

Este é um convite à reflexão: quais talentos você recebeu? Está cultivando e multiplicando esses dons ou os tem deixado adormecidos? Lembre-se: cada talento é uma oportunidade de honrar suas raízes, fazer a diferença e construir um legado que perdure.

O sonho adiado, mas não esquecido

Sempre sonhei em fazer faculdade de Administração, mas as circunstâncias da vida me impediram de seguir esse caminho. Morávamos no interior, longe da cidade, e as oportunidades eram limitadas. Apesar disso, nunca deixei de acreditar que um dia seria possível.

A jornada foi árdua, mas em nenhum momento caminhei sozinha. O apoio do meu esposo foi fundamental para que eu pudesse finalmente realizar esse sonho. Ele foi meu parceiro, me incentivando e apoiando em cada passo do caminho. É impossível falar do meu crescimento sem reconhecer a importância desse suporte constante. Sei, porém, que nem todos têm esse tipo de apoio em casa, e compreendo o quanto isso pode tornar a caminhada mais desafiadora.

É por isso que quero reforçar: você precisa ter consciência de que, quando você muda, tudo ao seu redor também muda.

Minha jornada para realizar o sonho de estudar Administração não foi fácil. Houve momentos em que me senti sobrecarregada e perdida. Contudo, percebi que o processo de aprendizado se tornava mais enriquecedor quando comecei a me cercar de pessoas que podiam me guiar, compartilhar suas experiências e ajudar a evitar os erros que elas mesmas haviam cometido. Cada orientação e cada conselho que recebi foram passos preciosos em direção à realização do meu sonho.

Tive que me despir do orgulho e do medo de parecer fraca, reconhecendo que o verdadeiro crescimento vem da humildade de aceitar a necessidade de ajuda.

Então, pergunte-se: quem pode te ajudar a chegar onde você pretende? Que passos você pode dar hoje para se aproximar ainda mais dos seus objetivos? Não permita que o orgulho, o medo e a vergonha te impeçam de alcançar aquilo que tanto deseja. Em vez disso, busque o apoio que precisa e prepare-se para conquistar o mundo com os talentos que Deus te deu.

A batalha interna e a redescoberta de si mesma

Com o crescimento da empresa, veio também um cansaço extremo, que parecia consumir minha energia e deixar um vazio insaciável. Eu estava tão focada em produzir e ser a melhor que perdi de vista algo essencial: minha própria essência. A busca incessante por sucesso e reconhecimento me cegou para o verdadeiro desafio, que estava dentro de mim.

Foi nesse momento que percebi que, apesar das conquistas externas, faltava algo fundamental. Entendi que, antes de ser mãe ou empresária, eu era uma mulher com necessidades, sonhos e feridas que precisavam de atenção (minha saúde mental estava em risco). Iniciei, então, uma jornada de autoconhecimento, explorando o emocional, vibracional, reprogramação neurolinguística, visão sistêmica e a psicologia sistêmica – aspectos que a faculdade não abordava, mas que eram cruciais para meu crescimento pessoal.

Descobri que o equilíbrio entre o sucesso externo e a paz interior era essencial. Essa transformação me deu uma força renovada, permitindo que eu prosperasse tanto na vida pessoal quanto na profissional.

Aprendi que o verdadeiro sucesso começa de dentro para fora. Não somos apenas um corpo com um espírito, mas um espírito que habita e representa nosso corpo. Hoje, como **Eliane**, compreendo a importância de nutrir tanto a mente quanto o coração para alcançar uma vida plena.

E você? Sente que está aproveitando ao máximo os talentos e oportunidades que possui?

Sugestão: reflita sobre quais habilidades você pode desenvolver ainda mais e como pode utilizá-las para alcançar seus objetivos. Afinal, o equilíbrio entre sucesso externo e serenidade interna é o que nos permite viver uma vida plena e significativa.

O despertar feminino e o poder da terapia

Minha busca por equilíbrio e autoconhecimento me conduziu a um caminho inesperado e profundamente transformador: o mundo das terapias alternativas. Foi nesse processo que comecei a explorar diferentes formas de terapia, buscando ferramentas que pudessem harmonizar minha mente, corpo e espírito.

A jornada começou com uma simples curiosidade sobre como esses métodos poderiam me ajudar a encontrar o equilíbrio que tanto ansiava. Contudo, à medida que me aprofundava, percebi que não era apenas uma questão de aliviar o cansaço ou reduzir o estresse, mas de um verdadeiro despertar da minha essência feminina. Descobri que a energia feminina, quando plenamente reconhecida e integrada, é uma força poderosa e curativa.

Ao trabalhar minha energia feminina, aprendi a valorizar meus talentos, a reconhecer minhas fraquezas sem me apegar a elas e a transformar-me de dentro para fora. Cada passo nesse caminho me tornou não apenas uma pessoa mais forte e equilibrada, mas também uma empresária mais sábia e eficaz.

O equilíbrio que eu buscava em minha vida pessoal começou a refletir na maneira como eu gerenciava e liderava a empresa. Compreendi que a mesma energia que nutria meu bem-estar pessoal era também a chave para fortalecer e expandir os negócios. Ao aplicar esse conhecimento em minha vida profissional, vi a empresa florescer de novas maneiras, crescendo com mais propósito e solidez.

Hoje, essa experiência não é apenas uma fonte de renovação pessoal, mas também um poderoso recurso que posso compartilhar com outras mulheres e empresários. O que começou como uma busca por equilíbrio tornou-se uma missão: ajudar outros a encontrar a harmonia entre suas vidas pessoais e profissionais, integrando todas as partes que compõem uma vida plena e satisfatória.

Seja ajudando uma mulher a descobrir sua força interior ou orientando um empresário a liderar com mais empatia e equilíbrio, acredito que, ao reconhecermos e nutrirmos nossa essência, estamos não apenas construindo uma vida melhor para nós mesmos, mas também criando um impacto positivo em todos ao nosso redor.

Sugestão: reflita sobre pequenas mudanças que você pode fazer em sua rotina diária para melhorar esse equilíbrio. Tente estabelecer limites saudáveis entre trabalho e vida pessoal, e priorize um tempo de qualidade para si mesma. Afinal, cuidar de si é o primeiro passo para transformar sua vida e seu ambiente.

A importância de colher os frutos

Durante toda a minha jornada, aprendi que colher os frutos é tão importante quanto plantar as sementes. Muitas vezes, o ritmo acelerado da vida nos faz focar apenas na produção e na realização, esquecendo de pausar para reconhecer o valor do que já conquistamos.

O belo, no entanto, está em viver a jornada. A felicidade não se limita ao momento de colher os frutos, mas se revela em cada etapa do caminho. Ela está em reconhecer e valorizar cada conquista, mesmo as mais simples, e em celebrar as pequenas vitórias que muitas vezes deixamos passar despercebidas.

Nesse processo de reconhecer e colher frutos, a sucessão familiar tem sido uma das maiores alegrias e realizações da minha vida. Ver nossos filhos, Murilo e Maurício, integrados à empresa e trilhando o caminho da sucessão é um dos maiores presentes que recebi. Isso me mostra que o legado que construímos vai além do sucesso financeiro; ele é sobre continuidade, valores, esforço e propósito. É ver novas ideias e energias sendo trazidas para o negócio, enquanto as raízes que plantamos continuam sendo respeitadas.

Sobre hierarquia, algo que sempre gosto de enfatizar aos meus filhos é a importância de respeitá-la, não apenas no âmbito familiar, mas também no empresarial. Hierarquia é a base para a ordem, o respeito e o crescimento sustentável de qualquer organização. O psicoterapeuta alemão Bert Hellinger (2001) fala que o amor preenche o que a ordem abarca. O amor é a água, a ordem é o jarro. A ordem ajunta, o amor flui.

A sucessão familiar é mais do que uma simples transferência de responsabilidades; é a continuidade de um sonho, a perpetuação de um propósito e a garantia de que o trabalho que construímos juntos continuará a florescer. Porém, acima de tudo, lembre-se: o verdadeiro sucesso é aquele que pode ser compartilhado e passado adiante.

Lembrem-se sempre: a felicidade está no caminho, e não na chegada!

E você? Costuma reconhecer e celebrar suas conquistas antes de partir para o próximo desafio?

Sugestão: crie o hábito de celebrar suas vitórias, por menores que sejam. Esse simples gesto pode renovar sua motivação, alimentar sua alegria e tornar sua jornada ainda mais significativa.

Reflexão e desafio final

Chegamos ao momento mais importante desta jornada: a reflexão sobre tudo o que foi discutido e o desafio de aplicar essas lições na sua vida. Eu lhe pergunto, querida leitora: você está verdadeiramente aproveitando e desenvolvendo os talentos que Deus lhe deu? Está se esforçando para crescer, evoluir e se tornar a melhor versão de si mesma, ou está se acomodando em sua zona de conforto?

Aqui, quero destacar algo essencial: ser uma empresária não significa apenas ter uma empresa ou um negócio. Você pode ser a empresária da sua própria vida, gerindo seus sonhos, emoções, relacionamentos e crescimento pessoal com a mesma dedicação e estratégia que aplicaria a um grande empreendimento.

Antes mesmo de buscar qualquer tipo de sucesso profissional, lembre-se de que a gestão da vida começa com a gestão de si mesma. Isso exige autoconhecimento, equilíbrio e uma visão clara dos seus objetivos. Não permita que o medo ou a inércia te mantenham estagnada.

Pare de terceirizar a culpa.

As circunstâncias externas podem ser desafiadoras, mas o verdadeiro poder está em como você escolhe reagir a elas. Assuma a responsabilidade pela sua vida e tome as rédeas do seu destino.

Reflita: você tem dedicado tempo e energia suficientes para descobrir seus talentos e desenvolvê-los ao máximo?

Quais áreas da sua vida precisam de mais atenção e cuidado para que você possa alcançar o equilíbrio que tanto deseja?

Lembre-se: o sucesso não é um ponto de chegada, mas o reflexo do caminho que você escolhe trilhar diariamente. Seja a empresária da sua própria vida e transforme cada desafio em uma oportunidade de crescimento.

Referências

HELLINGER, B. *Ordens do amor*: um guia para o trabalho com constelações familiares. Trad. Newton de Araújo Queiroz. São Paulo: Cultrix, 2001.

MEYER, J. (org.). *Bíblia de estudo Joyce Meyer*: a Bíblia da vida diária. Tradução autorizada da Bíblia Sagrada. 1. ed. Belo Horizonte: Bello Publicações, 2012. Texto bíblico: Mateus 25:14-30; 26:41.

10

ENTRE LENTES E LIÇÕES

CAPTURANDO A ESSÊNCIA DA VIDA

Neste capítulo, conto sobre minha trajetória pessoal e profissional, marcadas por desafios, conquistas e transformações. Falo sobre minha paixão pela fotografia, a adoção do meu filho João Pedro e minha luta contra a Covid-19, que fortaleceu minha fé.

ELIZANDRA TECCHIO

Elizandra Tecchio

Casada com Vanderlei Tecchio e mãe do João Pedro, reside em Xanxerê, cidade que aprendeu a chamar de lar. Sua formação acadêmica começou com tecnólogo em Contabilidade, pelo Colégio La Salle, em 1995, e foi fortalecida com cursos como Empretec, pelo Sebrae e Dale Carnegie, em 2012, os quais moldaram sua visão, sensibilidade e capacidade de criar conexões genuínas e transformadoras. Funcionária pública concursada, foi na fotografia que encontrou sua verdadeira essência, uma paixão despertada pelo apoio incondicional de seu marido. Há mais de 20 anos, vem transformando breves momentos em lembranças eternas e cheias de emoção, capturando olhares, sentimentos e histórias que vão muito além do que a imagem revela. É especialista em retratos para figuras políticas, ensaios corporativos e familiares. Sua maior satisfação é capturar a alma de cada pessoa. Em cada foto, busca mais do que uma imagem: quer transmitir autenticidade, emoção e o que há de mais profundo em cada ser.

Contatos
elizandratecchio@gmail.com
@elizandratecchio
49 98803 5622

Venho de uma família de cinco irmãos, criada com amor, valores e o exemplo dos meus pais. Meu pai, um homem simples e trabalhador, nunca deixou faltar nada em casa, mesmo quando os dias eram difíceis. Minha mãe, com seu coração imenso, sempre cuidou de nós com zelo, amor e a certeza de que a família era o nosso bem maior.

O orgulho que sinto pelo meu pai é imensurável. Ele fez da sua luta diária um gesto de amor por nós. Ainda me lembro das conversas, dos sorrisos e das pessoas comentando: "o único dono de borracharia da cidade que leva a família à praia todos os anos".

E como ele amava a praia. Era seu refúgio, seu presente para nós, sua forma de nos ensinar que a vida, apesar das dificuldades, também precisava de momentos de alegria. Pai, onde quer que você esteja, carrego em mim cada lição sua, cada sacrifício silencioso e cada abraço apertado. Tenho eterna gratidão por tudo o que fez por nós, por cada "sim" que disse por mim, abrindo caminhos que eu nem imaginava percorrer. Um dia, nos reencontraremos.

Honro meus pais em tudo. Minha mãe sempre zelou pela família, sempre esteve preocupada com nossos estudos e bem-estar. Sempre cuidou dos filhos com muito amor e dedicação.

Minha mãe, Lourdes Begotto, que sempre foi nosso porto seguro, e meu pai, Nelso Begotto, que vive em mim até hoje. E, como ele, herdei o amor pelo mar. A praia sempre será nosso ponto de encontro, onde as ondas trazem lembranças e a brisa sussurra seu nome.

Na nossa casa, somos eu, Vanderlei e nosso João Pedro. Nós três somos cúmplices de uma boa pizza. Adoramos fazer programas em família, trocar experiências e dar boas risadas. Esses momentos são preciosos para mim. Agradeço a Deus todos os dias pelo presente maravilhoso que Ele nos deu: você, meu filho.

João Pedro, você chegou em nossas vidas por meio da adoção, como um símbolo do amor mais puro e incondicional. Um amor que transcende qualquer explicação, que não conhece limites nem condições. Nossa família é a prova viva de que o amor é o que realmente constrói laços, que é ele quem sustenta, fortalece e nos mantém firmes diante das dificuldades.

A primeira vez que te vi, meu filho, foi como se o mundo parasse por um instante. Foi amor à primeira vista! Meu coração soube, ali, naquele exato momento, que você sempre foi nosso, que sua chegada já estava escrita muito antes de acontecer. Mas o amor... ah, esse amor só cresceu com o tempo, dia após dia, se tornando a força mais poderosa dentro de mim. Você nasceu para nós, e nós para você.

O dia em que você chegou foi uma loucura! Seu pai, sempre tão forte e seguro, simplesmente congelou ao receber a notícia. Mudo, paralisado, sem reação. Eu, por outro lado, me transformei em um turbilhão de sentimentos, andando de um lado para o outro, como uma barata tonta, sem saber se ria, se chorava, se gritava de alegria ou simplesmente me deixava ser tomada pela felicidade avassaladora daquele momento.

Naquela noite, nossa casa se encheu de gente e de amor. Todos queriam te ver, te tocar, te conhecer. Imagine! Você foi a grande estrela, o primeiro neto homem da família. Seu avô Nelso transbordava orgulho – depois de tantas netas, finalmente tinha um menino para chamar de seu. E que menino! Grande, lindo, cheio de vida.

O pediatra sempre dizia: "esse garoto vai ser enorme!" e ele estava certo. Sempre tão esperto, tão cheio de energia, tão radiante: João Pedro, você cresceu. Agora, aos 15 anos, carrega no peito sonhos, medos, inseguranças e descobertas.

A adolescência é um mar revolto, eu sei. Mas, meu filho, tenha coragem. Você nasceu para vencer! Você é, e sempre será, o nosso maior tesouro, a nossa joia mais preciosa. Tenho absoluta certeza de que um dia, quando abrir suas asas para o mundo, irá voar alto.

E seja qual for o caminho que escolher, que ele te leve à felicidade. O meu maior desejo, João, é que você nunca deixe de ser quem é, que se permita evoluir, crescer, aprender, mas sem jamais perder a pureza, a garra e a essência que fazem de você um ser humano tão especial. Seja feliz, meu filho! Seja sempre a sua melhor versão.

Eu venci a Covid-19!

Há quatro anos, enfrentei uma luta que me levou ao limite. No auge da pandemia, quando os hospitais estavam sobrecarregados e as UTIs lotadas, eu vivi a fragilidade da vida de uma forma visceral.

Foram quase 30 dias hospitalizada, 14 deles na UTI, entubada, entre a vida e a morte. Os médicos disseram à minha família: "Apenas rezem". Não havia mais o que fazer, a esperança parecia distante, mas, naquele momento, eu aprendi que até nas situações mais desesperadoras, nunca devemos desistir.

Acredito que, quando a vida nos desafia, descobrimos a verdadeira força que reside em nosso interior. Os que me veem hoje, dizem que sou uma sobrevivente, um milagre de Deus. E eu creio nisso com todas as minhas forças. Algo que permanece comigo até hoje, nítido e claro em minha mente, é uma visão que tive na UTI, a qual nunca vou esquecer.

Mesmo em meio ao caos, uma luz branca, forte e serena, surgiu diante de mim. Um homem de cabelos brancos até os ombros, com uma túnica longa que cobria os seus pés, veio até mim, no leito do hospital, e me deu as mãos. No mesmo momento, num impulso de vida, eu ergui meus braços e empurrei-o suavemente de volta. Ele foi se afastando e desaparecendo na luz. E então uma porta se fechou. Foi um momento de paz em meio ao tormento.

Ali, naquele momento, percebi que a vida é um dom precioso, que não podemos dar por garantido nem um segundo. E, mais importante ainda, que sempre há esperança, mesmo quando tudo parece perdido.

Acredito em Deus. Acredito na força da fé, que nos mantém vivos, que nos guia quando os caminhos são incertos. Acredito no poder inabalável da família, que sempre foi meu refúgio e meu alicerce.

Sou imensamente grata ao meu marido, por ter feito de tudo, tudo mesmo para eu estar viva hoje. Ele foi minha força quando minhas forças se esgotaram. Ele é meu suporte, meu porto seguro, a quem confio sem hesitar e agradeço a Deus por tê-lo sempre ao meu lado.

A vida nos ensina que cada desafio, cada luta, tem um propósito. Mesmo nos momentos mais difíceis, sempre há uma força maior nos guiando, nos levantando. O amor é a chave que nos faz seguir em frente, que nos faz acreditar que, por mais escura que a noite pareça, a luz sempre vai voltar. E, por isso, sou grata, porque sei que a vida, com tudo o que ela traz, é uma dádiva e uma oportunidade de renascimento a cada dia.

A arte de ver através das lentes

Quando me casei, era funcionária pública, mas o destino, sempre com suas reviravoltas, tinha outros planos para minha vida. Três anos depois, comecei a ajudar meu marido nos eventos da empresa familiar de vídeo e fotografia.

Aos poucos, fui me envolvendo, aprendendo, descobrindo um novo olhar sobre o mundo. Até que a empresa se dividiu e, sem que eu pudesse imaginar, minha história se entrelaçou definitivamente com a da Foto Xanxerê, um nome que há mais de 35 anos eterniza os momentos mais importantes do povo xanxerense e da região.

A Foto Xanxerê nasceu do sonho e da coragem de um homem visionário: Jacy João Tecchio (*in memoriam*). Meu sogro foi uma das pessoas mais inspiradoras que conheci. Um homem de fibra, que não teve medo de arriscar pelo futuro da família.

Professor concursado, viu na fotografia não apenas uma arte, mas uma oportunidade. Gastou todo o seu salário para comprar uma câmera, sem garantias, sem certezas, apenas com a fé inabalável de que poderia construir algo maior.

Nos primeiros anos, ele ia de porta em porta oferecendo seus serviços, semeando o que viria a se tornar um grande legado. E quando seus filhos cresceram, passaram a ajudá-lo. Vanderlei, o filho mais velho, como era ainda pequeno, precisava subir em cadeiras para conseguir enquadrar as pessoas na foto.

Marcio, o caçula, se encantou pela fotografia mais tarde, mas com um amor tão genuíno quanto o do pai. Seu Jacy não deixou apenas uma empresa, deixou um propósito, um caminho a ser seguido. Para mim, ele foi mais do que um sogro; foi amigo, confidente, alguém com quem dividi muitos momentos e boas conversas regadas a chimarrão.

João Pedro, meu filho, também teve o privilégio de construir memórias inesquecíveis ao lado do avô. Para ele, não havia tempo ruim. Bastava uma ligação: "Vô, vamos pescar?" E, não importava o que estivesse fazendo, seu Jacy largava tudo e partia para mais uma aventura ao lado do neto. Os dois compartilhavam não apenas a paixão pela pesca, mas um laço profundo, feito de amor e cumplicidade.

Foi com ele que aprendi a enxergar além da lente. No meu primeiro evento sozinha, foi seu Jacy quem esteve ao meu lado, me dando suporte e segurança. Era um casamento. Eu tremia dos pés à cabeça. Minhas mãos suavam, minha mente estava um caos, mas segui em frente. Fotografei cada momento, cada olhar, cada detalhe, com todo o cuidado e carinho que os noivos mereciam. E, quando entreguei o trabalho, soube que tinha encontrado meu lugar.

Sou profundamente grata a Deus pela oportunidade de liderar e administrar equipes, de estar à frente dos negócios. Mas sei que nada disso seria possível sem o apoio incondicional do meu marido. Vanderlei sempre me desafiou a ser melhor, a ir além, a vencer meus próprios limites. Nem sempre foi fácil. Às vezes, suas lições eram duras, mas tinham um propósito: me tornar mais forte, mais preparada, mais confiante.

Por mais de 15 anos, fui fotógrafa de eventos. Hoje, minha paixão está na fotografia de retratos. Amo o que faço com todo o meu coração. Cada pessoa que passa pelas minhas lentes traz uma história única, um universo de emoções que tenho o privilégio de capturar. E a cada clique, sinto o mesmo orgulho de sempre ao olhar para uma imagem e pensar: "Fui eu quem fotografou isso."

Ao longo dos anos, vivi histórias inesquecíveis. Em uma delas, fotografamos um casamento em Entre Rios/SC. O evento foi lindo, emocionante. Mas, na volta para casa, o inesperado aconteceu. O famoso fusca começou a falhar, até que simplesmente apagou no meio da estrada deserta, cercada por mato, em plena madrugada.

Estávamos exaustos, sem sinal de celular, sem a praticidade do WhatsApp para pedir ajuda. Foram momentos de tensão e incerteza, mas que hoje se tornaram uma lembrança engraçada de um perrengue que jamais esquecerei.

A fotografia me ensinou muito mais do que apenas capturar imagens. Me ensinou a capturar essências. Aprendi a esperar pelo instante certo para fotografar, a enxergar além da pose, a sentir a história por trás de cada olhar. Porque uma boa fotografia não é apenas um registro bonito, mas um reflexo autêntico da alma de quem está diante da lente. Seja a autoridade de um líder, a postura de um profissional, a conexão de uma família ou a pureza de um bebê, meu objetivo sempre foi revelar o que há de mais genuíno em cada pessoa.

Mas, mais do que registrar momentos, a maior lição que aprendi foi: você é o fotógrafo da sua própria vida. Cada um de nós tem a câmera em mãos, pronta para capturar as conquistas, as superações, os momentos que moldam nossa história. O ângulo que escolhemos, o foco que damos, definem a direção que seguimos.

Então, não espere pelo "momento perfeito", porque ele não existe. A vida não vai pausar para que você decida quando agir. A mudança começa quando você escolhe trocar as lentes, enxergar novas perspectivas e buscar os melhores ângulos para sua trajetória.

Se tem um sonho, corra atrás. Defina seu objetivo e vá, sem medo, sem hesitação. O caminho pode ser incerto, os desafios inevitáveis, mas acredite: o único limite que existe é aquele que você coloca em sua mente.

Grandes conquistas começam com pequenas ações. Não espere ser perfeito para começar. Apenas comece. Quando der o primeiro passo, faça com toda a força da sua alma. Você é capaz de ir muito além do que imagina. O céu não é o limite, é apenas o começo.

Finalizo, assim, com a frase: "o ontem é história, o amanhã é um mistério, mas o hoje é uma dádiva. É por isso que se chama presente", do filme *Kung Fu Panda*, que nos convida a refletir sobre a importância de viver com atenção e gratidão o tempo atual, a valorizar o que realmente temos: o agora.

Então, ela nos lembra que, embora o passado nos ensine e o futuro nos inspire, é no presente que a vida realmente acontece – e reconhecê-lo como um presente é o primeiro passo para vivê-lo com plenitude.

11

ABRINDO AS JANELAS DA ALMA

As escolhas nos desafiam a ir além, nos conduzem ao movimento que, ao longo do caminho, torna-se poético, e vamos nos encontrando em todos os lugares por onde passamos, desejando que esse movimento seja infinito. E, assim, vamos nos encontrando…

FABRÍCIA GEDOZ

Fabrícia Gedoz

Graduada em Letras (Português e Inglês) pelo Centro Universitário de Brasília (2003) e especialista em Literatura Brasileira pela Universidade de Brasília (2006). Além disso, possui aperfeiçoamento em Redação e Revisão de textos pela UnB (2006).

Contatos
bibifaita@yahoo.com.br
@fabriciagedoz
61 99649 1531

Eu, ave migratória que sou, alcei outro voo e fiz novas escolhas. Assim, realizou-se um sonho há muito acalentado: viver em outro país. E eis que agora estou cá, na Lisboa de Pessoa, do Marco do Descobrimento, do Fado, da Torre de Belém, da Basílica da Estrela…

Da Vitaforma Lisboa, empreendimento iniciado em 2020, em meio à pandemia, mas que com a parceria de pessoas corajosas, crentes no poder supremo e com fé em si, como profissionais e seres humanos iluminados que são: Jonas e Adriana. Superaram os desafios que resultaram num aprendizado e amadurecimento para todos que fizeram parte do processo de implementação e consolidação dessa iniciativa.

Enfatizando que pessoas positivas e ousadas sempre encontram pessoas na mesma vibração para realizar e impulsionar suas metas e objetivos e, assim, Jonas e Adriana foram conquistando pessoas e profissionais, que se tornaram grandes amigos, dispostos a concretizar o sonho de fazer acontecer a Vitaforma Lisboa.

Do projeto arquitetônico idealizado pela super competente Cristiane Rossi, ao papel crucial que nossa querida Lúcia Braz, com empenho incansável desde a execução da obra à captação de clientes e dedicação ao recepcioná-los, conquistando a todos com sua simpatia, como boa carioca que é!

Ao tecer sua narrativa sobre o caminho percorrido, Lúcia destaca a presença de Deus em todas as etapas e, até o que parecia impossível de ser realizado, foi feito a contento e dentro dos prazos estipulados.

Isso tudo se deu com o apoio incondicional e o suporte emocional de nosso querido Tel, seu Etelvino, pai do Jonas, pessoa fantástica e amigo fiel que Deus me presenteou, de quem ouvi o mais belo relato sobre meu texto no livro *Ela: o direito de escolher e a responsabilidade de assumir*.

Agora acompanho de perto a dedicação e superação de toda a equipe Vitaforma Lisboa e não tenho dúvidas de que escolhi os parceiros ideais para concretizar meu sonho de empreender e viver em terras distantes do nosso querido Brasil.

Estar aqui apreciando o sucesso que conquistaram e conquistam a cada dia enche meu coração de orgulho e admiração, uma vez que todos sabemos que iniciar um empreendimento tem muitos percalços, e fazer isso em terras estrangeiras e longínquas é muito mais desafiador. Essa superação é concedida àqueles que persistem.

Nesse novo momento da minha vida tenho sido agraciada e apresentada a uma infinidade de possibilidades, a um mundo de gente que nos acolhe e se permite ser acolhida, que é gentil, que se maravilha quando nos ouvem e nos reconhecem brasileiros, de gente que nos ama e que amamos também.

Com formação em Letras, iniciada na Universidade do Oeste de Santa Catarina (Unoesc) em Xanxerê e concluída no Centro Universitário de Brasília (UniCEUB), sou aficionada pela língua portuguesa, pelas literaturas correspondentes e especialmente pela etimologia das palavras. Portanto, não posso deixar de expor aqui a origem da palavra oportunidade.

"Oportunidade" (c2025) é um substantivo feminino oriundo do latim *opportunitate*, mas também deriva do termo em latim *opportunus* que significa "favorável, adequado, desejável"; esse termo está relacionado com a expressão *ob portus* que significa "para o porto", e que originalmente era um termo utilizado no âmbito da navegação, pois representava a possibilidade de um barco chegar ao porto, que de forma figurada representa um lugar de refúgio, abrigo, descanso.

A Vitaforma Lisboa tem buscado intensamente ser esse lugar de refúgio e descanso para nossos clientes e assim tem sido, localizada na esquina da rua Bela Vista com a travessa Pinheiro, a Lapa, (como dizem por aqui), tendo às suas costas a majestosa Basílica da Estrela.

A clínica de spa e estética Vitaforma Lisboa tem sido um endereço para cuidar de si, mas, para além disso, tem sido um abrigo para conversas agradáveis e alegres, bem como um refúgio para apreciar parte do acervo de belíssimas obras de arte da talentosa Helena Nunes, mulher, artista e profissional de facetas surpreendentes, que gentilmente cedeu alguns de seus quadros para deleite de nossos clientes e amigos.

Sempre buscando as inovações do mercado estético, em constante avanço, temos incorporado as novidades amparados na parceria com profissionais reconhecidos por sua competência e busca pelo aprimoramento de suas técnicas e por resultados de excelência.

Aqui se destaca nossa querida sócia, amiga, profissional renomada e premiada, Adriana Matsuoka, com sua voz suave e seu jeito meigo, típico de sua ascendência oriental, entretanto, habita nela uma força de leoa na sua meta em proporcionar bem-estar e recuperação de autoestima das nossas queridas clientes.

Entendendo que, tanto no âmbito profissional como no pessoal, somos seres em construção e em constante movimento, faz-se necessária nossa transmutação para nos alinharmos com nosso propósito nessa dimensão, construir um legado do cuidar, do acolher, do ser luz para os que buscam nosso auxílio, seja ele profissional ou de amizade.

Nos colocarmos à disposição é a primeira escolha a ser feita, pois tudo que temos conquistado tem sido por meio do amor com o qual acolhemos, com o sorriso que compartilhamos e com a luz que irradiamos para diluir as nossas sombras, e dos que chegam em busca de atendimento não somente para a estética corporal, mas também para a reparação da alma.

Esse aspecto se evidencia nos atendimentos da fisioterapia e da acupuntura, nos quais as queixas nunca são apenas físicas, há sempre uma parte emocional a ser levada em conta e não podemos ser indiferentes à dor do outro. Essa conduta nos permite observar que não devemos nos apegar a determinadas situações em nossas vidas ou manter a ilusão de que temos controle de tudo e de todos "sob nosso comando".

Como diz a estrofe da canção da banda brasileira Paralamas do Sucesso:

Saber amar
saber deixar alguém te amar
Saber amar
É saber deixar alguém te amar

E, assim, com a força da palavra somada à força da ação, vamos construindo um legado de respeito e acolhimento ao próximo. Nesse movimento, inspiramos, somos inspirados e sopramos luz uns para os outros, aplicando também os ensinamentos do meu querido Yod, Harley Busby, que nos convida todos os dias a refletir sobre nossas escolhas, sendo que a primeira deve ser a gratidão, seguida da opção por não sofrer e permanecer em paz independentemente do que venha a ocorrer em nossas vidas.

Entre todas as percepções,
a percepção da impermanência
é a Suprema (Buda).

A impermanência nos remete às mudanças, o que tem sido uma constante na minha trajetória, impermanência essa que me conduziu até aqui, a esse novo velho mundo no qual me deparo com uma melodia de idiomas e de sotaques toda vez que saio às ruas. Ruas cheias de arte em suas janelas, em suas portas, em suas construções, em suas gentes e de todo processo de transmutação de suas dores em arte.

Arte é o que se respira por aqui, para além das portas e janelas que dão passagem aos sons da selva de pedra. Há um encontro com a beleza, com a leveza, com o sacro, com o relacionar-se com o próprio universo e com o universo do outro de forma esplêndida.

Essa revelação está no trabalho ímpar da pintora ucraniana Veronika Blyzniuchenko, que deixou para trás o horror da guerra em seu país e escolheu florir, literalmente, e está criando com seus quadros, que retratam pássaros e flores, cultivando um jardim, em uma galeria numa parte da Basílica da Estrela que estava fechada havia muito tempo.

Escolher florir é não apenas brilhar, mas abrilhantar a existência dos que estão à nossa volta, é observar a necessidade do outro e poder, e, principalmente, se dispor a supri-la, sem cobranças ou à espera de algum tipo de recompensa, pois somente a troca sincera nos preenche.

Cultivar é uma jornada que requer dedicação, reflexão e ação. Nesse contexto, podemos incluir amizades, relacionamentos, sonhos... e podemos dizer que nessa jornada a Vitaforma Lisboa está colhendo bons frutos...

Esse caminho tem sido trilhado com muito respeito à nossa história, ao empreendimento que nos uniu e que dele fez brotar uma amizade linda, que enaltece nossas essências e mostra que podemos ter momentos de solitude ao lembrar dos amigos e familiares que ficaram no Brasil, mas que ser solitários não é uma opção válida.

Eu, na companhia dos meus filhos Enzo Nathan e Lucca Davi, respectivamente com 17 e 11 anos, que aceitaram a proposta de vivenciar uma experiência desafiadora que os levou a sair de sua zona de conforto e assumir novas responsabilidades e escolheram vivenciar essa oportunidade com todas as nuances que ela proporciona.

Gratidão é a palavra de ordem por ter sido presenteada com essa oportunidade de reajustar a abertura das minhas janelas e assim alinhar *anema* e *core*, no mesmo compasso.

As palavras "*anema*" e "*core*" são traduzidas, literalmente, como alma e coração, em napolitano, um dialeto do italiano.

Ao evocarmos as palavras escolher, libertar e acolher, somos convidados a mergulhar em um movimento contínuo de interiorização e transformação. São ações que se entrelaçam no percurso formativo e existencial, revelando que o aprendizado verdadeiro vai além do conteúdo – ele pulsa no sentir e no ser. E, assim, infinitamente, seguimos aprendendo a ser, absorvendo os ensinamentos do processo:

Escolher-se!
Libertar-se!
Acolher-se!
Infinito...

Considerações finais

Nada disso seria possível sem o suporte incondicional de meu hoje amigo e parceiro, Anderson Faita, que por 30 anos partilhamos acertos e erros, conquistas e derrotas, e que então decidimos seguir caminhos separados, embora juntos. Gratidão!

Gratidão ao primeiro amor consciente da minha vida, minha amada prima Luana, meu porto seguro, a mão que nunca solta da minha, meu apoio incondicional, minha alegria, minha paz, te amo infinito...

À minha amiga Ana Carolina, sempre presente nos bons e maus momentos e por ser simplesmente Ana, admiração infinita. À minha musa inspiradora, minha *teacher*, minha *boss*, minha coach, minha amiga Irene, gratidão por acreditar em mim sempre!

Minha profunda gratidão a todas as pessoas que me acolheram com empatia e carinho ao longo dessa jornada. À Silvia, agradeço pela confiança e pelo compartilhar da fé. Às queridas vizinhas do breve período no Cacém, Helena e Maria Luísa, sou grata pelo carinho, pelos sorrisos e pela acolhida generosa.

Também à Graça, pelas conversas à janela, pelos elogios e palavras sempre bondosas. Ao Miguel, por me ajudar a enxergar quem realmente sou. À Beth, o anjo sorridente nas manhãs na padaria, e ao Francisco, companheiro de boas conversas na lavanderia.

Estendo meu agradecimento à Fernanda, minha conterrânea da ótica, por suas palavras de incentivo, e às amigas Rafaela e Vanessa, pelo carinho e amizade constantes. À Sonia, Anna e Hortense, pelas conversas sempre animadas, e à Myrna, pela confiança e acolhimento caloroso. Agradeço também à Emma, por sua generosa integração à comunidade da *International Sharing School* (ISS), tornando meu percurso mais leve e significativo.

Por fim, meu reconhecimento especial vai para a Fran, minha fiel escudeira, que cuida do meu lar no Brasil com dedicação, carinho e comprometimento. A presença e o apoio de cada uma dessas pessoas fizeram toda a diferença, e levo comigo a lembrança afetuosa de cada gesto compartilhado.

Referências

OPORTUNIDADE. *In*: *Significados*. Matosinhos: 7Graus, c2025. Disponível em: https://www.significados.com.br/oportunidade/. Acesso em: 9 mar. 2025.

SÁ, I. (Org.). *Ela*: o direito de escolher e a responsabilidade de assumir. São Paulo: Literare Books Internacional, 2024.

12

MINHA HISTÓRIA COM A EDUCAÇÃO

Minha história com a educação começou com o exemplo inspirador dos meus pais, ambos professores. Cresci entre livros e cadernos, desenvolvendo minha paixão pelo ensino. Atuei em diversos níveis educacionais como professora e coordenadora de curso, valorizando inclusão, inovação pedagógica e o equilíbrio entre tradição e tecnologia. Sou grata à minha família pelo apoio em cada etapa dessa trajetória.

FRANCIELLE GARGHETTI BATTISTON

Francielle Garghetti Battiston

Natural de Xanxerê/SC, mãe da Luiza e do Angelo, esposa do Daniel. Professora e coordenadora do Curso de Tecnologia em Radiologia e do Núcleo de Apoio Pedagógico da Universidade do Oeste de Santa Catarina (Unoesc) - Campus Xanxerê. Graduada em Ciências Biológicas pela Unoesc Chapecó. Possui especialização em Ciências Morfofisiológicas pela Universidade do Estado de Santa Catarina (Udesc) e em Formação de Professores e Tutores para atuar no ensino a distância pela Unoesc. Mestre em Ciências Fisiológicas pela Universidade Federal de Santa Catarina (UFSC). Professora dos cursos de graduação da área da Vida e Saúde.

Contatos
francielle.battiston@unoesc.edu.br
franciellebattiston@gmail.com
Instagram: @garghettibattiston
49 99985 5341

Olá! Eu sou a "profe. Fran"!

Tenha em mente que tudo que você aprende na escola é trabalho de muitas gerações. Tudo isso é posto em sua mão como sua herança para que você a receba, honre-a, acrescente a ela e, um dia, fielmente, deposite-a nas mãos de seus filhos.

Albert Einstein, *Como vejo o mundo*

Minha história com a educação começou pelo exemplo dos meus pais. Cresci, numa família de professores, em meio a livros, cadernos, canetas e uma máquina de datilografia. Para situar um pouco da minha formação profissional, algumas memórias com meus pais são importantes nessa trajetória de vida.

Com meu pai, destaco que, na época em que era criança, gostava de acompanhá-lo quando ministrava suas aulas no curso Técnico de Contabilidade, na disciplina de Organização Empresarial e Técnicas Comerciais. Inúmeras vezes, iniciada a aula, eu fazia minhas cópias do quadro, com o imenso orgulho de ver o meu pai professor. Lembro de sua escrita no quadro, admirava sua letra bonita e como ele era inteligente e legal com seus alunos. Acredito que o que tenho forte do meu pai em mim é nunca negar o trabalho que me é designado, tentando acertar sempre pelo melhor, com muita energia e disposição.

Descrever as memórias com a minha mãe é difícil porque não quero esquecer de nada, e, ao mesmo tempo, é fácil, porque ela tem muitas qualidades que admiro. Ela me ensinou a organizar o tempo, ser zelosa, caprichosa com os detalhes, cozinheira, costureira, enfermeira… Também muito me orgulhou quando, após "criar os filhos", trabalhou na Unoesc como secretária, fez sua graduação em Pedagogia, seguida da especialização em séries iniciais e trabalhou como professora por cinco anos da Educação Infantil e dezesseis anos na Biblioteca Pública de Xanxerê, onde direcionou suas atividades com a educação de todas as idades, mantendo a ligação direta com a docência.

Minha rotina de criança-adolescente (e de meus irmãos) era levantar cedo, arrumar a casa, fazer a limpeza, cuidar do que tínhamos. Depois dos afazeres, estudar, ler, pintar. Eram prazeres que foram sempre muito incentivados e colocados em prática em nossa casa. Fiz aula de piano, aula de desenho, pintura em tela, bordado em ponto cruz. Todas essas possibilidades moldaram a profissional que me tornei, direcionando as lições dessas atividades na prática como docente.

Ao término do Ensino Médio, veio a necessidade da escolha profissional. Sempre gostei de Ciências/Biologia e Artes. O questionamento foi: o que posso fazer aqui perto de casa com os recursos financeiros que meus pais podem arcar? Na época, Xanxerê tinha os cursos de graduação em Pedagogia e Ciências Contábeis. Nenhuma das áreas que tinham minha escolha. A Universidade mais próxima de casa, onde meus pais teriam condições de proporcionar a sequência dos estudos, foi a Unoesc de Chapecó (isso em 1995). Dentre os cursos da área da Saúde, que era meu foco de interesse, o único existente era Ciências Biológicas – Licenciatura e Bacharelado. E foi nesse que ingressei, com meus 17 anos, e o concluí aos 22.

No mesmo ano de conclusão do Ensino Médio (1994), iniciei meu primeiro emprego num escritório de consultoria empresarial, no qual também funcionava uma franquia de escolas de inglês. Nesse local, fui professora de Inglês e Secretária, permanecendo por dois anos. Paralelo a esse trabalho, no segundo ano de graduação de Ciências Biológicas, surgiu a oportunidade de assumir as aulas de Biologia no Colégio Agrícola La Salle. Assumi as turmas de 1º, 2º e 3º ano do Ensino Médio com muita empolgação e receio, queria que tudo desse certo. Estudava muito, muito, muito... afinal, eu tinha somente o primeiro ano da graduação, com disciplinas básicas e introdutórias no curso. Mesmo assim, foram 18 anos de Colégio La Salle (1996 a 2014). Trabalhei com todos os níveis, da "5ª série" ao "terceirão".

Paralelo às turmas que eu tinha no colégio La Salle, em 1997 fui contratada pelo Hospital Regional São Paulo – ASSEC. Eram 20 horas para aumentar a renda e contribuir com os custos da família. Foi uma experiência muito gratificante, pois eu estava no meio da graduação, com disciplinas mais específicas da área da saúde e que me davam suporte e aprendizado para a graduação, para minha formação como professora e pelo encanto pessoal pela área da saúde. Tive oportunidades inesquecíveis de acompanhar processos cirúrgicos, emergências e passei por diversos setores do hospital: secretaria, contabilidade, serviço de arquivo médico e banco de sangue (que na época funcionava em um imóvel em frente ao hospital). Foi dentro do ambiente hospitalar que a área da saúde me levou às especializações após a conclusão da graduação, com foco na morfofisiologia humana, envolvendo a citogenética, histologia, embriologia, fisiopatologia.

Em 1999, ano da minha formatura, tive um convite para aumentar a carga horária no Colégio La Salle, e, desse modo, me desliguei do Hospital para seguir a "carreira" de professora. Nesse processo, percebi o amor que tenho pela sala de aula, pela Educação, pela troca de conhecimentos que essa profissão nos permite, também pelas reflexões acerca dos perfis de estudantes, seus comportamentos, o papel da família e o ambiente em que se inserem esses estudantes.

Em 2003, também assumi as aulas de Biologia do cursinho pré-vestibular no Serviço Social do Comércio (Sesc) em Xanxerê, permanecendo até 2005, uma vez que, com a expansão da Unoesc em nosso município, surgiu a possibilidade de fazer um processo seletivo para docência no Ensino Superior, no Curso de Ciências Biológicas Bacharelado. Fui aprovada no processo seletivo como professora e, logo em seguida, fui convidada a assumir a coordenação do curso. Novamente, um misto de euforia, medo, entusiasmo e insegurança surgiu e, com muita dedicação, fui aprendendo a ser professora universitária e gestora de um curso de graduação.

No período entre 2005 até 2014, eu trabalhava com todos os níveis de educação: do Ensino Fundamental II e Ensino Médio (Colégio La Salle/Sesc) e ensino superior (Unoesc). Todo esse tempo, trabalhei nos três turnos, com muitos estudantes, de diferentes idades. Foi uma experiência muito interessante, porque a forma de abordagem didática para cada público precisava ser personalizada e isso demandou novas capacitações e formações continuadas para enxergar novos desafios inerentes às gerações de estudantes, inclusão de estudantes com necessidades específicas e outras demandas psicossociais.

Na Universidade, paralelamente às funções de professora e coordenadora de Ciências Biológicas, tive muitas oportunidades de aprendizagem em diferentes setores, como na implantação/coordenação dos cursos de Zootecnia,

Tecnologia em Gestão Ambiental, setor de Avaliação Institucional e, atualmente, coordenação do curso de Tecnologia em Radiologia e Núcleo de Apoio Pedagógico (NAP). E, devido a esses desafios que foram surgindo ao longo do tempo, simultaneamente ao crescimento dos filhos, veio a necessidade de escolher. Não era mais possível trabalhar "60 horas" por dia. Sempre acreditei e defendi a importância da presença dos pais no acompanhamento da vida escolar dos filhos, assim como tive em minha casa. Dessa forma, quando minha primeira filha chegou nos primeiros anos da Educação Infantil, um segundo bebê em casa e o meu mestrado em andamento, me desliguei do Colégio La Salle para focar no acompanhamento dos filhos e dedicar mais tempo à formação no ensino superior.

Reflexões do processo educacional

O processo didático é um elemento central no ensino, pois envolve a articulação entre conteúdos, metodologias e objetivos, com vistas à promoção de aprendizagens significativas. Em diferentes níveis de ensino, o método de ensino deve ser adaptado às características dos estudantes, às demandas de desenvolvimento cognitivo, social e emocional, e aos objetivos pedagógicos específicos. Aliadas à perspectiva didática, devem ser levadas em consideração as mudanças nos comportamentos psicossociais dos estudantes do ensino médio e dos primeiros anos da graduação ao longo da última década. Elas refletem transformações sociais, especialmente influenciadas pela tecnologia, redes sociais e crises econômicas, sanitárias e ambientais.

No Ensino Fundamental II, as características dos estudantes envolvem o desenvolvimento cognitivo em transição do pensamento concreto para o abstrato. Os estudantes necessitam de estímulos que fomentem a curiosidade e a autonomia intelectual. É importante reconhecer a diversidade de ritmos de aprendizagem e contextos socioculturais. Para isso, as metodologias de aprendizagem ativa, como debates, resolução de problemas e uso de jogos didáticos ajudam a engajar os estudantes. Hoje, não se pode esquecer das tecnologias digitais, que não devem ser proibidas, mas, sim, negociadas de forma inteligente, para auxiliar na motivação e na personalização da aprendizagem.

O Ensino Médio vem trazendo maior capacidade de abstração e pensamento crítico. Por isso, juntamente com o currículo de formação para essas fases, há a necessidade de o professor inserir e adaptar temáticas ligadas à identidade, projetos de vida e mercado de trabalho. A abordagem do professor trazendo o estudante como protagonista de sua aprendizagem exige metodologias que envolvam os estudantes. São exemplos os estudos de caso, projetos contextualizados com a realidade dos estudantes e a integração com as redes sociais, aplicativos e recursos multimídia que aproximam conteúdos do cotidiano dos estudantes. No entanto, o professor deve estar preparado cientificamente para trabalhar com essas ferramentas, ou seja, não pode cair no modismo sem conhecimento.

Ao chegar na Educação Superior, temos características diferentes: perfil heterogêneo de estudantes, com diferentes formações, idades e experiências. Seguindo por base as Diretrizes Curriculares Nacionais, o foco da educação volta-se para o desenvolvimento de competências específicas para a atuação profissional e a formação crítica. Assim, o estudante é um sujeito ativo na construção do conhecimento e deve ser desafiado a desenvolver pensamento reflexivo, autonomia e capacidade de resolver problemas complexos. Como ferramentas que exemplificam as ações do professor, podem ser trabalhados os conteúdos por meio do Aprendizagem Baseada em Problemas (*Problem-Based Learning* – PBL), que estimulam o raciocínio crítico e a resolução de problemas práticos. Concomitantemente, e dentro de uma perspectiva atual, a gamificação, ensino por pares e, especialmente, o envolvimento na pesquisa e extensão, permitem a conexão entre ensino, produção de conhecimento e impacto social.

Em todos os níveis, o processo didático deve ser continuamente avaliado e ajustado às necessidades da sociedade e dos estudantes. A formação docente, o uso crítico das tecnologias e a busca por metodologias inovadoras são pilares para superar os desafios educacionais contemporâneos. Da mesma forma, há que se considerar que os estudantes dessa geração cresceram com acesso constante a dispositivos digitais, o que moldou sua forma de interagir, aprender e consumir informações.

A internet democratizou o conhecimento, mas também gerou sobrecarga informacional e desafios em distinguir informações confiáveis de fake news. E num contraponto, a exposição contínua a estímulos rápidos e fragmentados (como nas redes sociais) diminuiu a capacidade de foco prolongado, impactando a aprendizagem em ambientes tradicionais. Essa mudança atitudinal trouxe vantagens, como maior autonomia na busca por informações e o desenvolvimento de habilidades tecnológicas e multitarefa, porém, com as desvantagens, no sentido da dificuldade em aprofundar-se em temas complexos e riscos de dependência tecnológica.

A respeito do comportamento social e das interações, percebi ao longo do percurso como professora uma mudança na sociabilidade dos estudantes, uma vez que houve uma redução nas interações presenciais em favor das digitais. Isso tem levado a mudanças nas habilidades sociais tradicionais, como empatia e comunicação face a face. Por outro lado, a nova geração é mais aberta a questões de gênero, sexualidade, raça e cultura. Eles exigem ambientes inclusivos e demonstram maior sensibilidade social. Outro ponto desafiador é a cultura do imediatismo, uma vez que os estudantes estão acostumados a respostas rápidas e resoluções imediatas, o que pode gerar frustrações em processos que demandam tempo, como desenvolvimento acadêmico e profissional. Nossos estudantes também demonstram maior consciência e engajamento em questões de justiça social e habilidades para lidar com ambientes multiculturais. No entanto, como contraponto, possuem dificuldade em construir vínculos sociais profundos e duradouros, o que gera crises de isolamento e solidão, apesar de redes digitais amplas.

Para encerrar essa reflexão, considero essencial equilibrar o uso de tecnologias educacionais com o desenvolvimento de habilidades interpessoais, fortalecer redes de apoio à saúde mental com ações preventivas, promover metodologias ativas que valorizem o protagonismo estudantil e a reflexão crítica, além de ampliar a formação docente para práticas pedagógicas inclusivas, beneficiando toda a comunidade escolar com empatia e colaboração.

Sou muito grata à minha família pelo incentivo, apoio, exemplos. E tento trazer essa experiência para dentro da minha família, com meu esposo e filhos que sempre me apoiaram em todos os meus desafios e necessidades de aperfeiçoamento, na busca sempre pela formação continuada e por me tornar uma profissional cada vez melhor.

13

COMO A SOLIDÃO SE TORNA UM REFÚGIO PARA A MENTE INQUIETA

A solidão é uma aliada poderosa na busca pela criatividade. Ao abraçar a solidão como um espaço de introspecção e reflexão, podemos cultivar a originalidade e a inovação em nossas vidas. Este artigo nos convida a reavaliar a forma como percebemos a solidão, entendendo-a não como um estado de isolamento, mas como um recurso valioso que pode nos conectar a nosso eu mais profundo e inspirar nossas criações. Portanto, ao permitir que a solidão entre em nossas vidas, estamos, na verdade, abrindo as portas para um mundo de possibilidades criativas que aguardam para serem exploradas.

IZABEL VIEIRA

Izabel Vieira

Economista com MBA em Gestão da Qualidade; pós-graduação em Ecoturismo; Educação Ambiental; Empreendedorismo Rural e Desenvolvimento Sustentável; Propriedade Intelectual e Inovação no Agronegócio; e Indicação Geográfica. Consultora e Mentora em Negócios, Gestão da Qualidade, Inovação, Indicação Geográfica e Start-ups. Geriu sua empresa de consultoria por 25 anos no Brasil. Há sete anos mora em Portugal, dedicando-se a escrever livros e ao voluntariado em educação empreendedora, com grupos de mulheres migrantes.

Contatos
mistralconsultoria@gmail.com
Facebook: izabel.vieirabalieiro
Instagram: @izabelvieiradamasceno
+351 91320 2160
+55(91) 99986 7698

Ninguém sabe quantos travesseiros eu molhei. Ninguém sabe quantas noites negras atravessei.

Menina da Goiabeira

A necessidade da solidão

Introdução

A solidão, frequentemente percebida como um estado de isolamento e tristeza, é, na verdade, um espaço profundo e rico para a autodescoberta e a reflexão. Em uma sociedade marcada pela hiperconectividade e pela incessante busca por aprovação externa, a experiência da solidão pode parecer, à primeira vista, um fardo. No entanto, ao olharmos mais de perto, perceberemos que ela pode servir como um poderoso catalisador para a transformação pessoal. É nesse espaço de quietude que encontramos a oportunidade de nos voltarmos para nós mesmos, de explorar os recantos mais íntimos da nossa psique e de confrontar as verdades que muitas vezes evitamos.

A inquietude da personalidade é uma das forças motrizes que nos leva a buscar momentos de solitude. Essa inquietude, muitas vezes manifestada por meio da ansiedade, da insatisfação ou da busca incessante por novas experiências, revela um desejo profundo de entendimento e conexão. Quando nos permitimos estar sozinhos, longe das distrações e das expectativas do mundo exterior, somos confrontados com as nossas próprias emoções e pensamentos. Nesse confronto, a solidão se transforma em um espaço sagrado, onde a autoanálise e a introspecção se tornam possíveis.

A solitude não deve ser vista como uma punição, mas como uma escolha consciente que nos permite reavaliar nossas vidas e nossas prioridades. Nesses momentos, podemos desvendar camadas de nossa identidade que, de outro modo, permaneceriam ocultas sob o peso das obrigações sociais e das interações superficiais. O silêncio que acompanha a solidão nos oferece a chance de ouvir nossa própria voz, de refletir sobre nossas experiências e de cultivar um relacionamento mais profundo com nós mesmos.

Além disso, a solidão pode nos ensinar a valorizar a convivência com os outros. Ao nos conhecermos melhor, aprendemos a estabelecer limites saudáveis e a buscar relacionamentos que realmente ressoem com nossa essência. A verdadeira conexão só pode florescer quando estamos inteiros, seguros de quem somos e do que queremos. Portanto, a jornada pela solidão não é um caminho de fuga, mas uma preparação para a vida em comunidade, enriquecida pela autenticidade.

No livro *Ecos da solidão: o encontro com o eu* (ainda não publicado), exploramos essa dualidade da solidão como um espaço de dor e de libertação. Através de reflexões, relatos e exercícios práticos, convidamos o leitor a embarcar em uma jornada de autodescoberta, em que cada momento de solidão se torna uma oportunidade para o crescimento e a transformação. Ao final, que você possa não apenas reconhecer a solidão como parte inerente da condição humana, mas também abraçar a beleza e a profundidade que ela pode proporcionar na busca por um eu mais autêntico e realizado.

- **Diferença entre solidão e isolamento.**
- **Como a solidão se torna um refúgio para a mente inquieta.**
- **O papel essencial da solidão na vida moderna.**

A solidão e o isolamento são frequentemente confundidos, mas representam experiências emocionalmente distintas. Enquanto a solidão é uma escolha consciente de estar só, muitas vezes carregada de um significado introspectivo e de autodescoberta, o isolamento é um estado imposto, que pode resultar em solidão indesejada e sofrimento. A solidão, quando buscada, pode se transformar em um espaço sagrado, em que a mente inquieta encontra repouso e clareza. Em contraste, o isolamento pode ser doloroso, envolvendo a ausência de conexões significativas e a sensação de desconexão do mundo.

A solidão, quando abordada de forma positiva, oferece um refúgio essencial para a mente inquieta. Vivemos em uma era de constante estimulação, na qual as demandas sociais e profissionais podem se tornar opressivas. Nesse contexto, a solidão se revela como um porto seguro, um lugar em que podemos nos retirar das pressões externas e mergulhar em um diálogo interno. É nesse espaço de quietude que podemos explorar nossos pensamentos e emoções sem a interferência de opiniões alheias. A mente inquieta, muitas vezes dominada por preocupações e ansiedades, encontra na solidão a oportunidade de se acalmar, de refletir e de reavaliar suas prioridades.

O papel da solidão na vida moderna é mais importante do que nunca. Com o advento das redes sociais e da comunicação instantânea, somos constantemente bombardeados por informações e expectativas. Essa hiperconectividade pode criar uma ilusão de proximidade, mas também pode intensificar a sensação de solidão. As interações digitais, muitas vezes superficiais, não substituem a profundidade das conexões humanas reais. Neste cenário, a solidão se transforma em uma necessidade vital, um momento de pausa em meio ao ruído do cotidiano. Ao nos permitirmos estar sozinhos, podemos cultivar uma maior consciência de nós mesmos e do nosso entorno.

Além disso, a solidão pode ser um veículo para a criatividade e a inovação. Muitos artistas, escritores e pensadores renomados frequentemente buscavam a solidão como um meio de aprofundar sua obra. É na quietude que as ideias florescem, longe das distrações. A solidão proporciona um espaço fértil para a imaginação, permitindo que pensamentos não convencionais surjam e se desenvolvam. Por meio da introspecção, podemos conectar pontos que antes pareciam dispersos, revelando novas perspectivas sobre os desafios da vida.

É também importante destacar que a solidão não é sinônimo de tristeza. Muitas vezes, ela é uma escolha ativa que nos permite recarregar as energias, refletir sobre nossas vivências e nos preparar para o que está por vir. Ao aprendermos a apreciar esses momentos de solitude, começamos a entender que a solidão pode ser uma aliada no caminho para o autoconhecimento e a realização pessoal.

Neste capítulo, exploramos a necessidade fundamental da solidão em um mundo que frequentemente exige que estejamos sempre “ligados”. A solidão, longe de ser um estado a ser temido, deve ser celebrada como uma oportunidade de crescimento. Ao reconhecer a diferença entre solidão e isolamento e ao abraçar a solidão como um refúgio para a mente inquieta, podemos encontrar um novo significado e propósito em nossas vidas. É nesse espaço que podemos finalmente ouvir a nossa própria voz, redescobrir quem realmente somos e, assim, navegar com mais clareza e autenticidade pelas complexidades da existência moderna.

A solidão como fonte de criatividade

A solidão é frequentemente vista como um estado de abandono ou tristeza, mas, paradoxalmente, pode servir como um poderoso catalisador para a criatividade. Ao longo da história, muitos artistas, escritores e pensadores renomados encontraram na solidão um espaço fértil onde suas ideias podiam brotar e se desenvolver. Neste capítulo, exploraremos como a solidão não apenas alimenta a criatividade, mas também proporciona um terreno ideal para a inovação e a autoexpressão.

A quietude como estímulo criativo

Quando nos encontramos sozinhos, somos confrontados com a nossa própria mente, um espaço que muitas vezes é preenchido com ruídos e distrações quando estamos cercados por outras pessoas. A solidão oferece a oportunidade de silenciar essas distrações, permitindo que nossos pensamentos mais profundos e genuínos emerjam. Nesse estado de quietude, a mente pode vagar livremente, fazendo conexões inesperadas entre ideias que, em um ambiente agitado, poderiam passar despercebidas.

Esse processo de reflexão solitária é essencial para a criatividade, pois nos permite explorar nossas emoções, experiências e imaginações sem medo de julgamento. A solidão pode ser um momento de contemplação profunda, onde as ideias se desenvolvem e se refinam. Muitos criadores relatam que suas melhores inspirações surgiram em momentos de solidão, quando puderam se permitir pensar e sentir sem interrupções.

A história da solidão criativa

A história está repleta de exemplos de grandes mentes que tiraram proveito da solidão. O famoso pintor Vincent van Gogh, por exemplo, muitas vezes se retirava para o campo, longe da agitação da vida urbana, para encontrar inspiração em sua arte. A solidão lhe permitiu conectar-se com a natureza e expressar suas emoções de maneiras que ressoam até hoje.

Da mesma forma, a escritora Virginia Woolf enfatizava a importância de ter um "quarto próprio" – um espaço dedicado à solitude que permitiria a liberdade de criar. Para ela, a solidão não era apenas uma necessidade, mas um requisito fundamental para o trabalho criativo.

O processo de criação na solidão

Quando nos permitimos entrar nesse espaço de solidão, podemos adotar diversas abordagens para nutrir nossa criatividade. Algumas práticas incluem:

- **Escrita livre**: dedicar um tempo para escrever sem um objetivo específico pode liberar a mente. A escrita automática permite que os pensamentos fluam sem censura, revelando insights valiosos.
- **Diário visual**: criar um diário que combine palavras e imagens pode ser uma forma poderosa de expressar ideias e emoções. Essa prática não apenas estimula a criatividade, mas também oferece um espaço para autoexploração.
- **Arte e música**: a solidão pode ser um convite para experimentar com a arte e a música. Pintar, desenhar ou tocar um instrumento em momentos de solitude pode gerar novas formas de expressão criativa.

A solidão e a inovação

Além de ser um espaço de autoexpressão, a solidão também é essencial para a inovação. Nos dias de hoje, a valorização da rapidez, da eficiência, da capacidade de pensar de forma original e inovadora se torna um ativo valioso. A solidão proporciona um ambiente em que podemos desacelerar, refletir e permitir que novas ideias se manifestem.

Muitos dos avanços mais significativos da humanidade surgiram de momentos de solidão e introspecção. Pense em cientistas que passaram longas horas em laboratórios isolados, buscando soluções para problemas complexos. Essa dedicação à solidão muitas vezes resultou em descobertas que mudaram o mundo.

Quais são os perigos de se isolar demais para buscar criatividade?

Embora a solidão possa ser uma fonte poderosa de criatividade, o isolamento excessivo pode trazer perigos e desvantagens significativas. Aqui estão alguns dos principais riscos associados ao isolamento extremo na busca por inspiração criativa:

1. Aumento da solidão e da ansiedade

O isolamento prolongado pode intensificar sentimentos de solidão e ansiedade. Embora momentos de solidão possam ser benéficos, o afastamento excessivo pode levar a um estado de vulnerabilidade emocional, onde a pessoa se sente desconectada dos outros e do mundo ao seu redor.

2. Diminuição da interação social

A interação social é fundamental para o bem-estar emocional e mental. O isolamento pode resultar em uma rede de apoio social reduzida, dificultando a capacidade de buscar ajuda ou feedback em momentos de necessidade. A falta de conexões pode levar a sentimentos de desamparo e depressão.

3. Perda de perspectiva

Estar constantemente isolado pode limitar a exposição a novas ideias e experiências. A criatividade muitas vezes se alimenta de interações e colaborações com outras pessoas. O isolamento pode criar uma bolha onde a pessoa perde a capacidade de ver o mundo de diferentes ângulos, limitando seu potencial criativo.

4. Dificuldades na comunicação

O isolamento prolongado pode prejudicar as habilidades de comunicação. A falta de prática em interações sociais pode tornar difícil expressar ideias e sentimentos quando a necessidade surge. Essa dificuldade pode afetar colaborações criativas no futuro.

5. Estresse e burnout

Buscar a criatividade em um estado de solidão excessiva pode levar ao estresse e ao burnout. A pressão para criar, combinada com a falta de suporte social, pode se transformar em uma carga emocional pesada, resultando em exaustão mental e física.

6. Desconexão da realidade

O isolamento extremo pode fazer com que a pessoa se desconecte da realidade e das necessidades do mundo ao seu redor. Essa desconexão pode resultar em uma produção criativa que não ressoa com os outros ou que ignora questões relevantes da sociedade.

7. Inibição da criatividade

Paradoxalmente, o isolamento excessivo pode inibir a criatividade. A pressão interna para ser produtivo em um estado de solidão pode levar à frustração e ao bloqueio criativo. A busca incessante por inspiração pode se transformar em uma tarefa opressora.

8. Desenvolvimento de comportamentos compulsivos

A busca solitária pela criatividade pode levar ao desenvolvimento de comportamentos compulsivos, como a obsessão por um projeto específico ou a procrastinação. Essa dinâmica pode resultar em uma relação não saudável com o trabalho criativo.

Conclusão

A solidão, muitas vezes vista como um estado de sofrimento e desamparo, revela-se como uma experiência multifacetada que pode catalisar a autodescoberta e a criatividade. Em vez de ser meramente um espaço para o vazio, a solidão é uma oportunidade para nos reconectarmos com nosso eu interior, longe das distrações da vida moderna. Em um mundo saturado de conectividade, reservar um tempo para a solitude torna-se um convite à reflexão e à recuperação do nosso ser.

Esse momento de introspecção nos desafia a confrontar medos, inseguranças e anseios frequentemente silenciados. Nesses períodos em que nos afastamos do barulho externo, ouvimos nossa voz interna, permitindo um diálogo genuíno e significativo. Além disso, a solidão se transforma em um solo fértil para a criatividade, onde muitos artistas e pensadores encontram inspiração e inovação. A liberdade de pensar sem pressões externas, de contemplar ideias livremente, é crucial para a produção artística e intelectual.

Ao reavaliar a solidão sob essa nova perspectiva, somos chamados a mudar nossa relação com ela. Em vez de evitá-la, devemos abraçar a solidão como uma aliada, criando espaços em nossas vidas para momentos de solitude. Isso não é apenas um ato de autocuidado, mas um investimento em nosso crescimento pessoal e nossa capacidade criativa.

Assim, a solidão não deve ser temida, mas vista como uma experiência que pode nos levar a uma vida mais rica e autêntica. Ao acolher a solidão, reconhecemos que estar sozinho não significa estar solitário, mas sim que podemos encontrar um profundo sentido de pertença em nossa própria companhia. Essa aceitação nos permite explorar as camadas mais profundas de nós mesmos, transformando a solidão em uma fonte de poder e renovação em nossa jornada pela vida.

Referências

VIEIRA, I. *Ecos da solidão*: o encontro com o eu. Capítulo 1, não publicado.

14

A ESSÊNCIA

Compartilho, aqui, como foi minha trajetória desde a perda da minha mãe, quando eu tinha apenas um ano e quatro meses de idade. Desde então, minha vida tem sido marcada por uma rotina constante de superações. À medida que fui amadurecendo e ganhando consciência do mundo ao meu redor, compreendi que não poderia perder minha essência – a de agir com autenticidade, não para agradar os outros, mas para vencer os obstáculos com ética, coragem e firmeza de propósito.

JANETE GOTARDO

Janete Gotardo

Administradora, contadora e pós-graduada em Contabilidade Financeira. Também é atuante do grupo de empresárias da sua cidade, Abelardo Luz/SC.

Contatos
macromoveisab@hotmail.com
@janetegotardo
WhatsApp: 49 99923 6276

Janete Gotardo

Janete Gotardo, nascida em 23 de fevereiro de 1974, às 13h, na sua residência na Vila Passo das Antas, na cidade de Abelardo Luz, estado de Santa Catarina, Brasil. Filha de Arduino Gotardo e Lourdes Canton Gotardo, sendo a sétima e última filha do casal, a caçula. Em 5 de junho de 1975, sua mãe, Lourdes, faleceu aos 33 anos de idade, em decorrência de uma infecção generalizada durante uma gestação de gêmeos. E, infelizmente, os três, ela e os dois bebês, vieram a óbito.

Nesse mesmo dia, seu pai, Arduino Gotardo, entregou-a informalmente aos cuidados de seu tio-avô paterno, Severino Ampilio Gotardo – irmão de seu avô – e de sua esposa, Luiza Toscan Gotardo. Então, eu, ainda criança, passei a viver com essa nova família, composta por doze filhos, tornando-me a décima terceira.

Assim, durante a infância, cresci sem compreender muito bem os graus de parentescos e vínculos familiares que me cercavam, tanto que meu pai biológico me parecia mais um tio distante do que propriamente um pai. Inclusive, quando comecei a frequentar a escola da comunidade, aos cinco anos de idade, passei a ser chamada de "adotada". Na época, eu não compreendia bem o significado do termo, mas, aos poucos, fui entendendo o que de fato havia acontecido comigo.

No entanto, guardo desse período da infância boas lembranças ao lado do meu pai do coração – ainda que nem todas as experiências com as pessoas da comunidade tenham sido positivas. Já adulta, durante o processo terapêutico, reconheci que toda a força que me move como empresária e como pessoa vem dele.

Sinto saudades do seu sorriso e da maneira como dizia que eu seria alguém. Ele me criou para ser a mulher forte que sou hoje. Talvez soubesse que não estaria presente quando eu crescesse. Hoje, carrego profunda gratidão por tudo o que vivi e por todos os ensinamentos que recebi.

Então, guardo com carinho a lembrança dos meus irmãos do coração, especialmente de Neuza Gotardo Signor, que na época era namorada de Mário Signor – com quem hoje é casada. Lembro-me também de Paulo (*in memoriam*), sempre atencioso, que me pegava no colo todas as noites ao voltar do trabalho, mesmo exausto. E de Nilva (*in memoriam*), que sempre desejou me levar para o Mato Grosso, onde foi morar por volta de 1980. Apesar do convite constante, nunca cheguei a conhecer essa "terra prometida".

Poderia mencionar cada um, pois trago comigo lembranças únicas de todos. Por muitos anos, não compreendia exatamente qual era meu papel em cada família. Hoje, construo laços de afeto com aqueles que me apoiam e me ajudam, independentemente do grau de parentesco.

Afinal, tenho quatro figuras paternas e 18 irmãos. O que realmente importa é o amor que compartilhamos e as memórias que construímos juntos ao longo dos anos. Em maio de 1987, meu pai do coração, Severino, faleceu em um trágico acidente de carro. Naquele momento, minha vida perdeu o sentido – era como se eu estivesse, mais uma vez, desprotegida. A dor foi profunda e difícil de suportar.

Sem saber ao certo o que aconteceria comigo dali em diante, uma coisa era clara: eu não queria voltar para a casa do meu pai biológico, que ainda me parecia um tio distante. Lembro-me de cada detalhe do velório. No entanto, hoje, mais amadurecida, escolho guardar na memória o sorriso de Severino – aquele que ele mantinha mesmo nos dias difíceis.

Ao final daquele ano difícil, fui convidada por Geraldo, meu irmão do coração, e por sua esposa, Ester, para morar com eles na cidade de São Lourenço do Oeste, em Santa Catarina, onde residiam. Minha mãe Luiza concordou com a mudança, com a condição de que o casal começasse a preparar meu enxoval de casamento – uma tradição da época.

Deixei aquele ano passar. Quando o novo ano chegou, completei 13 anos em fevereiro e tomei uma decisão importante: disse a Geraldo que não queria me casar, queria voltar a estudar. Assim, retornei aos estudos a partir do quinto ano do ensino fundamental.

Naquele período, Geraldo já havia voltado a morar em Abelardo Luz, onde atuava como corretor de imóveis. Fui matriculada no Colégio Estadual

Altair Silva – instituição que existe até hoje –, onde cursei o quinto e o sexto ano. Na época, o diretor era o professor Hildo Goulart (*in memoriam*), carinhosamente conhecido como "professor Hildo".

Ele nos ensinava muito mais do que adjetivos e matemática. Sua dedicação era diária e verdadeira. Ensinava-nos sobre a vida e demonstrava um amor profundo pela profissão. Certamente, foi mais do que um professor ou diretor para todos os que passaram por aquele colégio e tiveram a oportunidade de ouvir seus conselhos.

Houve, também, uma professora muito especial: Beatriz Beal Abatti. Ela me ensinou tantas coisas importantes que, ao longo da vida, tornou-se uma referência para mim. Curiosamente, mais tarde, tornei-me grande amiga de seu esposo, Valdir José Abatti (*in memoriam*), quando trabalhamos juntos na mesma empresa.

Com o tempo, aquela professora da infância transformou-se em algo ainda maior: uma espécie de anjo da guarda. Hoje, é minha conselheira, minha protetora – reza por mim todos os dias. E, em alguns momentos difíceis, ainda peço que reze mais, como uma mãe reza por seus filhos – porque mães têm esse poder na oração. E ela sempre responde com ternura: "Sim, Janete, vou rezar, fica tranquila". E assim é.

Cursei o sétimo e o oitavo ano do Ensino Fundamental no Colégio Anacleto Damiani, no período noturno, pois durante o dia trabalhava. Nessa fase, conheci amigos que levo comigo até hoje, guardados com carinho no coração. Foi um tempo de construção interior, mesmo em meio a dias desafiadores, quando eu ainda não compreendia bem o que se passava comigo.

Talvez fosse a rebeldia da adolescência, ou a ausência de uma figura materna ou paterna que me oferecesse proteção. Hoje, no entanto, compreendo que, mesmo diante das incertezas, sempre estive amparada. Deus me guiou e me protegeu em muitos momentos difíceis.

Concluí o Ensino Médio – à época chamado de segundo grau – no Colégio CNEC, com formação técnica em Contabilidade, aos 19 anos. Em cada etapa dessa jornada, sempre houve pessoas que me ajudaram, me orientaram e estenderam a mão. A todas essas pessoas, expresso minha profunda gratidão. Hoje, reconheço que foi Deus agindo por meio delas.

Tinha o sonho de me tornar promotora de justiça. Sempre carreguei dentro de mim um forte senso de justiça – talvez como reflexo de todas as experiências que vivi ao longo da infância e adolescência.

Com o tempo, compreendi que o desejo de ajudar o outro faz parte da minha essência, e é isso que procuro realizar, independentemente da profissão. Cheguei a prestar vestibular para o curso de Direito, mas, na época, os custos eram muito altos e inviabilizaram a continuidade desse sonho.

Decidi mudar de rota e iniciei o curso de Administração de Empresas em Palmas, no Paraná. A faculdade era particular, e naquela época – por volta de 1998 – eu já arcava com todas as minhas despesas. O transporte também era um desafio: o valor da passagem de ônibus era altíssimo, e por isso formamos uma associação de estudantes para viabilizar o deslocamento.

Tínhamos nosso próprio ônibus e, nesse período, atuei como tesoureira da associação. Fazia verdadeiros malabarismos para conseguir pagar o motorista e cobrir todos os custos. E, claro, também havia os inadimplentes – e quem ficava responsável por cobrar? Eu, como sempre! Parece que, ao longo da vida, fui assumindo desafios mesmo sem perceber. Hoje entendo que a consciência dessas escolhas vem com o amadurecimento e com o passar dos anos.

Ao concluir a faculdade de Administração de Empresas, percebi que havia poucas oportunidades de trabalho na área. Decidi, então, iniciar um novo curso – desta vez, em Ciências Contábeis. Ingressando como portadora de diploma, comecei diretamente no quarto período de um total de dez.

Foram anos de aprendizado, trocas de conhecimento e construção de amizades. Naquele período, trabalhava em um escritório de contabilidade "Mauro & Farina" – como popularmente chamado na região. Até hoje, mantenho o vínculo com ambos. Mauro, em especial, tornou-se para mim uma figura que reúne características de pai, irmão, amigo e conselheiro.

Como mencionei anteriormente, pessoas significativas sempre cruzaram meu caminho e contribuíram para a minha formação pessoal e profissional. Ao final do curso de Ciências Contábeis, dei continuidade aos estudos ingressando em uma pós-graduação em Finanças Contábeis. Foi, também, nesse período que conheci meu esposo, Clodoaldo, com quem iniciei uma nova etapa da vida: fomos morar juntos, marcando o início da construção da nossa família.

Em fevereiro de 1999, iniciei minha jornada profissional na empresa Kade Engenharia e Construção Ltda. Foi um período de intenso aprendizado, atuando no setor de Recursos Humanos e Contabilidade. Na época, já contava com certa estabilidade financeira e, mais uma vez, Mauro – meu mentor e então chefe – foi quem me convidou para integrar a equipe.

Os cinco anos seguintes foram marcados por muito trabalho, crescimento e construção de uma carreira sólida. O cargo que ocupava era de liderança, com grandes responsabilidades, mas também com excelente retorno financeiro. Naquele momento, sentia que tudo estava, enfim, no lugar. Parecia que bastava seguir em frente e manter o caminho trilhado.

Durante os anos em que trabalhei na empresa, havia cinco sócios. No entanto, aquele com quem tive maior proximidade foi Valdir de Rossi, conhecido popularmente como Kabral. Com ele, aprendi uma lição valiosa: só se ajuda verdadeiramente quando as pessoas realmente precisam.

Foi também nesse período que tive acesso a um universo em que tudo era em grande escala – inclusive as obras de construção civil que a empresa executava. Em 2004, a empresa entrou em processo de recuperação judicial (antiga concordata).

No ano seguinte, em outubro de 2005, vivi uma das maiores realizações da minha vida: o nascimento da minha filha, Maria Eduarda Gotardo Lima. A maternidade trouxe desafios, mas também encantamento. Saber que um ser foi gerado e desenvolvido em meu ventre é, sem dúvida, uma das maiores dádivas da existência.

Em 2010, em meio à instabilidade no trabalho na empresa Kade, vivi um momento de profunda alegria: o nascimento da minha segunda filha, Amanda Luiza Gotardo Lima. Apesar da insegurança profissional, sentia-me imensamente feliz por poder dar à Maria Eduarda uma irmã – alguém com quem dividir a vida, alguém que a acompanharia mesmo se, um dia, eu faltasse.

Amanda, carinhosamente chamada de "Amandinha", tornou-se o equilíbrio da nossa família. Enquanto eu e Maria somos mais aceleradas e inquietas, Amanda é calma, centrada e serena – como se viesse para nos lembrar da importância do equilíbrio em meio ao turbilhão da vida.

Em 2013, meu esposo, Clodoaldo Lima (*in memoriam*), me convidou para trabalhar com ele em sua empresa. Embora eu já tivesse adquirido 50% das cotas do antigo sócio, ainda não atuava diretamente no negócio. Na época, tratava-se de uma marcenaria especializada em móveis sob medida. Comecei a trabalhar meio período, durante as manhãs, enquanto à tarde seguia no escritório da empresa Kade.

Confesso que, no início, resisti um pouco à ideia – afinal, eu não sabia vender. Mas Clodoaldo sempre dizia que vender era a parte mais fácil. O mais difícil, segundo ele, era desenvolver um produto a partir de um projeto e ainda atender às expectativas do cliente – que muitas vezes não coincidiam com as do arquiteto.

Aceitei o desafio e, pela manhã, ia à empresa Macro e, à tarde, à Kade, e assim seguia com muita resiliência, porque minha vida sempre foi de muito esforço. Nessa época, havia feito alguns cursos para aperfeiçoamento pessoal, profissional e de liderança. Assim, seguia com muita força e dedicação, cuidando da casa, das filhas, das empresas Kade e Macro. Pensei que, dali em diante, minha vida seria mais branda, mais calma, pois estava madura e tinha sabedoria para seguir.

Porém, em 20 de abril de 2020, meu mundo desabou mais uma vez: meu marido, Clodoaldo, faleceu apenas 24 horas após dar entrada no hospital. Ele estava medicado e internado na UTI. Era período de pandemia da Covid-19. A causa do falecimento foi uma pancreatite aguda, embora ele nunca tenha ingerido bebida alcoólica – e esse tipo de pancreatite é mais comum em pessoas alcoólatras.

A dor que eu sentia já não era apenas minha. Sofria também por minhas filhas, que perderam o pai tão cedo: uma com 14 anos e a outra com 9. Estávamos devastadas por uma perda que já seria, por si só, insuportável. Imaginem o que é ver os amores da sua vida sofrendo sem entender o motivo de tamanha tragédia. Justo conosco, que sempre buscamos fazer o bem.

Sabemos que a morte faz parte da vida. Mas, no fundo, nunca acreditamos que ela atingirá tão cedo aqueles que amamos. Naquele momento, me perguntei se Deus era justo. Diante de tantas perdas, me questionei o que, afinal, eu precisava aprender com tudo aquilo. Era um período de revolta, dor física, dor emocional e confusão mental.

E, no contexto da pandemia, tudo se agravava. Não podíamos abraçar ninguém, pedir apoio ou conversar pessoalmente com alguém que nos ajudasse a lidar com aquele momento tão difícil. Você consegue imaginar como foi o pós-morte?

Eu e minhas filhas em casa, sem saber ao certo o que fazer. Eu não sabia se daria conta da casa, das meninas, da empresa… Foram muitas manhãs em que o simples ato de levantar da cama exigia um esforço enorme. Tomar banho, ir até a empresa e, uma vez lá, ter que decidir os rumos do negócio como administradora – tudo isso parecia impossível.

Meu marido, Clodoaldo, e eu formávamos uma dupla perfeita – como dizem, éramos como a água e o vinho. Sim, éramos diferentes. Eu, sempre muito agitada, querendo fazer mil coisas ao mesmo tempo; ele, constantemente me pedindo calma. Talvez ele soubesse, de alguma forma, que sua trajetória por aqui seria breve…

Nessa data, já estava trabalhando na empresa integralmente e fazendo parte das coisas para a Kade. Nossa empresa Macro, na época, tinha cinco funcionários. Precisava tomar decisões sobre o que fazer e como fazer. Pensei por dois dias, retomei a empresa e anunciei que íamos continuar, e que estava tudo bem para quem não quisesse mais ficar. Quantas coisas a organizar! Parecia que tinham se passado anos, mas foi apenas uma semana. Embora ainda acreditasse que era um sonho e que iria acordar, não era.

Foram dias difíceis. Moramos em uma cidade de 17 mil habitantes, então, não é difícil imaginar a curiosidade das pessoas em saber o que eu iria fazer e como iria fazer. Mas entenda que, em poucos dias, tive que assumir sozinha uma empresa, uma família e ainda me entender como pessoa (eu, Janete, viúva, esposa, mãe).

Foram muitos dias de aprendizado, de resiliência, e a tão falada palavra "recomeçar" agora era vivida no dia a dia, todos os dias. Pessoas, amigos, diziam "a vida segue", mas, de coração, nunca diria isso a nenhuma pessoa. Essas são as palavras mais duras que alguém, em um momento difícil, pode ouvir: "Siga em frente", quando nem se sabe o caminho. Porque, quando se está sentindo dor na alma, parece prático dizer, mas é trabalhoso sentir.

Ainda sigo como funcionária da Kade, atualmente em fase de finalização do processo de massa falida. E, além disso, se passaram quatro anos e meio dessa luta diária, de muitas escolhas – algumas acertadas, outras nem tanto –, mas sigo conduzindo a empresa. Tenho projetos de melhoria, de ampliar o leque de vendas, de comprar máquinas, de tornar nossa marca conhecida no Oeste de Santa Catarina e no litoral (Balneário Piçarras). Minhas meninas: a mais velha fazendo faculdade, a mais nova nas séries iniciais. E, pessoalmente, aprendo todos os dias a ter maturidade e sabedoria.

Por fim, entendo que legado é a continuidade de uma ideia iniciada por alguém que já partiu. No meu caso, à frente da Macro Móveis, Mármores & Portas, encontrei mais do que uma responsabilidade: descobri uma paixão. Conduzo essa trajetória com dedicação, respeito aos clientes e cuidado com os colaboradores.

Sobre o futuro, aprendi que ele é imprevisível. Agradeço a Deus por ter me conduzido até aqui. Sou profundamente grata aos amigos que foram essenciais no meu caminho, à minha família – a do coração e a biológica – e, especialmente, às minhas filhas queridas.

15

ENTRELAÇANDO HISTÓRIAS

DE CORAÇÃO ABERTO

Sou *Ela*: Juliana e Sá Zonta, e venho compartilhar minha jornada de resiliência e liderança, aliada a uma dose significativa de inteligência emocional, essenciais para fortalecer meu equilíbrio e desempenhar papéis de mãe e profissional. Minha história vem para mostrar que mudanças, mesmo desafiadoras, reforçam e renovam vidas com novos propósitos. Obrigada por permitir partilhar minha trajetória.

JULIANA E SÁ ZONTA

Juliana e Sá Zonta

Apaixonada por comunicação interna e endomarketing, possui uma carreira de 21 anos, destacada por desafios e oportunidades de crescimento e engajamento, com experiência em setores variados, incluindo sua passagem como gerente de marketing da Chapecoense. Formada em Letras, com especialização em Língua Inglesa e Literaturas, possui pós-graduação em Língua Inglesa com ênfase em Tradução, MBA em Geração e Operação de Negócios Internacionais, além de especialização em Marketing e Estratégias de Mercado e proficiência na língua inglesa e 17 anos dedicados ao ensino da língua. Focada em uma comunicação que inspira e alinha estratégias aos objetivos corporativos e às necessidades dos colaboradores, trabalha com o desenvolvimento de campanhas interativas que engajam e motivam a inovação. Engajada no desenvolvimento de conteúdos que promovem o crescimento pessoal e profissional, especializou-se em conduzir eventos e atividades que cultivem pertencimento da cultura organizacional.

Contatos
juli.zonta@gmail.com
LinkedIn: https://www.linkedin.com in/juliana-zonta-882a9936/
49 99993 3104

Que alegria dividir essas páginas com você, leitor de *Ela!* Aqui eu começo a minha história. Eu sou *Ela*: a Juliana e Sá, que ao longo da vida se tornou a Juliana e Sá **Zonta**, construindo uma família cercada por uma trajetória repleta de resiliência e fé.

Venho de uma família muito presente, que projetou em mim valores firmes, dando forma às minhas escolhas. Sempre tive muita certeza do que queria ser na vida, ou melhor, do que queria para a vida. Interessante pensar que nossa vida já está meio que desenhada antes mesmo de chegarmos aqui, né?

Sabemos vagamente nosso destino e as oportunidades que cruzarão nosso caminho, mas o que realmente nos define são as escolhas que fazemos. Aqui vamos mergulhar em algumas das minhas escolhas, envoltos naquilo que Antoine de Saint-Exupéry imortalizou: "o essencial é invisível aos olhos".

Começo contando um pouco sobre a primeira delas, que encaminhou toda a minha trajetória profissional. Ainda jovem, considerava ser veterinária ou fisioterapeuta. Mas a questão era: essas opções, se não em universidades federais, só existiam longe da minha cidade, e eu não conseguia cobrir os custos para morar fora e pagar a mensalidade. Então, parei, respirei e entendi: a vida tinha outros planos pra mim! E lá fui eu, abraçando outra trajetória.

O que eu não imaginava era que meu dom para a língua inglesa me abriria portas inimagináveis. Quando tinha apenas 13 anos, fui convidada para dar aulas de monitoria na escola de inglês que frequentava. Essa experiência inicial me lançou no mundo do ensino, mas a verdadeira mudança ocorreria anos depois, com minha entrada no mundo corporativo.

De repente, me vi mergulhando no ambiente complexo de uma grande multinacional. Trabalhar na assessoria da presidência e em relações internacionais me proporcionou um aprendizado vasto. Entre campanhas e estratégias, descobri como o inglês poderia me levar a lugares que eu nem tinha imaginado antes. Foi uma década de descobertas, onde desafio e ambição andavam lado a lado.

Durante esses anos, tive a oportunidade de trabalhar com marcas esportivas de renome, como Adidas, Nike, Fila, Umbro e Oakley, e essa interação abriu uma nova perspectiva na minha carreira. Viajei para implementar estratégias de marketing e comunicação visual, frequentemente trazendo comigo mais experiência e um profundo entendimento da gestão de sonhos e ideias.

Porém, foi a convocação para integrar o time da Chapecoense, no setor de marketing, que realmente mexeu com minha essência. Imagine uma reviravolta total: deixar uma carreira já construída para mergulhar no universo do marketing esportivo. Aceitei o convite em 2016 sem hesitar, empolgada pela paixão inerente ao futebol e à cultura do clube.

Chapecoense raiz, nasci e cresci nessa cidade e sempre tive, de berço, a paixão pelo time da cidade. Costumava frequentar os jogos com meu pai e, mais tarde, viraríamos sócios: eu e meu marido. Mas eu não imaginaria estar lá dentro, trabalhando e representando esse escudo, que desde sempre tanto amei.

Eu, chapecoense de corpo e alma, abracei os valores daquela equipe e das cores desse time, trilhando uma nova direção que não fazia ideia ser tão impactante. Mal sabia eu que estava às vésperas de um dos momentos mais marcantes de minha vida e carreira: a emoção das vitórias até o abismo da tragédia.

Em janeiro de 2016, meu destino se alinhou a esse escudo, um ano repleto de conquistas e superações pessoais que transformaram meu entendimento prático e emocional. Vivendo intensamente cada jogo, abracei a loucura e dedicação do marketing esportivo enquanto firmava amizades para além dos campos. Assisti de camarote ao time cravar sua história na Copa Sul-Americana.

Porém, novembro daquele mesmo ano marcou uma inversão; o sonho virou um pesadelo, do qual eu pedia muito para acordar. Testemunhei os desdobramentos de uma tragédia mundialmente conhecida, perdendo 59 colegas e amigos – um evento que abalou a essência do clube e todas as minhas certezas.

Sob o caos, lá estávamos, poucos, encarregados de um tsunami logístico, emocional e pessoal. Vivenciamos dores, necessidades, junto de responsabilidades que poucos entendem. Contudo, ao somatório dessas provações, crescemos juntos, organizamos cerimônias e resgatamos, doloridos, nossa força comunitária e colaborativa.

Minha trajetória na Chapecoense foi marcada por um teste de liderança sem precedentes. Em meio a uma gestão de crise, descobri uma força interior e uma capacidade para liderar que foram fundamentais para que passássemos, juntos e unidos, por todo aquele período. Acredito que a habilidade de gerir uma equipe de maneira eficaz em tempos turbulentos é uma qualidade rara e indispensável.

Ao enfrentar desafios complexos e momentos de grande dor, foi necessário manter a calma e a estabilidade para guiar os outros. Essa serenidade não apenas sustentou minha equipe, mas também nos uniu em propósito e resiliência, e ficou eternizada em minha pele, para nunca esquecer dos aprendizados, da saudade e da marca desse capítulo na minha vida.

Entender e equilibrar meus papéis – o da profissional, o da mãe e o da esposa – transformou-se em um desafio e mais marcas. A vida diariamente requeria de mim uma balança precisa, na qual os pesos e as medidas muitas vezes não batiam e cada decisão tomada no calor da crise foi uma oportunidade de fortalecer laços e aprender a abraçar a vulnerabilidade e a força que surgem nos tempos mais difíceis.

Essa experiência não apenas reforçou meu caráter, mas revelou uma liderança que me moldou e ensinou que ser eficaz significa ter empatia e visão ao mesmo tempo. Ser capaz de segurar esses dois universos – o pessoal e o profissional – com firmeza foi, e continua sendo, um dos maiores desafios e conquistas da minha história.

Aquele ano se resumia a conquistas incríveis, amizade e um amor inesperado por um time que formou uma verdadeira família para mim. Contudo, essa família foi severamente abalada.

Estava em Curitiba, organizando o jogo de volta da Final da Copa Sul-Americana, quando 59 colegas se foram. Nos dias que se seguiram, o trabalho foi intensivo. Fomos a linha de frente em um processo doloroso de comunicação e luto, enquanto, ao mesmo tempo, necessitamos ingressar em gestão e determinação imensuráveis para representar bem o clube.

Esses momentos provaram a importância da resiliência. Nos tornamos um símbolo de perda, mas também de superação. Aprendi o que realmente significa recomeçar e reinventar-se em meio à aparente destruição.

O sucesso que veio após foi um bálsamo doloroso. A Chapecoense virou uma marca global, e enxergar isso, enquanto as decisões internas tomavam rumos fora dos nossos ideais, foi complicado. Após o acúmulo de anos marcados pelos resquícios dessa intensidade, como esperado, todas as peças começaram a mudar de lugar e, em 2022, um ajuste estrutural me apresentou a escolha: preservar a minha equipe funcional ou deixar que o ciclo se findasse naturalmente.

Fiz a escolha de me retirar após seis anos, sabendo que meus novos caminhos novamente exigiriam reestruturação pessoal e profissional de mim. Escolhi a segunda via, encerrando daquele modo minha trajetória no futebol e lapidando minhas prioridades pessoais.

Minha vida pessoal sempre esteve entrelaçada em meio a tudo isso. A experiência da maternidade, desde a vinda de Maria Cecília, refletiu a força do poema de Ernest Hemingway: "O mundo quebra todos, e depois muitos são fortes nos locais quebrados". Houve momentos cruciais em que minha família e eu, na adversidade, retomamos nossas posições essenciais.

Vi-me reorganizando prioridades pessoais após a triste introspecção de quase perder meu casamento. Reforcei a relação atemporal com Deus – este refúgio celestial restaurou a conexão com minhas raízes e meus valores e a gratidão renovada aliada no meu relacionar com a vida. A pandemia da Covid-19 trouxe lições e tribulações que renovaram esse entendimento, sem causar perdas em casa, e pela graça de Deus conseguimos endereçar à doença aprendizados valiosos convertidos em memórias em família.

Com resiliência, como uma âncora nas adversidades, segui em frente. Entendi que alicerçar energia na nova empreitada autônoma me presenteava com novos horizontes. A vida, sempre generosa, reservou sua maior surpresa para o encerramento de 2024: um presente chamado maternidade aos 40 anos.

Deus, de fato, sempre tem a palavra final, e nos presenteou com um envio cheio de amor: Gael, um bebê saudável, forte e cheio de luz, inspiração e força. Ele chega como prova do amor incondicional e da beleza dos ciclos da vida, que seguem se renovando em uma jornada alongada e abençoada.

Pelo testemunho de Leonardo da Vinci deixado historicamente, "desde longa data, aprendi que progresso não é possível sem mudança". Aqui estou eu, abraçando a mudança e fortalecendo cada camada da minha história. É uma alegria reviver esse caminho, que traça círculos em torno da resiliência persistente que me definem e orientam.

16

AONDE A FORÇA DO AMOR ME LEVA

Resiliência, esforço, dedicação, entrega de corpo e alma a um propósito, e muito, muito amor envolvido. Assim resumo minha jornada, que começou numa propriedade rural no interior de Ipuaçu/SC, alcançou novos espaços e ainda está sendo construída, sempre guiada por Deus, com o apoio da família e sem esquecer a contribuição de quem já partiu.

KERCIA ALBERICI

Kercia Alberici

Graduada em Administração com habilitação em Gestão Estratégica de Negócios. Empreendedora no ramo da biomassa de madeira na Alberici Pellets e na área da construção civil na Construtora e Incorporadora Alberici. Proprietária da Life, loja de roupas femininas e masculinas.

Contatos
kerciaalbericiloja@hotmail.com
albericibomjesus@gmail.com
Instagram: @albericikercia
@kerciaalbericiloja
@construtoraalberici

Kercia Alberici

Nasci em 1984, em uma pequena comunidade rural de Ipuaçu, Santa Catarina, chamada Toldo Velho. Minha chegada ao mundo foi um milagre, assim creio, uma manifestação do "Amor de Deus", visível por meio dos meus queridos pais, Valério e Alaides. Trago em mim as raízes de uma infância simples, plena de afeto e ensinamentos.

Sou a primogênita de duas filhas mulheres. Depois de longos 13 anos, a Kaiane chegou para completar nossa família.

Desde muito cedo, compreendi o que era crescer cercada de amor, mas também de disciplina e trabalho duro.

Os dias passavam lentos, cheios de pequenas tarefas e grandes aprendizados. Era um cotidiano repleto de momentos que, para muitos, podem parecer despretensiosos, mas, para mim, foram o alicerce da minha jornada.

No trabalho árduo da pequena agricultura familiar, colhíamos feijão sob o brilho da lua – e, inverno rigoroso ou sol forte, lá estávamos nós. Ajudava meus pais em várias tarefas, como passar ureia com um pequeno balde reutilizado, que tinha sido comprado com banha suína.

Havia um sabor inigualável na simplicidade de comer pão umedecido na torneira da pia, polvilhado com açúcar, um ritual que era uma delícia para mim. Nos dias cansativos, minhas bonecas eram feitas com espigas de milho – por vezes, essas mesmas espigas também serviam de cama no cansaço de um dia cheio de trabalho. Esses são símbolos de uma infância modesta, mas de felicidade genuína.

No semblante da minha mãe, sempre tive a certeza da força e do poder do feminino. Ah… Como ela era forte!

Quando o Natal se aproximava, a ansiedade tomava conta, pois era a época em que íamos de ônibus a Xanxerê para comprar roupas.

Lembro-me da primeira vez que vi uma sandália plataforma. Era um sonho! E, um bom tempo depois, finalmente, ganhei uma – tudo bem, o solado era duro, seco, mas estava tudo certo, afinal, era a tão sonhada sandália plataforma. Quis estreá-la na igreja, mas o caminho de três quilômetros de terra batida me trouxe uma lição: às vezes a beleza tem seu preço. Adivinhem: cheguei com os pés doloridos e cheios de bolhas, mas com o orgulho de quem se atreveu a ser diferente.

O tempo foi passando, meu pai, sempre atento, sentiu a necessidade de diversificar a nossa renda. Foi aí que começamos a criar suínos. Era um trabalho árduo, exigia cuidado o tempo todo, mas também era recompensador. Eu e minha mãe éramos responsáveis por manter o espaço limpo, alimentar os animais e, também, castrá-los, pois os técnicos alegavam que a mão feminina era mais leve e não causava dor nos animais.

O trabalho era também um reflexo da esperança que cultivávamos, porque, como meu pai dizia: "É preciso seguir acreditando que algo bom nos espera ali na frente, pois a esperança é o mapa de quem não desiste de continuar!".

Meu interesse por negócios surgiu cedo. Nunca fui de brincar com bonecas, preferia o "escritório", brincar com papéis, imaginando o futuro. Com o tempo, essa paixão se consolidou. Então surgiu a oportunidade do primeiro emprego: professora da pré-escola. Mas não era o que eu realmente desejava.

No ano seguinte, comecei a trabalhar na Cooperativa Agroindustrial Coamo. Por dois anos, tive uma rotina puxada, saía de casa pela manhã e, ao final do expediente, ia pra Xanxerê, onde comecei a cursar Administração de Empresa (Estratégias em Negócios).

Em 2002, fui convidada a trabalhar em outra cooperativa, a Alfa. Lá, tive excelentes experiências, trabalhei em várias unidades, como as de Ipuaçu, Xanxerê e Xaxim. Foi um tempo muito enriquecedor, que fortaleceu meu amor pelo mundo dos negócios.

Você visita meus pensamentos, rouba meu sono, acelera meu coração e me enche de saudades.

O ano era 2005, mais precisamente 15 de julho, tinha tudo para ser apenas mais um final de semana comum como tantos outros. Na companhia de uma prima e de alguns amigos, fomos a Bom Jesus, município vizinho a Ipuaçu, nos divertir em um baile. Naquela noite, conheci aquele que seria o amor da minha vida, com seus olhos verdes e barba fechada, como dizia minha mãe. Era ele, Fábio Vinícius Alberici, um homem educado, com sorriso farto... Me convidou para dançar e, ao final da noite, me presenteou com uma trena – sim, isso mesmo, uma trena, que ele usava para medir obras. Nela, estava escrito seu telefone e aquele foi o começo de uma linda história. Entendi como se fosse uma rosa (risos). Aquela pequena trena-flor se tornou o símbolo de nosso amor, que floresceu com o tempo.

Namoramos por dois anos, ficamos noivos por um e, enfim, nos casamos.

Há sempre alguma loucura no amor, mas também há sempre alguma razão na loucura (Friedrich Nietzsche).

Juntos construímos uma vida, um lar de bênçãos e de amor, e iniciamos uma grande jornada de trabalho e dedicação mútua.

Em 2012, nasceu nosso primogênito, Vicenzo, um menino doce, generoso e muito amado.

Fábio já tinha uma empresa consolidada no ramo da construção civil e eu comecei a trabalhar ao seu lado. Logo ele realizou um sonho antigo meu: ter uma loja de roupas femininas.

Desde o início, desejei algo que refletisse estilo e autenticidade na maneira de se vestir, algo que demonstrasse a personalidade da mulher, pois cada uma é única. Assim nasceu a primeira loja, a Life, e foi apenas o começo.

Com o tempo, abrimos outras, em cidades próximas, como Abelardo Luz e Ipuaçu. Nesse período, minha mãe veio morar na cidade de Ipuaçu e começou a me ajudar com as lojas, expandindo o negócio e o alcance de nossa visão.

Estilo é uma maneira de dizer quem você é, sem ter que falar nada (Rachel Zoé).

Nesse período estávamos vivendo um momento de intensa alegria pessoal e profissional. A felicidade, porém, tem seus próprios desafios.

Em meio ao fortalecimento de nossos negócios e parceria de vida, recebemos uma notícia que abalou profundamente nossa família: minha mãe foi diagnosticada com uma lesão maligna no endométrio. Foi um período de luta, de longas viagens, consultas e tratamentos. A dor daquela experiência ainda me pesa, mas minha mãe enfrentou tudo com uma coragem inesgotável, que era própria dela.

Foi durante esse período difícil, em 2018, que decidi engravidar novamente, para trazer uma nova vida, um ponto de luz e de alegria ao seio de nossa família, um respiro em meio a tanta tristeza e dor. Tive o privilégio de poder contar com o apoio de dois grandes profissionais da saúde, Dr. Pezzali e Dr. Damatta.

A gravidez foi delicada e difícil devido a uma trombofilia. Precisei de cuidados especiais diariamente, mas nunca vacilei, sempre cercada do amor de meu esposo e de toda minha família, o que foi fundamental naquele momento. Assim, consegui realizar mais um grandioso e extraordinário sonho: ser mãe da minha intensa Antonella, filha de personalidade forte, amorosa, inteligente, com uma vivacidade única.

Quinze dias após o nascimento da Antonella, minha mãe partiu para o mundo espiritual. Foi uma perda imensa, uma dor avassaladora, mas seu legado de força e resiliência me mantém firme até hoje. A força dela, a coragem com que enfrentou a vida, é o que me guia e me inspira a ser melhor todos os dias. Mãe, sei que és um Anjo Protetor e eu lhe honro, lhe respeito e lhe amarei eternamente.

Só quem sente a dor de uma saudade sabe o valor de um abraço.

Nesse momento de dor e recomeço, percebi que precisava de algo a mais. Vendi as filiais da loja e decidi seguir em frente, ficando apenas com a matriz e assumindo um novo empreendimento, mais próximo do coração da nossa família.

Foi nessa época que entrei no universo da biomassa, um campo onde sinto que posso contribuir para um futuro mais sustentável, um mundo melhor para meus filhos e toda a geração que vem com eles, um lugar melhor para se viver, honrando minhas origens e o que eu aprendi desde a infância sobre o valor da terra, do trabalho e da perseverança.

Se há algo que aprendi ao longo desses anos é que o medo nunca será maior que minha determinação. E, enquanto eu caminhar com essa força, tenho certeza de que estarei trilhando o caminho que meus pais sonharam para mim. Que minha origem seja meu norte, minha força seja meu guia e que o amor e a resiliência sempre sejam o motor propulsor da minha jornada.

Hoje trabalho com meu querido e amado esposo, construímos sonhos e ajudamos a transformar casas em lares. Nossa jornada é árdua e intensa, afinal, extrair árvores no mato e transformá-las em casas aconchegantes e confortáveis não é fácil nem simples!

Nossa função como Construtora Alberici é, e sempre será, ajudar a desenvolver o bem-estar da sociedade, preservando o meio ambiente com reflorestamento, na certeza da continuidade da espécie. Por meio de obras, construímos sonhos e, de certa forma, compartilhamos esses sonhos com nossos clientes parceiros...

Ao longo da jornada de muito trabalho e dedicação, buscando sempre fazer o melhor e entregar produtos de qualidade, com excelente custo-benefício, nossa marca foi se consolidando e hoje nossos clientes podem contar com a Madeireira Alberici, a Alberici Casas em Madeira e a Alberici Pellets para realizar e eternizar grandes projetos e, o mais importante, criar memórias no aconchego de seu lar.

"A natureza é a arte de Deus", por isso devemos respeitá-la e amá-la de forma incondicional.

Entrar no mercado de pellets biomassa foi desafiador, mas, para o Fábio, que é empreendedor, foi mais um passo para a realização profissional. E eu sempre estou ao lado dele para novos desafios.

Pellets são um biocombustível sólido, produzido a partir de resíduos de madeira que são triturados, secos e compactados em formato cilíndrico, por meio de equipamentos de alta pressão. Eles podem ser usados em diferentes sistemas de aquecimento (piscinas, lareiras, caldeiras, entre outros) em propriedades rurais, residências e indústrias.

Viver e empregar é um propósito: nos dividimos em várias equipes – a equipe do mato, a de construtores, a da logística, a de vendas e a da indústria de pellets. Também conto com a colaboração da nossa arquiteta, Andressa, que, sendo do interior, assim como eu, aceitou o convite para trabalhar conosco e abraçou esse sonho comigo; e da Janete, que me dá suporte quando preciso, para que eu possa trabalhar nas empresas.

Somos realmente um grande time, desafiadores das adversidades e em busca do sucesso. E estaremos sempre em movimento, visando alcançar constância e sempre melhorar a qualidade do nosso produto final.

Não se preocupe tanto com a velocidade, a direção é mais importante! Imagine uma nova história; ela não para por aí…

17

O PROTAGONISMO FEMININO NAS NEGOCIAÇÕES IMOBILIÁRIAS

Este capítulo explora a presença e influência das mulheres no setor imobiliário, as barreiras que enfrentam como preconceito de gênero, falta de representação em cargos de liderança, mas também motivos que inspiram outras mulheres a continuarem sua jornada no ramo imobiliário, além de discorrer estratégias e práticas que podem ser adotadas para promover a equidade de gênero nas negociações. Espero que gostem deste capítulo escrito com tanto carinho para as mulheres que estão iniciando a jornada empreendedora.

LETÍCIA TURELLA

Letícia Turella

Bacharela em Direito pela Universidade do Oeste de Santa Catarina (Unoesc), com especialização em Propriedade Intelectual. Atua como profissional de registro de marcas no Instituto Nacional da Propriedade Industrial (INPI) e corretora de imóveis especialista em propriedades de alto padrão voltadas para investidores, visando garantir segurança patrimonial, promover a alavancagem de capital e maximizar a rentabilidade dos clientes.

Contatos
turellaleticia@gmail.com
Instagram: @leticiaturella
49 99905 4737

Sabemos que o mundo corporativo ainda é predominantemente masculino, mas ao longo dos anos, nós, mulheres, temos conquistado espaço em grandes empresas e construído carreiras sólidas, muitas vezes tão bem-sucedidas quanto às dos homens, isso porque somos mais intuitivas, expressivas, cautelosas nas negociações.

No ramo imobiliário, por exemplo, uma corretora de imóveis que atende um casal em busca de um lar para morar demonstra uma sensibilidade única na seleção dos imóveis, pois presta atenção a detalhes que são cruciais para a logística da família. Em contraste, um corretor homem pode não se ater a essas questões importantes.

Portanto, o protagonismo feminino é essencial tanto na vida pessoal quanto na profissional. É fundamental que o posicionamento da mulher esteja alinhado com suas intenções e valores.

Neste breve capítulo, compartilho minha trajetória como corretora de imóveis, abordando o posicionamento da mulher no início da carreira, as dificuldades que enfrentamos em relação aos homens, como conseguimos nos destacar nos negócios e as soluções de problemas na hora de investir. Vamos lá!

Quando comecei na área imobiliária, há cerca de três anos, tudo relacionado a vendas, clientes e imóveis, era novidade para mim. Como em todo início de carreira, enfrentei medos e inseguranças, mas também descobri meu propósito profissional, o mundo dos negócios.

Percebi que, para me destacar no mercado, precisaria estudar a fundo sobre imóveis, gestão, finanças, investimentos e, principalmente, sobre pessoas. Além disso, compreendi a importância de aprimorar meu posicionamento nas redes sociais para gerar autoridade e confiança no meu trabalho. Realizar tudo isso não é uma tarefa fácil, mas é fundamental para o meu crescimento profissional.

Acredito que o início da carreira não é fácil para ninguém, mas algumas das lições que aprendi como mulher no mercado imobiliário é a importância da disciplina, resiliência, paciência e pensamentos positivos. Estamos lidando com a confiança que os clientes depositam em nós para gerenciar seus investimentos, e, em um ambiente ainda predominantemente masculino, o desafio se intensifica, pois precisamos comprovar nossa autoridade no assunto.

Uma das principais dificuldades que enfrento na área imobiliária é a necessidade de me afirmar como mulher de negócios. Em reuniões com empresários homens, é comum sentir certo desconforto. No entanto, o que me permite me destacar é a autoconfiança e o profundo conhecimento sobre o que estou discutindo. Essas qualidades são, sem dúvida, as chaves para o sucesso.

Por outro lado, nós mulheres, possuímos vantagens em relação aos homens, como a persistência nas negociações. Temos a capacidade de equilibrar as emoções, o que muitas vezes nos permite compreender melhor as necessidades dos clientes e, assim, converter vendas de maneira mais eficaz do que um corretor de imóveis masculino. Vou destacar as características que considero essenciais para o sucesso de um corretor(a) de imóveis:

1. **Escolha um nicho de mercado**: decida se irá atuar no segmento de imóveis de baixo, médio ou alto padrão. É fundamental aprofundar-se no conhecimento sobre o tipo de produto que deseja vender, para oferecer um serviço mais especializado e atender melhor às necessidades dos clientes.
2. **Compreenda a persona do seu cliente**: é importante aprofundar-se no estudo do seu público-alvo, ou seja, aquele perfil específico de cliente que realmente está disposto a investir no imóvel que você oferece. Ao entender seus comportamentos e desejos, você aumentará significativamente suas chances de sucesso nas negociações. Conhecer a persona do cliente permite personalizar abordagens e estratégias para ter um resultado em vendas mais eficaz e satisfatório.
3. **Crie relacionamentos sólidos**: ao oferecer um trabalho de qualidade, você transmite confiança e constrói um relacionamento duradouro com seu cliente. Essa credibilidade não apenas fortalece a relação, mas também pode resultar em novas oportunidades de negócios e indicações valiosas. Lembre-se de que o ideal não é apenas realizar uma venda única, mas sim cultivar uma parceria contínua, em que o cliente se sinta valorizado e inclinado a retornar sempre que precisar. Vender repetidamente para o mesmo cliente é um sinal de sucesso e satisfação mútua.
4. **Invista em um marketing eficiente**: o marketing vai muito além de simplesmente exibir uma foto de um apartamento ou terreno à venda. Ele abrange o posicionamento da marca, a criação de uma conexão genuína

com os clientes e a produção de conteúdo de qualidade. Um marketing eficaz deve comunicar os valores da sua empresa, construir relacionamentos duradouros com os clientes e oferecer informações relevantes que ajudem na tomada de decisões. É essencial entender as necessidades do seu público-alvo e criar estratégias que ressoem com ele.

5. **Seja paciente, persistente e disciplinado(a)**: embora essas características possam parecer clichês, todo profissional do ramo imobiliário reconhece que o caminho até o sucesso é repleto de desafios. A paciência é fundamental para entender o tempo que leva para fechar negócios e construir relacionamentos sólidos com clientes. A persistência é crucial para superar obstáculos e buscar novas oportunidades mesmo diante das dificuldades. E a disciplina é essencial para manter-se focado em suas metas, organizando suas atividades diárias e garantindo que cada passo dado o aproxime mais do seu objetivo. Sem essas qualidades, é difícil avançar no competitivo mercado imobiliário. Portanto, abrace essas virtudes e veja como elas podem impulsionar a sua carreira assim como tem, impulsionado a minha.

Dentre essas características que citei acima, outra muito importante é saber fazer negócios. Digo isso porque as pessoas estão acostumadas a comprarem imóveis do modo tradicional, ou seja, financiamento bancário, em que geralmente 20% do valor de um imóvel, o comprador paga de entrada e o restante é feito por financiamento em até 35 anos.

Mas tem outras maneiras de adquirir bem imóveis sem descapitalizar o investidor, como, por exemplo, aquisições em imóveis na planta feitas com intermédio de um corretor(a) de imóveis e construtoras.

Isso funciona da seguinte maneira: o comprador identifica o imóvel em lançamento, escolhe a unidade e faz o pagamento quase que 100% parcelado diretamente, ou seja, a burocracia de documentação é menor de que um financiamento bancário, os índices de correção são melhores, muitas vezes se tem apenas o acréscimo do Custo Unitário Básico (CUB), e o investidor fica muito mais satisfeito, pois tem ganhado na valorização do imóvel durante o período de obra, renda passiva no pós-chaves ou revenda do imóvel pelo valor de valorização.

Essa é uma das maneiras que o mercado oferece ao investidor, poder investir em imóveis sem se descapitalizar no montante e ainda ter valorização patrimonial interessante, alinhado com seus objetivos e expectativas, por isso a importância de compreender a persona do seu cliente e entregar para ele os resultados que ele busca com o produto que o corretor(a) imobiliário apresenta.

Pode-se perceber que a jornada da mulher empreendedora é repleta de desafios e obstáculos que testam nossa determinação. Aquelas que realmente prosperam são as que conseguem suportar e aprender com cada etapa do processo. Cada erro é uma lição valiosa, cada revés uma oportunidade de crescimento. Precisamos entender que o sucesso não é um resultado imediato, mas sim uma construção gradual que exige dedicação e resiliência, o que, nós mulheres entendemos bem.

Além disso, o empreendedorismo não se resume apenas em iniciar um negócio, mas, sim, a cultivar uma mentalidade que busca incessantemente inovação e melhoria contínua. Os empreendedores de sucesso são aqueles que, mesmo diante das adversidades, mantêm uma visão clara e focada, ajustando as estratégias, mas nunca perdendo de vista seus objetivos.

Portanto, ao embarcar nessa jornada, abrace o processo, valorize cada pequeno progresso e acredite que, com esforço e disciplina, o sucesso se tornará uma realidade. Essa é a essência do empreendedorismo feminino: não apenas alcançar metas, mas desenvolver um caráter forte, capaz de enfrentar os altos e baixos da vida empresarial masculina.

18

AMO CADA PARTE DA MINHA HISTÓRIA

MAS ESCOLHO QUAIS CARREGO NA MINHA BAGAGEM

Sou uma mulher, mãe, filha, irmã, esposa, tia, amiga, empreendedora, gestora de negócios, curiosa, intensa, inquieta, filha amada de Deus, são muitos papéis. Apaixonada por desafios, pela busca do novo, do autoconhecimento, da espiritualidade e pela vida! Nesta jornada, aprendi a carregar na bagagem o necessário para ter paz e amor no coração.

LILIAN GUTHRON KOSLOWSKI LUIZ

Lilian Guthron Koslowski Luiz

Gestora de negócios, de pessoas e do lar. Apaixonada por gente e pelo aprendizado constante. É na praticidade e no espírito de trabalho que encontra forças para seguir, inovar e se reinventar. Começou a empreender há quase 20 anos, na garagem da casa do irmão, em Agrolândia/SC. Hoje, é responsável por mais de 80 colaboradores distribuídos em suas duas empresas, a Pietra e a Hellena Confecções. É também idealizadora e administradora da Vila Orvália, uma hospedagem com jeito de casa. Aprendeu a fazer parte do mundo dos negócios, tendo que fazer jus à sua habilidade latente de gerir, administrar, lidar com números e desafios. Técnica em Contabilidade, possui uma lista de cursos voltados para gestão, negócios e pessoas. Nos últimos anos, fez treinamentos de autodesenvolvimento. É mãe do Pedro e do Heitor, esposa do Maicon e sogra da Nicole. Acredita que cada um sabe a dor e a delícia de ser o que é. Que a vida é um desafio para ser olhado todos os dias, com amorosidade.

Contatos
lilian@pietraconfeccoes.com.br
Instagram: @liliankoslowski
47 98812 6301

Lilian Guthron Koslowski Luiz

Sou a Lilian Guthron, uma mulher na meia-idade, filha do seu Erich e da dona Anastacia. Coração cristão e alma conectada com Deus! De origem germânica, possuo traços fortes de personalidade dos meus ancestrais europeus. Pais ricos em valores, respeito, ética e conduta, minha maior herança. Caçula de quatro irmãos. Mãe do Pedro Augusto e do Heitor, os tesouros desta vida. Casada com Maicon Luiz, o companheiro de muitas jornadas, desafios e conquistas.

Nascida em Agrolândia, uma pequena cidade do Alto Vale do Itajaí/SC. Pequena em tamanho, mas gigante em cultura, tradições e empreendedorismo. Meus pais foram zeladores do ginásio de esportes municipal da cidade, por 16 anos, onde passei boa parte da minha infância e toda a adolescência. Uma bagagem de muito trabalho e serviços prestados à comunidade. Foi a escola de como conviver e servir pessoas. A energia e a competitividade do esporte também forjaram minha personalidade.

Concluí o Ensino Médio com o curso Técnico de Contabilidade, que proporcionou meu primeiro emprego na contabilidade da cidade onde fiquei por quatro anos. Trago na bagagem desse trabalho organização, disciplina, legalidade e responsabilidade.

A experiência seguinte foi no cargo de PCP (planejamento e controle de produção) na grande fábrica de Agrolândia, uma tinturaria no ramo têxtil. Carrego na bagagem desses quatro anos o raciocínio lógico e dinâmico da função, a pressão das entregas, a importância do bom atendimento e da empatia pelos problemas dos clientes. Criei vínculos fortes, uma rede de contatos que abriu muitas portas no futuro. A menina do interior abriu os olhos para as possibilidades do mundo, um pouco além dos pequenos arredores de onde vivia.

Aos 24 anos, mãe solo do Pedro Augusto (ter um filho para criar me trouxe a força e responsabilidade que eu desconhecia), senti a necessidade de me tornar uma pessoa melhor, uma referência; alguém que meu filho pudesse sentir orgulho, junto com o desejo de uma vida mais confortável e de oportunidades para nós dois. A ideia inicial nem foi minha, veio de uma terceira pessoa, que persistia: "Começa seu próprio negócio! Você precisa ser independente. Sua cidade é forte no têxtil, abre uma fábrica de costura".

Dica: saiba ouvir conselhos!

Assim, em junho de 2006, nasce a Pietra, uma fábrica de costura. Detalhe: até hoje não sei costurar; para esta habilidade não dediquei energia suficiente, e arrisco dizer que foi um diferencial entender o quanto uma equipe capacitada importa. Manter a mente aberta, sem vícios e manias, somente a vontade e necessidade do aprendizado constante. Das cinco pessoas que iniciaram, durante uma trajetória de muito trabalho, dedicação e força de vontade, a Pietra tornou-se uma referência, especialista na costura de tecido plano e alfaiataria, costurando moda para marcas como Malwee, Hering, Dzarm, Beagle, Lez a Lez, entre outras que são destaque na região. Desses 19 anos que celebramos em 2025, há muita história para compartilhar. Desafios, medos, incertezas, falta de dinheiro, de conhecimento na gestão, dificuldades com pessoas e falta de estrutura emocional. A montanha-russa que o setor têxtil enfrenta a cada ano. Momentos de angústia nas catástrofes climáticas da região, a impactante pandemia, uma forte enxurrada que abalou a cidade. Várias vezes, precisei de força extra para me reerguer, me tornando resiliente.

O aprendizado constante com os colaboradores e fornecedores de serviço trouxe a consciência de uma equipe engajada e com excelência. Celebramos várias conquistas, costuramos a camiseta de malha, símbolo dos 145 anos de história da Hering. Obtivemos destaque nos projetos de fornecedores, na entrega de coleções e moda diferenciada. Fomos *Great Place to Work* (GPTW), uma certificação que reconhece empresas com excelente ambiente de trabalho e satisfação dos funcionários.

Em outubro de 2019, já com a experiência do primeiro negócio e a cultura de persistência, nasce a Hellena, a segunda fábrica de costura, na cidade vizinha, Atalanta. Com o objetivo de atender a demanda de um fornecedor parceiro, testar minhas habilidades de gestão e desenvolver novos postos de trabalho. Em alguns aspectos, torna-se mais fácil o segundo empreendimento, cometemos menos erros, tomamos decisões mais rápidas e assertivas. Dessa vez, meu marido ajudou a construir o novo negócio. Em 2024, a Hellena celebrou 5 anos, costurando com empenho e capricho, numa equipe que se especializou em tecido plano, malha e alfaiataria, buscando seu destaque e posicionamento.

Os dois negócios de costura, Pietra e Hellena, durante muitos anos foram meu grande foco e dedicação. Meu orgulho!

Gosto de testar possibilidades diferentes, e, durante um pedal com amigos, conversávamos sobre a dificuldade da nossa cidade por termos apenas um hotel. Com o avanço da idade, meus pais vieram morar pertinho da nossa casa, e recebi de herança a casa deles, mas que precisava de reforma. Com um pátio enorme, uma casa ampla e bem localizada, eu não queria alugar. A ideia diferente surgiu: iniciamos o projeto da nossa hospedagem com jeito de casa, a Vila Orvália! Meus pais ficaram orgulhosos com a transformação e cuidado do espaço. O negócio tornou-se uma casa que recebe amigos, famílias e visitantes na cidade.

Outra vertente da qual amo fazer parte é o associativismo. Um movimento organizado por empresários de forma voluntária, para buscar soluções conjuntas e representatividade nas causas que afetam todos os setores geradores de renda, empregos, impostos, o sistema econômico por meio da indústria, comércio, o agro e a prestação de serviços. Maicon, que já estava engajado na Associação Empresarial de Agrolândia (AEA), com uma tendência latente para o social, acabou me arrastando para o grupo. Os mais assíduos costumam dizer: "O associativismo é uma cachaça que vicia". E, hoje, preciso concordar! Experimentei, gostei e me viciei nesta linha de transformação, de criar oportunidades ao invés de criticar ou apenas reclamar. Um grupo focado em soluções, que compartilha experiências e oportunidades de negócios. Além de uma rede de contatos e novos amigos, que espero guardar para uma vida. Da atuação de bastidores, acompanhando meu marido, cheguei a me tornar Presidente da AEA no biênio 2023/2024. A primeira mulher presidente da entidade em quase 50 anos de história. Que imersão, um privilégio viver essa experiência. Quanto agregou na minha bagagem profissional e pessoal. Desenvolvi novas faces, habilidades, lapidei fraquezas. Tenho orgulho de dizer que pertenço ao sistema da Federação das Associações Empresariais de Santa Catarina (FACISC). Gratidão às pessoas que me incentivaram e apoiaram nessa trajetória que marcou minha vida.

Eu abandonei o curso superior de Administração na 5ª fase para me dedicar integralmente à Pietra. Um CNPJ só nasce porque alguém esteve disposto a emprestar seu CPF e dar início a esta nova vida, uma empresa. Independente do porte que ela venha a atingir, nasceu de alguém disposto a acreditar, doar sua energia, vitalidade e alma para que este negócio sobreviva e alcance prosperidade. Assim eu busquei fazer! Precisava preencher as lacunas das habilidades que eu não tinha. Força de vontade, determinação e muita fé já estavam no meu DNA. Faltava aprender as técnicas de como lidar com pessoas e fazer gestão de negócios. Me aprofundei nessa jornada da busca por conhecimento, por meio de livros, cursos no SEBRAE e AEA. Entre eles, o Empretec, *Master Mind*, oratória, liderança, palestras motivacionais; estudo bíblico; várias visitas técnicas, coaching, imersões de desenvolvimento sistêmico e pessoal; psicóloga, terapia, viagens. Aproveitei cada oportunidade de *networking*. E concordo cada vez mais com a frase de Sócrates: "Só sei que nada sei". Acredito na transformação e na ressignificação das pessoas, que não podemos deixar que outros, ou nós mesmos, e nenhuma circunstância nos definam. Posso estar atravessando uma fase de desânimo ou dificuldade, o que não significa que "eu seja" desanimada ou tenha falhado; é apenas uma passagem da minha vida. Essa grande lição me fez refletir ajudando a ressignificar muitos traumas e bloqueios. Transformar rótulos que eu carregava desde a infância. A rever as minhas crenças limitantes, a cura de feridas, que vão nos fortalecendo. A entender que a maturidade é a bênção chamada de SABEDORIA.

Procuro me sustentar nos frutos do Espírito de Deus, que são o amor, alegria, paz, paciência, amabilidade, bondade, fidelidade, mansidão e domínio próprio. Contra essas coisas não há lei (Gálatas 22:23).

Assim, a Lilian, menina de origem humilde, sapeca, uma "polaquinha" linda e cheia de energia, como muitas mulheres, passou por abusos, traumas, constrangimentos. Escolhi me fechar, criando minhas próprias armaduras e cascas grossas de defesa. Me tornei uma adolescente revoltada com o mundo. Meus pais vieram de famílias humildes, vidas difíceis, histórias trágicas, onde é impossível segurar as lágrimas quando relatam. Escolhi o caminho de me virar sozinha, não queria incomodar (hoje entendo que isso os incomodou ainda mais). Fui me tornando independente muito cedo, era chamada de "doninha" por causa disso. O "meu jeito bruto", querendo ser maior e autossuficiente, instaurou vários conflitos na nossa casa. A adolescência foi de trabalho duro, me tornei intensa em tudo que fazia. Nunca gostei do raso, do morno, das coisas lentas. Ainda hoje, depois de longos anos de terapia, tenho feridas para curar e passagens dolorosas da vida para ressignificar. Sinto orgulho da Lilian de hoje, da mulher que venho me tornando, da família que formei, das amizades conquistadas, do reconhecimento e dos retornos que todo o trabalho proporcionou.

Minha família daria um capítulo à parte. Lembra que fui mãe solo? Deus colocou em minha vida o Pedro Augusto, meu tesouro. O menino que me impulsionou para a vida. Um moreno lindo, de sorriso fácil, coração gigante, personalidade forte e valores inegociáveis. Eu desejava uma família para nós dois. Quando o Pedro estava com 4 anos, conheci o Maicon durante um serviço de terraplanagem em que ele mesmo executava. Rapaz sorridente, alegre, disposto e trabalhador. Valoriza Deus, a família e amigos, características que importam muito para mim. Apesar do medo, por ele ser mais jovem do que eu, namoramos, noivamos e casamos. Somos muito diferentes em personalidade, mas combinamos demais nos projetos de trabalho, um completa o outro. Ele dirige a Breital, empresa do setor de construção. Fomos abençoados com nosso filho Heitor, um menino lindo, loiro, inteligente, muito alegre, amoroso e determinado. Heitor é caseiro, adora um futebol e a companhia da família. Construímos um lar acolhedor. Deus foi extremamente bondoso comigo no quesito filhos!

Para alegrar nossa vida, o Pedro trouxe minha norinha, a Nicole. Uma moça linda, determinada, caprichosa e com uma alegria única de viver. Tornou-se uma filha, despertando meu lado feminino, adormecido pelo convívio com os homens da casa.

Também tenho grandes amigas, um bálsamo nos momentos de crises – aliás, por favor, toda mulher precisa "ter" amigas de verdade; a vida não acontece sem elas! E também "sejam" essa amiga para alguém!

Dizem que tenho "a família margarina", sabem, aquela sorridente e feliz! Vendemos a imagem que queremos, não se engane, temos nossos conflitos, diferenças, mágoas, intrigas. No entanto, o amor e o esforço pelo diálogo resolvem qualquer questão, acreditem!

Cada um pode contar sua própria história, da forma que convir, e transmitir os sentimentos que estiver disposto a compartilhar. Posso recontar qualquer passagem da minha vida com drama, ressentimento, alegria, graça ou desgraça, é uma escolha. Eu escolhi o lado do aprendizado, da fé, da luz e do bem. Se a escuridão é falta de luz, creio que nos momentos mais difíceis eu estava apenas de olhos fechados, sem conseguir enxergar com clareza o que precisava realmente ver. Com a graça da maturidade, percebo o quanto a vida é simples; nós humanos é que somos complexos. Ainda sonho em alcançar muitos feitos nesta jornada da vida, para ter conteúdos que valham a pena colocar na bagagem. Sigo na curiosidade do aprender, da descoberta, acreditando que quanto mais conheço a vida, menos sei sobre ela. Nessa fase, depois de dois anos intensos que precisei enfrentar (e acreditem quando falo de intensos), estou aprendendo a superar meu maior medo: não ser boa o suficiente, não dar conta de resolver tudo; o chicote da baixa estima, questionando minha capacidade. Nesse período, até minha saúde física ficou em xeque. E adivinha, simplesmente tudo vai passando, vamos vivendo, superando e ressignificando, ou apenas deixando para trás, um dia de cada vez. "Pois o que não tem remédio, remediado está." Entendi que não preciso dar conta de tudo. Não sou heroína, apenas um ser humano falho e com muito amor no coração, essa é mais uma página da minha história. Aprendi a lição: não sou nem vítima, nem algoz. Quero apenas ser a protagonista da minha própria vida. Sem delegar ou responsabilizar ao outro este papel. Sou eu quem escolhe o enredo e decido quais bagagens vou carregar adiante.

19

CAMINHO DO MEU SER

Criar vínculos afetivos com nossos familiares, respeitar cada um do seu jeito, amar e ser amada. Honrar a vida de cada um que convive nos caminhos já percorridos e os passos que seguem. Acreditar nas pessoas que me abençoam e desejam me apoiar na realização de sonhos possíveis. Viver intensamente o ser no mundo, abrindo caminhos que fortaleçam a vida. Dançar com intensidade em cada momento com seu toque prazeroso ou desafiador. Sim ao bem-estar profissional e familiar.

LUCIANA APARECIDA SOTTILI CHERUBIN

Luciana Aparecida Sottili Cherubin

Mulher, mãe, filha, irmã e esposa. Professora de Educação Física, facilitadora de Biodanza. Especialista em Arteterapia e Psicologia Transpessoal. Reikiana. Tendeira e Ancestralidade do movimento Tendas e Clãs do Sul. Sócia da Clínica Odontológica Cherubin. Membro da *Junior Chamber International* (JCI) Xanxerê.

Contatos
luciana@cherubin.com.br
Instagram: @lucianaaparecidacherubin
49 98402 0094

Luciana Aparecida Sottili Cherubin

Essa é sua estrada e ela é só sua. Outros podem caminhar com você, mas ninguém pode caminhar por você.
Rumi

Tudo começou muito antes, com amados e amadas que acreditaram que viver é uma jornada, que cada um dá o tom e as cores que escolhe. Que se amaram e desejaram cuidar do amor, formando famílias. Assim, se permitiram, confiaram e seguiram suas histórias com tudo que foi possível.

Meus pais; Nilson Augusto Sottili disse sim, eu quero esta mulher, Ires Salete Calza, para compartilhar do aprendizado de aprender a amar e ser amado.

Cheguei dia 26 de janeiro de 1973, às 14h30, numa sexta-feira, dia ensolarado. Meu pai, Nilson, que me acolheu no nascimento, foi orientado pela parteira. Minha amada mãe, Ires Salete, precisou de muita coragem, pois foi um parto difícil. Sinto muito pelas dores e lágrimas. Sou aquariana, com ascendente em touro, o Sol em aquário, Lua em escorpião.

A família me aguardava chorar, sorrir e ser conhecida como a primeira neta nascida; na casa de meus avós João Calza e Olandina Bim. Local de nascimento: Vila Lima, Xanxerê, Santa Catarina. Tios, tias, primas aguardavam me ver com alegria.

Nessa época meus pais e eu morávamos com minha avó Analina Marques Sottili, na Vila Lima. Tios, tias que me receberam, pois fui a primeira neta viva pra esta família também.

Tive uma infância muito amada e cuidada por familiares. Morei em muitos lugares e casas diferentes, em que as pessoas nos aceitavam em troca de favores.

Comecei meus estudos no Colégio Costa e Silva, e adorava estudar. O mais importante era ir até a pracinha brincar após a aula. Quantas lembranças lindas das crianças livres e felizes se divertindo na praça Tiradentes, em Xanxerê. Fiz amizades que me desafiaram a superar alguns conflitos. Minhas lembranças positivas são de que adorava ler livros, ir à biblioteca fazer trabalhos, às aulas de Educação Física, ir à horta e outras atividades desenvolvidas ao ar livre.

Em dezembro de 1985, precisei ir morar com meus padrinhos, Nereu Campos de Oliveira e Célia Belio de Oliveira, e suas filhas Larissa e Letícia, na cidade de Ibiraiaras/RS, pois meus pais, minhas irmãs Lucilaine e Gisele e meu irmão Paulo Augusto, foram morar em Canarana/MT. Primeira viagem que saí de Xanxerê; foi uma aventura enorme. Fomos visitar Gramado e região. Estava maravilhada com as paisagens e lugares lindos. Conheci a praia naquele verão em Laguna/SC.

Durante o tempo que fiquei longe de minha família, aprendi o que significa ter fé, confiar e esperançar. Muitas lágrimas molhavam o travesseiro ao ir dormir. Sentia Deus me abraçando e acolhendo meus sentimentos, meu coração sentia muita saudade de todos que me amavam. A distância era imensa, pouco contato por telefone. Adorava escrever cartas e ir aos Correios postá-las e recebê-las também, atividade pouco comum em dias atuais.

Fui uma menina que gostava de ter amigas. A principal foi a Juliana Bocchi, minha comadre, minha confidente. Uma irmã de alma até hoje!

Morei em Lagoa Vermelha/RS, com meus padrinhos em 1987, quando cursei a 7ª série. Tinha muitas saudades dos familiares. Fiquei dois anos sem ver e falar com meu pai. Nosso reencontro foi um momento tão inesquecível que sinto até hoje o abraço acolhedor e integrador. Amo lembrar desse lindo momento.

Voltei pra Xanxerê em 1988, com a alegria de morar em nossa casa própria. A família reunida em momentos significativos. Pai, mãe, eu, primeira filha viva, Lucilaine, Gisele e Paulo Augusto.

Em 1989, a dor da perda chegou da forma mais dolorosa. Meu irmão Paulo Augusto, com seis anos, e meu avô João Calza tiveram uma trágica partida em um acidente de trânsito. Dor, sofrimento, luto e aceitação do grande mistério.

No dia 9 de março de 1991, noite de lua cheia em Xanxerê, conheci um homem muito especial, Gilberto Luiz Cherubin, que conquistou meu coração.

No dia 11 de dezembro de 1991 foi a despedida de meu pai Nilson Augusto Sottili. Em um acidente fatal na ponte do rio Uruguai ele se despediu e, durante 48 horas, fiquei acampada ao lado do rio, aguardando que encontrassem seu corpo. Momento muito difícil, de muita dor, muitas emoções tristes vivenciadas em família.

Minha mãe, com seu exemplo de fé, confiança e muito amor, conseguiu aceitar a realidade que se apresentou. Seguimos unidas, as mulheres, nos curando e acreditando no amor que vibra em nossas vidas.

Eu trabalhava durante o dia e estudava à noite.

Nosso namoro se fortaleceu e decidimos nos casar. Nosso "sim" foi dia 13 de novembro de 1999, na igreja matriz, em Xanxerê.

Nossa primeira filha amada, Marcella, nasceu no ano 2000, unindo cada vez mais nosso amor.

Em 2007, tive um aborto espontâneo do Josué, momento de luto e tristeza. Aceitei e entreguei com amor o processo.

Em 2008, nasceu nosso amado filho, Emanuel; muita alegria veio com ele.

Em 2013, um aborto espontâneo da Clara. Entrega ao grande mistério e aceitação.

Ser mãe é minha maior fortuna, sou grata por merecer aprender o caminho do amor incondicional com esses quatro filhos. Em aventuras inesquecíveis, momentos mágicos e intensas emoções e sentimentos. O melhor aprendizado que escolhi viver nesta existência.

Caminhos de transformação que efetivaram minha jornada nesta vida com sentido e profundidade

Me orientei com meu anjo da guarda, com meu coração, para construir uma jornada com inteireza.

Sou grata pelas pessoas certas, nos lugares certos, com ações guiadas pelo amor.

No ano de 1992, aos 18 anos, iniciei o aprendizado no Lar de Jesus, em Xanxerê, e o conhecimento de Allan Kardec fortaleceu muito meu ser. Esclareci muitos desafios superados, estudei, pratiquei e continuo cuidando dos aprendizados construídos em minha história.

Um caminhar com terapias de grupo, com ensinamentos e meditações do Osho, em Xanxerê. Organizei muitos grupos para curar traumas da infância. Até hoje pratico algumas meditações de que gosto.

Em 1996, ingressei na *Junior Chamber International* (JCI) de Xanxerê. Entidade em que meu marido, Gilberto, fez uma bela jornada e que me proporcionou inúmeros conhecimentos, relacionamentos, viagens, amizades e me tornou uma pessoa mais determinada, sábia e com muitas habilidades de liderança que me ajudam diariamente.

Em 1997, fiz minha primeira maratona de Biodanza e Criatividade, em Xanxerê. Uma verdadeira abertura para cuidar do bem maior que é a vida e resgatar a alegria de viver.

Para ser professora e facilitadora de Biodanza, cursei a escola de Curitiba, a escola Frater, em Porto Alegre, e concluí na Escola em Espumoso, com a diretora Zelia Villarinho. Em 2006, fui titulada Facilitadora de Biodanza.

No ano de 2006, finalizei a formação em Educação Física – Licenciatura e Bacharelado, na Unoesc Xanxerê. Uma turma de colegas éticos, estudiosos e companheiros. Continuamos nos encontrando, com muitas histórias sendo compartilhadas, com vínculos afetivos nas amizades.

Em 2008, conclui a especialização em Arteterapia. No momento, não atuo na área, mas sinto impulso neste caminho fluido que cuida de nosso ser.

No ano de 2013, obtive minha especialização em Psicologia Transpessoal pela Universidade Holística Internacional da Paz (Unipaz), em Faxinal dos Guedes. O tema da monografia foi corporeidade.

Meu coração me inspirou a percorrer As Tendas e Clãs do Sul, com valorização do Sagrado Feminino, por meio de sua criadora, Lúcia Torres, e sua filosofia "ninguém solta a mão de ninguém".

Como irmãs do Sagrado Feminino, nos permitimos mergulhar fundo no caminho da Tenda da Terra e da Tenda da Lua. Um percurso que clareou minha história feminina. Nutriu e integrou muitas possibilidades novas em minha vida. Curei meu ser com consciência e fortaleci novos vínculos com as mulheres. Indico com confiança este percurso transformador, para todas as mulheres que desejam cuidar de si.

Muitos são os chamados de caminhos sagrados que têm sentido para minha existência. Mergulho nas minhas profundezas e volto uma nova mulher, com força, fé e foco na jornada que escolho.

No dia 18 de agosto de 2016, iniciei a jornada que escolhi para fazer com amor. Percorri, em 36 dias, os cerca de 800 km do Caminho Francês de Santiago de Compostela, Espanha. Caminho de aventuras, emoções, superação e magias. Muitas alegrias a compartilhar.

No ano de 2021, realizei o Caminho de Caravaggio. Uma jornada com cerca de 200 km entre Canela e Farroupilha, no Rio Grande do Sul. Foram muitas superações e uma jornada intensa de ampliação de consciência.

Em 2022, me senti plena ao realizar o Caminho Sagrado de cerca de 175 km em Criciúma, Santa Catarina. A plenitude se deu por estar, pela primeira vez, acompanhada de meu esposo, Gilberto, que aceitou caminhar e compartilhar muitas vivências transformadoras. A transformação dele também é minha transformação. Minha eterna gratidão por apoiar a realização de meus sonhos.

E assim seguimos, com passos firmes e muita confiança na vida. Uma jornada de transformação a cada dia com infinitas possibilidades. Me abro para receber as graças das quais sou merecedora.

20

UMA TRAJETÓRIA DE DOAÇÃO, AMOR E LIDERANÇA A SERVIÇO DE XANXERÊ

Cada desafio é uma oportunidade de impactar vidas e construir um legado com propósito. Minha jornada pessoal e profissional é guiada por valores profundos e transformadores, sustentada pelo compromisso, pela dedicação e, acima de tudo, pelo amor – a força que impulsiona cada ação em prol do bem comum. Acredito na liderança como um lugar para agir, inspirar e transformar.

LUCIANA BALBINOT CONTINI

Luciana Balbinot Contini

Vereadora em exercício, com formação em Serviço Social pela Fundação Universidade do Tocantins, pós-graduação em Políticas e Gestão de Serviço Social pelo Centro Universitário Leonardo da Vinci, e em Instrumentais Técnico-Operativos do Serviço Social pela UniBF. Eleita Conselheira Tutelar por quatro mandatos no município de Xanxerê. Servidora pública municipal desde 1993. Líder comunitário e membro do Lions Clube Xanxerê. Tem um compromisso com o serviço à comunidade e com a melhoria da qualidade de vida dos cidadãos.

Contatos
lucianacontini21@gmail.com
Instagram: @continiluciana
49 99971 1776

Luciana Balbinot Contini

Durante a vida, somos frequentemente chamados a trilhar caminhos que exigem mais do que simples ações cotidianas; exigem entrega, paixão e a capacidade de transformar o mundo ao nosso redor.

Quando guiamos nossa trajetória por valores como doação, amor e liderança, nossa jornada se torna mais do que uma busca por conquistas pessoais – ela se transforma em um propósito maior, marcado pela conexão com o outro e pelo impacto que deixamos.

A história que compartilho aqui não é apenas sobre crescimento pessoal, mas um convite para refletirmos sobre como, ao oferecermos o melhor de nós, podemos moldar e transformar o mundo.

Minha jornada começa em Xanxerê, minha cidade natal. Sou filha de Maximino Balbinot (*in memoriam*) e Mafalda Regina Balbinot, e irmã de Juliano Balbinot. Crescemos em um lar em que o trabalho, o amor e a doação não eram apenas valores, mas os pilares que sustentavam nossa família e moldaram nosso caráter. Esses princípios foram e continuam sendo a essência do meu caminho.

Há 29 anos, uni minha vida à de Volmir Contini, meu companheiro de jornada, com quem construí uma família alicerçada no amor e na dedicação mútua. Dessa união, vieram nossos maiores presentes: nossos filhos, Matheus Contini, hoje com 26 anos, e Gabriel Contini, com 20 anos.

Desde cedo, senti o chamado para a vida comunitária. Durante minha adolescência e juventude, atuei na comunidade do Bairro João Batista Tonial, na qual dei meus primeiros passos no serviço à comunidade.

Na vida adulta, minha caminhada se fortaleceu junto à comunidade do Bairro dos Esportes, onde tive a honra de atuar como Coordenadora de

Catequese entre 2017 e 2020. De 2020 a 2023, assumi, ao lado do meu marido, a missão de Casal Presidente da Comunidade, reforçando ainda mais nosso compromisso com o bem comum.

Atuo ativamente em um clube de serviço há mais de sete anos. Participar deste tipo de iniciativa proporciona impacto comunitário, melhora habilidades organizacionais e de trabalho em equipe, conecta indivíduos com interesses semelhantes e traz uma imensa satisfação pessoal. A sensação de contribuir para o bem comum é recompensadora e promove crescimento pessoal e bem-estar mental.

Minha vocação para o serviço ao próximo também se reflete na minha trajetória profissional. Sou servidora pública municipal desde 1993, somando mais de 30 anos de dedicação à comunidade. Minha primeira experiência foi na Política de Assistência Social, atuando como Secretária Executiva dos Conselhos Municipais.

Essa vivência abriu caminho para um novo desafio: em 1996, fui eleita pela primeira vez como Conselheira Tutelar, oportunidade que me permitiu conhecer de perto as dificuldades enfrentadas diariamente por crianças e adolescentes em situação de vulnerabilidade.

Com a certeza da importância de um trabalho contínuo em defesa dos direitos da infância, da adolescência e da família, fui reeleita para um novo mandato. Entre 2000 e 2008, retornei à Secretaria de Assistência Social, desempenhando funções estratégicas para o fortalecimento da política pública municipal. Em 2009, concorri novamente ao cargo de Conselheira Tutelar, sendo eleita pela terceira vez e, posteriormente, para um quarto mandato.

O exercício do cargo público exige preparo emocional, dedicação e, acima de tudo, amor pela causa. Ao longo dos anos, sempre atuei com ética e compromisso, com o olhar voltado para o próximo. Entre 2014 e 2019, retornei ao Serviço Público Municipal, onde desempenhei funções essenciais como Coordenadora de Programas Sociais e, posteriormente, como Diretora do Sistema Único de Assistência Social (SUAS).

Nesses cargos, fui responsável pela coordenação de políticas públicas de assistência social, o que ampliou minha visão sobre as necessidades da comunidade e fortaleceu minha capacidade de liderança.

Em 2020, fui convidada a assumir o cargo de Secretária Municipal de Assistência Social, sendo a segunda mulher com formação técnica a ocupar essa função desde a criação da pasta. Durante esse período, entre 2020 e 2024, enfrentei desafios, mas também tive a oportunidade de promover melhorias significativas na área de assistência social. A liderança exige não apenas conhecimento, mas também compromisso e ação efetiva para transformar realidades.

Para mim, liderança e amor são inseparáveis. O amor se traduz no cuidado e no respeito genuíno pelas pessoas, impulsionando-nos a agir com compaixão e sensibilidade. Já a liderança se manifesta na capacidade de guiar, inspirar e motivar aqueles ao nosso redor, construindo um caminho coletivo e significativo. Acredito que o verdadeiro sucesso se mede não apenas pelos resultados alcançados, mas pelo impacto positivo que geramos na vida das pessoas.

Atrevo-me a afirmar, caro leitor, que as mulheres líderes não apenas são tão eficazes quanto os homens, mas, muitas vezes, conseguem trazer uma leveza e fluidez aos processos de trabalho que são essenciais para o bom andamento das equipes e organizações. Talvez minha afirmação soe ousada, mas ela reflete a essência deste livro: a celebração e o reconhecimento das mulheres em posições de liderança, cujas qualidades e capacidades merecem ser destacadas e valorizadas.

Contudo, nem tudo são flores em nossa trajetória. Em janeiro de 2023, a vida nos pregou uma peça irreparável. No dia 30 daquele mês, recebi a notícia que nenhum filho está preparado para ouvir: o desaparecimento do meu pai. Já idoso, ele mantinha o hábito diário de caminhar pelo bairro e sempre retornava para casa. Mas, naquele dia meu mundo desabou!

Foram 48 horas angustiantes de buscas incessantes pela cidade, em uma corrida contra o tempo, tentando encontrar qualquer pista que nos levasse ao seu paradeiro. Só quem já viveu algo assim consegue compreender a dor, a aflição e o desespero de não saber onde está alguém que se ama.

No dia 1º de fevereiro, depois de mobilizarmos toda a família, amigos e conhecidos, finalmente o encontramos. Mas a vida, em sua trajetória imprevisível e muitas vezes cruel, nos reservava o pior dos desfechos: ele já não estava mais vivo.

Foram tantos questionamentos, tantos pensamentos que martelavam sem cessar em minha mente. E se o tivéssemos encontrado antes? Ele estaria vivo? Por que ele? Um homem que dedicou a vida à família, aos filhos, à comunidade, que com suas próprias mãos ajudou a construir tantos lares. Por que logo ele? Mas a dor não pediu licença, e a vida, na sua implacável trajetória, se desenhou da pior forma possível.

A perda de um ente querido, especialmente um pai, é uma experiência profundamente dolorosa. Quando essa perda ocorre de maneira repentina, a dor é intensa, trazendo à tona uma mistura de emoções, como choque, incredulidade.

A ausência deixou marcas profundas, desafiando-me a encontrar forças onde, muitas vezes, pensei não haver. Mas foi justamente esse amor e os valores que herdei que me impulsionaram a seguir em frente, mantendo firmes minhas convicções e o compromisso com aqueles que confiam em mim.

Já havia planejado me candidatar em 2024 para o pleito e, apesar das adversidades, segui com determinação, colocando meu nome à disposição da comunidade. Acredito que servir ao povo não é apenas um dever, mas uma missão de vida. A oportunidade de trabalhar ainda mais por melhorias, agora em um local de decisão e fiscalização, me motivou a enfrentar esse desafio com coragem e responsabilidade.

O reconhecimento desse esforço veio com a eleição. Fui eleita vereadora, sendo a sexta mais votada, um marco histórico, especialmente considerando o pequeno número de mulheres que conseguiram ocupar esse espaço ao longo dos anos. Esse fato aumenta ainda mais o peso do compromisso que assumi. Representar minha comunidade e, ao mesmo tempo, abrir caminhos para que mais mulheres possam ocupar posições de liderança é uma honra e uma responsabilidade imensa.

Durante décadas, as mulheres enfrentaram desafios e barreiras para ocupar espaços de poder, mas a história nos mostra que cada obstáculo superado nos aproxima de uma sociedade mais justa e igualitária.

Ser mulher em um ambiente predominantemente masculino pode trazer dificuldades adicionais. Infelizmente, ainda existem preconceitos e resistências estruturais que dificultam nossa ascensão em cargos de liderança. No entanto, essas dificuldades também podem ser uma fonte de motivação.

Quando ocupamos esses espaços, abrimos caminhos para que outras mulheres também possam segui-los. Nossa presença é essencial para garantir que todas as vozes sejam ouvidas e que políticas públicas reflitam a diversidade da sociedade.

A política precisa da visão feminina. A presença de mulheres em cargos políticos melhora a qualidade da governança, fortalece a democracia e promove políticas mais inclusivas. Mulheres trazem novas perspectivas, abordagens inovadoras e uma maior preocupação com questões sociais, como educação, saúde e igualdade de gênero.

No entanto, para que isso aconteça, precisamos incentivar mais mulheres a participarem ativamente da política. Precisamos quebrar as barreiras culturais e institucionais que dificultam essa caminhada. Precisamos apoiar aquelas que desejam entrar na vida pública, oferecendo formação, suporte e condições para que possam exercer sua função de forma plena e eficaz.

Minha jornada na política está apenas começando, mas sigo firme nos princípios que sempre me guiaram: trabalho, honestidade e dedicação. Sei que há desafios pela frente, mas também sei que, com esforço e união, podemos construir um futuro melhor para todos.

Ao chegarmos ao fim deste capítulo, é importante lembrar que cada fim é, na verdade, um novo começo. As páginas que você leu são mais do que palavras impressas; elas são uma parte da jornada que compartilhamos. Cada história tem o poder de nos transformar, e espero que esta tenha tocado seu coração de maneiras inesperadas.

Com carinho e gratidão, agradeço profundamente por ter escolhido embarcar nessa viagem comigo. As palavras são apenas o início, o verdadeiro valor está na reflexão e nas lições que levamos adiante. Que esta história seja um lembrete de que somos todos parte de algo maior, conectados por nossas experiências e sonhos.

Que a sua jornada seja repleta de amor, sabedoria e descobertas. Até nos encontrarmos novamente em outra história, continue a sonhar, pois é nos nossos sonhos que encontramos a essência da vida.

21

VOCÊ JÁ REALIZOU SEUS SONHOS?

Ao iniciar nossa carreira profissional, enfrentamos desafios e adversidades, mas também oportunidades para realizar sonhos e superar obstáculos. Fico surpresa com as conquistas e vitórias que nos motivam a celebrar tudo o que vivemos. Agradeço o convite de Irene Sá para participar do volume 2 de *Ela*. É a prova de que, quando temos um sonho, tudo conspira a nosso favor para realizá-lo.

MARCIA APARECIDA DE ALMEIDA MIGLIOLI

Marcia Aparecida de Almeida Miglioli

Natural de Videira/SC, reside em Fraiburgo/SC há 53 anos. É esposa do César, mãe do Matteus e do Tiago, filha da Lourdes e do Jair (*in memoriam*), irmã da Lucy Mari, da Rejane e do Jair Júnior. Tia, cunhada, madrinha e amiga. Graduada em Administração de Empresas pela Universidade do Contestado (UnC), em 2000; bancária por 27 anos. Em 2011, concluiu o Programa de Alta Performance do Insper. Em 2017, fez o Curso de Eneagrama. Rotariana desde 2015, atua na Comissão de Subsídios do Distrito 4740. Em 2019, recebeu uma homenagem do Poder Legislativo Catarinense por contribuir com o Karatê-dô de Fraiburgo. Fez o curso Mãos de Luz, com a sua irmã Rejane, o curso de Florais de Saint Germain, com Neide Margonari, e também fez o curso de Florais de Bach. Conheceu a Conscienciologia, proposta pelo médico Waldo Vieira, que é a ciência que trata do estudo abrangente da consciência. É o estudo da consciência em uma abordagem integral, multidimensional, bioenergética, projetiva, autoconsciente e cosmoética.

Contatos
marcia.miglioli8@yahoo.com.br
Instagram: @marcia.miglioli8
49 99979 3307

O seu destino não é algo que você encontra, mas algo que você cria.
Deepak Chopra

Sou natural de Videira/SC, cidade vizinha de Fraiburgo, onde cresci. Meu pai, um mecânico genial, mudou-se para Fraiburgo em 1971, na busca de uma vida melhor para sua família. Minha mãe – comigo e minha irmã, que tinha dois anos na época – aceitou o desafio da mudança. Ele trabalhou em uma oficina e, posteriormente, foi para a Papelose, fábrica onde construíram a primeira máquina de papel. Meu pai construiu sua trajetória até a aposentadoria, em 1995, quando fundou sua própria empresa, a Mecânica Jair, hoje chamada Industrial Jair.

Além disso, meu pai comprou uma casa, na qual moramos por mais de 20 anos. Ele trabalhou com afinco e honestidade. Era um homem enérgico, os funcionários lembram o que aprenderam com ele. Seu legado deixa uma grande lição: "Nunca desista dos seus sonhos, jamais serão em vão" (esse é o título de uma música que compus para meu pai).

A música sempre fez parte da minha vida. Aprendi violão aos 10 anos com meu pai e participei de apresentações, como em um concurso em que fiquei em 3º lugar, aos 12 anos. Fiz cursos no Centro Cultural, onde levava meu filho, Tiago, que também aprendeu rápido e continuou tocando. Componho músicas para minha família e a música me traz relaxamento e alegria.

Minha mãe, dona de casa e criativa, sempre ajudou a todos e era autodidata, gostando de ler e fazer trabalhos manuais, além de costurar para a família e vizinhos. Crescemos em uma família amorosa. Quando eu tinha cinco anos, nasceu minha irmã, Rejane, e aos 14, meu irmão Júnior, que trouxe alegria e orgulho ao nosso pai, que desejava um filho homem para continuar seu ofício de mecânico.

Aos 12 anos, eu e minha irmã Lucy Mari vendíamos bijuterias no bairro São José, que minha tia trazia de Curitiba. Também trabalhamos em casa para a empresa Sulca, fazendo tranças de couro, e o pagamento semanal nos ajudava a comprar coisas para nós. Trabalhei como auxiliar no jardim de infância Criança Feliz, foi a minha primeira experiência profissional.

Cursei Técnico em Contabilidade na escola Sedes Sapientiae, dirigida pelo Pe. Biagio Simonetti, um padre visionário, que contribuiu muito para o desenvolvimento da cidade, construindo escolas, igrejas, salões comunitários, ginásios de esportes e até foi prefeito de Fraiburgo.

Comecei a trabalhar na loja Burghausen, onde fiquei por um ano e meio adquirindo experiência em vendas. Depois, fui selecionada para um teste de telefonista na Pomifrai, onde trabalhei por quatro anos, acumulando funções de telefonista, auxiliar de compras e pessoal. Foi nesse período que conheci o César, durante uma entrevista, e começamos a namorar após uma carona para um jantar da empresa. Hoje, ele é meu marido e alicerce de minha vida.

Na Pomifrai, havia uma regra que impedia as mulheres casadas de trabalhar. Como meu namoro com César se tornou sério, decidimos nos casar, mas o proprietário da empresa não aceitou, e eu precisei procurar outro emprego. Fui selecionada no concurso do Banco Bamerindus, com mais de 140 candidatos, após boas referências do gerente da Pomifrai.

Iniciei minha carreira bancária dia 7 de dezembro de 1989, em uma nova agência e com novos desafios: aprender todo o sistema bancário e conquistar clientes. Comecei como escriturária e segui minha trajetória profissional.

Como tinha um bom relacionamento com rotarianos e pessoas influentes na cidade das empresas de maçãs, consegui muitos clientes e sempre os atendia com muita dedicação. Sempre tive facilidade e empatia para trabalhar com o público.

Conquistamos muitos clientes, incluindo a empresa Trombini. Na época, a inflação era alta e o governo lançava planos econômicos para controlá-la. Em 1990, o plano Collor confiscou os investimentos e poupanças, causando um caos. Os clientes exigiam explicações e queriam sacar seu dinheiro, mas o bloqueio durou 18 meses.

Continuamos com os planos para o casamento e nos casamos em fevereiro de 1990. Fomos morar atrás da casa da minha mãe e começamos nossa vida de casados. Meu marido fazia faculdade de Economia em

Videira, e eu organizava a casa após o trabalho. Trabalhava seis horas. Vendemos o Passat 77 que meu marido tinha e o terreno que eu havia comprado no bairro das Nações para dar entrada no apartamento que compramos na planta.

Com cinco anos de casados, engravidei, trabalhei quase até o final da gestação. Engordei 17 kg. O Matteus nasceu, trazendo muita alegria e bênçãos para nossa família. Fiquei de licença-maternidade, dediquei-me ao meu filho e, quando retornei ao trabalho, minha mãe cuidava dele.

Minha mãe, voluntária na Igreja, ministra a comunhão e sempre foi uma grande referência para nós. Desde pequena, ela ajudava nas festas da igreja e promovia eventos para a comunidade. Crescemos com o espírito de solidariedade, e, em 2024, homenageei-a com o título Paul Harris, em reconhecimento pelos seus serviços à comunidade de Fraiburgo e ao Rotary Clube.

Em 1996 e 1997, o Banco Bamerindus foi eleito a melhor agência bancária, e eu fui reconhecida como funcionária modelo. No ano seguinte, o banco foi vendido para o HSBC, para o qual trabalhei por grande parte da minha carreira, participando de treinamentos e ajudando o banco a se destacar pelo excelente atendimento. No HSBC, o Instituto Solidariedade destinava parte dos lucros para projetos sociais, e eu me engajei em várias ações voluntárias, como coleta de lixo reciclável e pintura de escolas.

Em 2013, o HSBC Solidariedade aprovou um projeto de cem mil reais para a Biblioteca do Karatê-dô que visa incentivar crianças e adolescentes do Bairro São Miguel.

Em 1996, iniciei a faculdade de Administração na Universidade do Contestado (UnC), com um filho de um ano. Conciliei trabalho, estudos e cuidados com Matteus com a ajuda da minha mãe e do meu marido. Com isso, fui promovida a Assistente de Gerente e, depois, a Gerente Adjunta no HSBC.

Em 2004, meu pai ficou doente e faleceu no mesmo ano. Nossa família era muito unida, e isso foi um golpe devastador. A perda do pai foi desoladora, demorei para superar, só o tempo para amenizar a dor, ficando a saudade. Meu pai ainda estava trabalhando. Meu irmão tinha sua própria oficina, mas com a perda do pai, teve que assumir as duas. Aos poucos, ele foi ajustando as operações e conseguiu concluir sua faculdade, dando continuidade à mecânica, que hoje é a Industrial Jair.

Demorei muito tempo para me recuperar, pois a coisa mais difícil de administrar é a morte. Com o tempo, a dor foi amenizando, e hoje só restam a saudade e a gratidão pelo legado que ele nos deixou.

Em 2004, engravidei novamente, realizando o sonho do Matteus de ter um irmão. Assim, em agosto de 2005 nasceu o Tiago, muito esperado por todos, trazendo-nos muita alegria e amenizando a saudade do meu pai. Eu já estava mais madura, e a experiência de ter o segundo filho foi bem mais tranquila. Sou grata por ser mãe; filhos são nossos tesouros mais preciosos. Amo-os de todo o meu coração, e eu e meu marido fazemos tudo o que está ao nosso alcance para lhes proporcionar uma boa educação, buscando que estejam felizes e realizados.

Meu marido me apoiou para que eu assumisse a gerência da agência, mais viagens, reuniões, treinamentos e encontros, que reconheciam os destaques no cumprimento de metas. Em 2011, com 22 anos de banco, assumi a agência de Fraiburgo, como Gerente Titular. Mais uma situação desafiante. Foi o reconhecimento do trabalho. Minhas colegas me inspiraram a assumir essa responsabilidade, uma diretora e gerente regional, e me deram o exemplo de mulheres corajosas que assumiram cargos elevados em áreas tradicionalmente dominadas por homens. Aprendi muito com essas experiências e valorizei a oportunidade.

No ano seguinte, o Matteus decidiu fazer intercâmbio nos Estados Unidos e cursar o *High School* em uma pequena cidade próxima de Oklahoma. Foram 11 meses longe do filho, a primeira vez, o ninho vazio em casa. Foram longos e difíceis meses, com pouco contato. Só tínhamos notícias por mensagem e, às vezes, por fotos no Facebook. A cada 15 dias, falávamos via Skype. Aos poucos, nos acostumamos. Em 2013, eu, meu marido, o Tiago e minha mãe, viajamos para Los Angeles para buscá-lo; foi nossa primeira viagem internacional. Foi emocionante reencontrar meu filho, então com 18 anos. Meu pai falava que ele era "um cara legal". Compus uma música para sua chegada. Aproveitamos para conhecer a Universal Studios, em Nova York, New Jersey. Um sonho realizado. Assistimos a um show na Broadway, o musical *Annie*, conhecido pela canção "Tomorrow", com Lilla Crawford. Foram dias incríveis e realizar esse sonho foi inesquecível.

Quando o Matteus voltou do intercâmbio, ficou em Curitiba, para fazer cursinho. Com determinação, passou no vestibular para a Faculdade de Medicina da PUC, em 2016.

Meu marido trabalhou na empresa de maçãs por 29 anos. Com a erradicação dos pomares, em 2015, a empresa teve problemas financeiros e foi vendida a um grupo de investidores. Meu marido foi demitido e passou a trabalhar na loja de peças do meu cunhado, e seguimos os planos para viabilizar a faculdade do Matteus.

Em 2015, surgiu o boato sobre a venda do HSBC. Em 1º de julho de 2016, a venda foi concretizada e, em outubro, o banco foi incorporado pelo Bradesco. A adaptação foi difícil e, em agosto de 2017, fui informada que teria que sair, pois eu já estava aposentada e o banco estava lançando o plano de demissão voluntária (PDV). Era a primeira vez que um banco particular fazia isso. O acerto de contas ajudou a reestruturar a nossa vida financeira, mas vieram muitas emoções, lembranças e mudanças.

Minha irmã, Lucy Mari, tem um Escritório de Advocacia na cidade e precisava de alguém para estruturar o departamento financeiro. Assim, ela me fez uma proposta e iniciei dia 3 de outubro de 2017. Ela reconheceu o meu trabalho, e temos uma excelente parceria. Sou grata por continuar minhas atividades.

Em 2015, fui convidada pelo Governador do Distrito 4740 do Rotary Internacional a formar um grupo de amigos para dar continuidade ao clube em Fraiburgo, fundado em 1978, do qual eu e minha irmã Lucy Mari fomos sócias-fundadoras do programa Interact, entre 1985 e 1987, para ser presidente do clube. Aceitei o convite, assumi a presidência do clube, que é destaque no Distrito pelos projetos e serviços prestados à comunidade de Fraiburgo.

Em 2017, eu e meus irmãos, Lucy Mari e Júnior, participamos da Convenção Internacional, em Atlanta, Georgia, EUA. Foi uma experiência incrível. Somente assim conseguimos entender a magnitude do Rotary. Participamos da palestra de Bill Gates, que falou por mais de 30 minutos sobre a erradicação da pólio e o trabalho da Fundação Bill e Melinda Gates. Eles são os maiores doadores do mundo para esse fim. Uma experiência como essa amplia nossa visão de mundo.

Em janeiro de 2023, o sonho da formatura de Medicina do Matteus se concretizou. Foi a maior conquista dele e de nossa família. Formar um filho em uma universidade não é uma tarefa fácil, mas conseguimos superar essa etapa, e, para nós, como pais, é uma missão cumprida. Apesar das dificuldades, alcançamos essa realização. A formatura foi maravilhosa, com três dias de celebração e festa. Foi perfeita, linda e emocionante, um momento memorável, que ficará marcado para sempre em nossos corações.

Hoje, o Matteus continua seus estudos, fazendo uma especialização em Medicina Estética, e segue realizando plantões em dois hospitais de Curitiba. Assim, ele vai trilhando sua jornada, com mais responsabilidades e desafios.

Nosso filho Tiago fez seu intercâmbio em 2024, no Canadá, passando 140 dias em Vancouver para estudar e trabalhar. Meu coração estava partido; senti a mesma sensação de "ninho vazio" que tive quando o Matteus foi. Damos asas aos filhos e eles voam, o que é difícil, mas é a maior prova de amor que podemos dar a eles: deixá-los seguir seus sonhos e apoiar suas decisões. Tiago decidiu voltar ao Brasil, pois não conseguiu trabalho, o que inviabilizou o programa. Atualmente está cursando Ciências da Computação na PUC-PR. Apoiamos sua decisão e hoje vemos que foi o melhor para ele e para toda a família.

Nossa cachorrinha Vicky, que estava doente e tinha 14 anos, nos deixou no final de outubro. Ficaram muitas lembranças, e ela nos deixou um presente: um pingente de resina com seus pelos. Era minha companheira, e foi muito triste ficar sem ela.

No final de novembro, meu sogro também faleceu. Precisamos aprender com tudo isso, mas somos gratos pelos muitos momentos felizes que vivemos com nossos familiares.

O verão de 2025 foi especial para nossa família, pois realizamos mais um sonho: passar as férias em nosso apartamento na praia de Itapema, que está mobiliado. Meu marido se empenhou e concluímos mais essa etapa. Curtimos e usufruímos essa temporada.

Sonhar é o primeiro passo para transformar o impossível em realidade. Acreditar é o que nos move além dos limites, porque os maiores feitos da humanidade começaram com alguém que ousou acreditar no que ainda não existia. Seja essa pessoa.

E, assim, minha vida segue, em seu infinito movimento, deixando um legado e contribuindo para a realização de sonhos e propósitos de vida.

22

HERDEIRA DE FÉ

Atualmente, contamos com inúmeras facilidades de locomoção, além de diversas formas e oportunidades para a ampliação do conhecimento. Há uma ampla oferta de recursos que favorecem o processo de ensino-aprendizagem, diferentemente do passado, em que o acesso às fontes indicadas pelos professores – como livros, enciclopédias, coleções, revistas, jornais e pesquisas de campo – era restrito e exigia grande dedicação. No entanto, para que o conhecimento se concretize, é essencial querer, buscar e agir de forma propositiva em direção à própria realização.

MARIA JULIO CAVAGNOLI

Maria Julio Cavagnoli

Quarta filha entre dez irmãos, filhos do casal Olímpio Garbin e Dileta Lovera Garbin. Nasceu na Linha 15 de Evangelista, em Guaporé/RS, no dia 25 de outubro de 1945, logo após o término da Segunda Guerra Mundial. Viveu sua primeira infância ao lado de seus pais e irmãos, nas proximidades da residência dos avós paternos, Angelo Garbin e Bárbara Formagini. É herdeira da fé católica, tradição que recebeu de seus pais e dos padrinhos de batismo, Angelim e Maria Goubert. Foi crismada aos cinco meses de idade pelo bispo Dom João Becher, de Porto Alegre/RS, e, ao longo do tempo, aprofundou sua espiritualidade no Colégio Dom Feliciano, em Gravataí. Participava regularmente da Santa Missa, rezava o terço na escola e com a família, além de integrar estudos bíblicos e cursos vocacionais promovidos pela Diocese de Chapecó. Atuou como catequista da Primeira Eucaristia e da Crisma, e exerce atualmente a função de secretária das Zeladoras das Capelinhas de Nossa Senhora, que visitam as famílias. Também é secretária do Grupo do Apostolado da Oração ao Sagrado Coração de Jesus. Participou duas vezes das pastorais da Paróquia Senhor Bom Jesus da Coluna e, atualmente, coordena os Grupos de Reflexão do Centro de Xanxerê/SC. Ama a vida e tudo aquilo que está em conformidade com as normas de Deus, estabelecidas para o nosso bem. Gostaria que todos também a amassem e as praticassem.

Contatos
mariajc2011@live.com
Rede social: mariajuliocavagnoli
49 99959 1709

Influência recebida da família

Minha primeira casa era ampla e bonita, construída em madeira, com estilo colonial. Vivi minha primeira infância ao lado de meus pais, irmãos, parentes e vizinhos da comunidade Santo Antônio. Naquele ambiente, convivíamos com a natureza e colhíamos diversas frutas diretamente das árvores: laranjeiras, bergamoteiras, figueiras, pereiras, limeiras, pessegueiros, suzinheiras e parreirais de uva. Brincávamos de fazer churrasco, utilizando varinhas de vime – as mesmas empregadas na confecção de cestas – para espetar os alimentos.

A propriedade contava com cercado para o gado e vacas leiteiras, que forneciam leite, queijos, nata e puína. Havia também um chiqueiro com suínos, criados para a produção de banha, carne, torresmos e salames. O galinheiro era responsável pelo fornecimento de ovos e carne, ingredientes essenciais para a tradicional sopa da família. Um açude abrigava marrecos e peixes.

Naquela época, não existiam supermercados com produtos prontos; havia apenas casas comerciais com itens considerados essenciais, como ferramentas, panelas e chaleiras de ferro, além de utensílios domésticos. Tecidos eram comprados em fardos, utilizados na confecção de vestuário, roupas de cama, mesa e banho – quase sempre em algodão. A máquina de costura era um item central na organização do enxoval das meninas.

A base da alimentação também era sustentada pelo cultivo de milho, utilizado tanto para o preparo de espigas e polenta quanto para a ração dos animais. O trigo era moído para produzir a farinha usada no preparo de pães, massas, bolachas, cucas, bolos e bolinhos de chuva.

Além disso, cultivavam-se cereais como arroz, feijão e ervilhas. Na superfície do solo, colhiam-se frutas e hortaliças como melancias, melões, morangos, abóboras e pepinos. Já no subsolo, cultivavam-se mandioca, batata-inglesa, batata-doce, cebola, alho, cenoura e rabanete.

Nos anos cinquenta, em Chapecó/SC, a empresa Ernesto Bertaso promovia a venda de terras para atrair agricultores dispostos a desbravar e desenvolver a região. Meu pai e alguns vizinhos adquiriram uma área rural na linha Fortaleza, em Quilombo, embora ainda não houvesse estradas de acesso até o local. Diante dessa dificuldade, meu pai optou por comprar uma chácara a dois quilômetros da cidade, onde construiu a casa em que vivi minha segunda infância.

Segunda infância

Meus avós maternos já residiam em Quilombo, o que nos permitiu viver próximos a eles e à sua família. Guardo com carinho a lembrança das orações do terço em família, feitas de joelhos. Recordo também das histórias que meu avô lia e contava sobre as dificuldades enfrentadas durante a vinda ao Brasil e sobre a escassez de alimentos na época da carestia. Ele relatava que, em certos momentos, seis pessoas dividiam um único ovo. Essas memórias permanecem vivas, especialmente a história de Santa Luzia e a de outros mártires.

Nesse período, cursei o Ensino Primário (da 1ª à 4ª série) na Escola Desdobrada Jurema Savi Milanes, sem nenhuma reprovação. Fui alfabetizada pela professora Irfe Berlanda e, posteriormente, tive como professoras Lourdes Stefanello Lago e sua irmã, a diretora Ilda Stefanello Lago. Durante os ensaios para o desfile de 7 de setembro, recebíamos a orientação de soldados vindos de Palmas/PR, a pedido da escola, para nos ensinar os comandos de ordem e respeito aos símbolos nacionais: marchar! Alto! Direita, volver! Esquerda, volver! Cantávamos o Hino à Bandeira e o Hino Nacional Brasileiro com a mão no peito e em posição de respeito.

Adolescência: Gravataí/RS

Saí de casa para continuar meus estudos no Colégio Dom Feliciano, da Congregação do Imaculado Coração de Maria, acompanhada por minha tia, Ir. Elisa Lovera, irmã de minha mãe. Cursei o Ginásio Acadêmico, da 5ª à 8ª série, período em que também colaborávamos com as tarefas da cozinha, da capela e de outros serviços da escola, como forma de contribuição para a manutenção da instituição.

Ao final do curso, iniciei minha trajetória profissional como professora na Escola Santa Bárbara, localizada em Arroio dos Ratos/RS, vinculada à Congregação Filhas de Maria. Em 1966, alfabetizei 34 alunos, com 100% de aprovação – minha primeira experiência docente, marcada por grande felicidade. Fui incentivada, desde então, a seguir na profissão.

Nova experiência: Quilombo/SC

Durante as férias, a diretoria da Escola Estadual São José, localizada na Linha São José, tomou conhecimento da minha formação. Diante da falta de professores para as turmas da 1ª à 4ª série, recebi uma proposta para assumir a função – e aceitei. Conduzi os trabalhos escolares em ambos os turnos.

Naquela época, a professora exercia um papel fundamental na comunidade: além das atividades pedagógicas, era responsável pela documentação escolar, merenda, materiais e até pela limpeza do espaço. Nos fins de semana e em outros momentos, organizávamos encontros de fé, orações do terço, atividades esportivas e diversas visitas às famílias da comunidade.

Éramos unidos por uma causa comum: o bem-estar de todos. Foi um período marcado por grande dedicação, com permanência de três anos na função, até que Leonilda Barpi concluiu sua formação no Ginásio Normal. Durante esse tempo, residi em uma pensão na casa da família Klein – Alfonso, Maria e seus filhos Zeferino e Irma Klein – localizada em frente à escola.

No turno da manhã, atendíamos as turmas da 1ª e da 4ª série; no turno vespertino, as turmas da 2ª e da 3ª série. Fui nomeada para essa função por três anos, período em que obtive ótimo desempenho, ampla participação e bom relacionamento com a comunidade escolar – mais uma experiência vivida com alegria e realização.

Retomando os estudos: Chapecó/SC

No ano de 1970, o Colégio Bom Pastor oferecia habilitação para professores atuarem no 1º grau (Ensino Básico), especificamente nas classes da 1ª à 4ª série. Frequentei o curso durante um ano, no período matutino.

Nesse mesmo ano, o Governo Estadual adquiriu o Educandário Santa Maria Goretti para atender à crescente demanda por matrículas em Xanxerê, abrindo vagas para o curso normal no período noturno. Essa mudança favoreceu minha continuidade nos estudos, agora sob a direção das irmãs Ancila Possap e, posteriormente, Irmã Olga Peruzollo.

O Colégio Presidente Artur da Costa e Silva formou muitos professores para atender às demandas educacionais da região. Nessa época, residi em uma pensão na casa de Maria Cizotto, viúva, e de sua filha Antonia. Trabalhei nas proximidades, na malharia de Alzira Zaffari Herman, que posteriormente se transferiu para Porto Alegre (RS).

Em seguida, atuei na Lojas Renner, de propriedade de Rovilho e Lígia Bortoluzzi, além de oferecer aulas particulares até a conclusão do Curso Normal. Realizei o estágio probatório no próprio Colégio Costa e Silva, sob supervisão da professora de Didática, Cacilda Rabusk.

Também fui aprovada no vestibular para o curso de Pedagogia na Faculdade de Filosofia, Ciências e Letras de Palmas/PR. As aulas ocorriam aos finais de semana, e frequentar o curso foi um grande desafio, pois era a única instituição de ensino superior disponível na região. As dificuldades incluíam a longa distância, transporte precário, estradas de chão batido e o intenso frio. Célia, Neusa e eu íamos, muitas vezes, no Fusca do professor Iracy Tonello.

Quase sempre, o trajeto envolvia uma viagem de ônibus até Rincão, seguida pela troca de condução até a faculdade – percurso que, normalmente, levava cerca de três horas. No entanto, quando se tem vontade, nada parece ruim, difícil ou impossível.

Durante esse período, fui aprovada em concurso público do estado de Santa Catarina, conquistando uma das 320 vagas disponíveis. Classificada em 15º lugar, fui designada para o Colégio Hélio Lentes Puerta, em Bom Jesus, em que lecionei para a turma da 1ª série do Ensino Fundamental.

Concluí o estágio de dois anos, etapa que foi superada com êxito, sendo aprovada com sucesso. Retornei, então, ao Colégio Costa e Silva, no qual assumi a vaga do professor de História, João Colatto, que se transferiu para o estado do Mato Grosso. Passei a lecionar as disciplinas de Ciências, Geografia e Educação Artística para as turmas da 5ª à 8ª série. Em 1975, finalizei o curso de Pedagogia e permaneci atuando no Colégio Costa e Silva.

Pós-graduação

A Fundação de Ensino e Desenvolvimento do Oeste (FUNDESTE) ofereceu o curso de pós-graduação *lato sensu* em Orientação Educacional e Culturas. Trata-se da primeira turma da especialização, composta por 32 profissionais, a receber o certificado emitido pelo Centro de Projetos Educacionais e Culturais (CEPC) em conformidade com o Decreto Federal nº 72.846/72.

A cerimônia de entrega dos certificados ocorreu em 4 de dezembro de 1987. Na ocasião, realizei uma pesquisa bibliográfica intitulada *O papel do orientador educacional na escola, família e comunidade*, por meio da qual consultei 27 fontes públicas para levantar informações sobre a atuação e as especificidades técnicas desse profissional no contexto educacional.

Em uma escola de grande porte, cada profissional possui uma função específica, mas todos devem se preocupar com o bem-estar coletivo. O orientador educacional atua de forma interdisciplinar, contribuindo para a harmonia entre os diferentes segmentos escolares. Sua função é servir de suporte às boas práticas de ensino e aprendizagem.

Compete a esse profissional atuar em situações como deficiências observadas nos conselhos de classe, evasão escolar, atendimentos individuais e em grupo. Ele promove reflexões sobre temas como saúde, higiene, hábitos de estudo, e elabora questionários pedagógicos, buscando soluções para casos específicos – como o de Andrielli, que teve um desfecho positivo.

É essencial dar ênfase à função social da educação, compreendendo-a como matriz da coparticipação, da inclusão socioeconômica e do equilíbrio regional. A educação deve estar orientada para a construção do saber e para a valorização da cultura coletiva como fonte inesgotável de progresso no ambiente escolar. Nesse sentido, é fundamental envolver todos os agentes educacionais na implementação de uma prática pedagógica relevante, comprometida com a elevação cultural da população em geral.

Vida a dois e cerimonial

Anselmo Júlio Cavagnoli e eu, Maria Garbin, nos conhecemos em uma tarde de domingo. Nosso primeiro encontro aconteceu em um salão de festas localizado na rua Papa XXIII, que mais tarde deixou de existir devido a um incêndio de grandes proporções.

Aceitei o convite da colega Marly e fomos à danceteria Primeiro de Maio, para assistir ao show musical *Tamalusk*. Durante essa matinê, Anselmo me convidou para dançar – dançamos bastante e nos divertimos. Houve um despertar mútuo de interesse.

Na saída, ele quis me acompanhar até a pensão onde eu morava. A partir daí, continuamos a nos encontrar aos domingos e após as aulas. Com o tempo, fomos nos conhecendo melhor e fortalecendo nosso vínculo. Após dois anos de namoro, veio a decisão: vamos nos casar? O "sim" abriu espaço para a próxima pergunta: onde? E quando? Com o consentimento de nossos pais, a cerimônia seguiu o costume da época: a festa foi realizada na casa da noiva.

Na manhã do dia 8 de setembro de 1973, no cartório do escrivão Onorio Romano Alberti, foi assinada, por nós e pelos padrinhos, a certidão de nossa união conjugal. Na Igreja Santa Inês, em Quilombo, foi preparado um valioso cerimonial: o matrimônio de Anselmo e Maria, celebrado na presença de nossos pais, padrinhos, familiares e convidados.

A cerimônia foi conduzida pelo padre Santo Guerra, que nos honrou com uma homilia especial e sua bênção sacerdotal. O ambiente foi preenchido por belas melodias, e a comemoração contou com um delicioso churrasco, acompanhado de pratos típicos, salgados, doces e bebidas.

No meio da tarde, o bolo decorado foi cortado e servido, seguido pelos tradicionais parabéns, abraços e despedidas. A lua de mel aconteceu em Chapecó, em um hotel próximo à antiga rodoviária, marcando o início de nossa vida a dois – uma entrega plena, bem-sucedida, nos braços do amor.

Nosso novo lar foi na casa da mãe de Anselmo, a viúva Ignes – uma sogra muito querida – com o auxílio da dedicada serviçal Odila. Juntas, elas nos ajudaram a cuidar de nossos três filhos. Residimos com a sogra e a sua filha Rita até a década de 1980, em um ambiente muito confortável.

Nesse período, construímos nossa própria residência, bem próxima dali, em um lote herdado dos pais de Anselmo. Estabelecemo-nos nesse novo lar, onde permanecemos até hoje. Ao lado, no Edifício 360, residem nossas filhas Gilvana e Gilmara; já Fernando, o mais novo, mora no térreo da nossa casa, o que nos permite estarmos próximos e seguirmos juntos para o trabalho de campo: Anselmo dedica-se à criação de gado, enquanto Fernando atua na criação de cavalos.

Já completamos 51 anos de vida conjugal. Comemoramos nossas bodas de ouro juntamente com as bodas de prata de Gilvana e Sandro. Foi uma festa memorável, realizada na casa do chef, e representou uma grande bênção para nossa família e convidados. O cerimonial foi celebrado pelo padre Marlon, que nos presenteou com palavras especiais.

Apesar de nossas diferenças e dos momentos desafiadores, a "casa" não caiu. Fomos temperando a convivência com paciência e pequenas doses de amor. Continuamos a amar a vida que herdamos e que nos foi confiada. Houve momentos de alegria e também de tristeza, saúde e também de doença – e em todos eles permanecemos fiéis à missão de ser família. O mais importante é agir sempre com justiça e sinceridade na vida a dois. O maior sentimento que guardamos é a gratidão – por tudo!

Expectativas e desejos

Espero que minha vida familiar e comunitária continue forte, unida, feliz e sempre capaz de superar os desafios com paciência e amor. Que meus contatos sejam sábios e agradáveis, e que as amizades se revelem verdadeiras maravilhas.

Desejo que todos os meus antepassados – pais, avós, sogros, cunhados, irmãos, sobrinhos, parentes, amigos, colegas, vizinhos e benfeitores falecidos – descansem na paz celestial do Senhor.

Que os familiares vivos sejam muito felizes, com saúde, paz e amor em suas vidas, e que seus sonhos se realizem plenamente. Aos meus filhos, desejo que cada um siga os caminhos do bem e da amizade. Que busquem realizar seus sonhos, mantendo sempre um coração generoso, cheio de amor pela vida. Que saibam preservar e levar adiante as tradições dos nossos antepassados.

Que todos sejam abençoados e protegidos por Nossa Senhora e por nosso Deus – Pai, Filho e Espírito Santo. Que ajam sempre com sabedoria em tudo o que fizerem, com a ajuda dos anjos de Deus. Aos genros e à nora, desejo que sejam como filhos amados: que saibam viver em paz e prosperidade, sempre sob as bênçãos do céu. Aos netos Alex e Maria, recém-casados, que vivam seu matrimônio com fé, sabedoria e as melhores decisões de um casal cristão.

Que o neto Lucas e sua namorada Mariana cresçam no verdadeiro amor a cada encontro, e que sejam muito felizes. Que minha neta Anita e seu namorado Eduardo escolham se conhecer com profundidade, apoiem-se mutuamente e busquem juntos sua formação e missão. Como diz a escritura: "Os justos alegram-se no Senhor e nele se refugiam". Que a glória recaia sobre todos os netos de coração puro. "Felizes os que são atraídos por Deus".

Que o neto José Anselmo aprenda com sabedoria as lições da vida. Que seja um neto querido, inteligente e educado com todos, conquistando muitas vitórias – além do tiro de laço. Que cuide bem de si, em sua saúde física e espiritual. Que seja feliz e sempre abençoado por nós e por Deus.

Senti-me muito feliz ao participar do *Livro das Mulheres Empreendedoras*, por convite de minha filha querida, Gilvana, que integra essa valiosa iniciativa. O lançamento da primeira edição foi um verdadeiro espetáculo em nossa cidade – um momento marcante e cheio de significado.

Finalizando esta reflexão, acredito que devemos alinhar nossos sonhos com o mundo real. "A fé sem obras é morta." Que pratiquemos atos com gratidão a cada passo dado, mantendo-nos atentas aos sinais que surgem pelo caminho. Que tenhamos coragem de embarcar sempre na direção da vida, que nos conduz a algo maior: à plenitude.

Se até aqui tudo deu certo, que possamos nos tornar melhores por onde passarmos. Afinal, não somos estátuas, mas passageiros – desde a chegada, passando pela estadia até a partida. Creio que há um prêmio, um tesouro no céu. Para encontrá-lo, é preciso seguir Jesus. Meu maior desejo é que todos possam encontrá-lo. Que o mundo inteiro alcance esse bem, e que estejamos sempre comprometidos em impedir a marginalização de nossos semelhantes.

Minha trajetória educacional começou nos anos 1950, quando frequentei o curso primário – do 1º ao 4º ano – na Escola Jurema Savi Milanes, em Quilombo/SC. Guardo boas lembranças desse período, que foi fundamental para minha formação inicial.

Depois, dei continuidade aos estudos no Colégio Dom Feliciano, em Gravataí, no Rio Grande do Sul, onde cursei do 5º ao 8º ano, o chamado 1º grau na época. Foi um curso acadêmico que ampliou bastante meu olhar sobre o mundo e me despertou ainda mais para a importância da educação.

Segui então para o 2º grau, o curso Normal, voltado à formação de professores. Durante três anos, tive a oportunidade de fazer estágios práticos que me prepararam para a sala de aula. Estudei no Colégio Bom Pastor e também no Colégio Presidente Arthur da Costa e Silva. Essa etapa foi decisiva na construção da minha identidade profissional como educadora.

Mais tarde, ingressei no Ensino Superior. Cursei Pedagogia por três anos na Faculdade de Filosofia, Ciências e Letras, em Palmas/PR. Foi um grande desafio, mas também uma conquista muito significativa, especialmente considerando as condições de deslocamento da época, longas viagens, estradas de chão e o frio intenso. Ainda assim, com persistência e apoio, consegui concluir mais essa etapa da minha vida.

Depois disso, senti o desejo de me especializar ainda mais. Fiz pós-graduação *lato sensu* em Orientação Educacional pela Fundação do Ensino e Desenvolvimento do Oeste (FUNDESTE), em Chapecó/SC. Essa formação me trouxe uma nova perspectiva sobre o papel do educador na escola, na família e na comunidade.

Além disso, ao longo da minha trajetória, participei de muitos cursos de formação continuada. Em uma de minhas pesquisas, elaborei 11 bibliografias citadas e consultei 27 fontes públicas, um trabalho intenso e muito enriquecedor.

Atuação

Alfabetizei 34 alunos na Escola Santa Bárbara, no período vespertino, em Arroio dos Ratos (RS), durante um ano. Lecionei em dois turnos, da 1ª à 4ª série, por três anos, na Escola São José, em Quilombo/SC.

Realizei estágio remunerado por dois anos na Escola Hélio Lentes Puerta, em Bom Jesus. Atuei como professora de Educação Artística e como Orientadora Educacional no Colégio Joaquim Nabuco. Também lecionei História, Ciências e Geografia nas séries do 1º grau no Colégio Costa e Silva.

Fui Orientadora Educacional no Colégio Iracy Tonello por um ano, e, nos últimos anos da minha carreira, exerci essa mesma função no Colégio Estadual Presidente Artur da Costa e Silva, onde completei 30 anos de serviço público.

Se pudesse voltar no tempo, faria tudo novamente. Após essa longa jornada, decidi cuidar de mim e dedicar-me integralmente à família – pais, esposo, filhos e netos – sendo um suporte constante, seguindo nos passos da fé e da missão de ser mãe, esposa, sogra e avó. Um desafio superado, porém contínuo.

Tradição de fé

Esta oração era rezada em italiano, com devoção, por Dileta Garbin, minha mãe, que a transmitiu como um tesouro de fé e gratidão. Hoje, sua bisneta, Anita Botta, aprendeu comigo, e a recita com o mesmo amor, mantendo viva essa tradição que atravessa gerações. Uma herança de fé que une o passado ao presente, com palavras que tocam a alma e continuam a ecoar nos corações da família.

Oração:

Amado Deus
obrigado por ter me dado
este lindo dia. Dê-me a
graça de ter esta linda noite
Agradeço senhor
pela saúde da alma e do
corpo. Louvado seja Jesus
Cristo! Que ele sempre seja
louvado!

Oração em italiano:

Amato Dio, ti ringrazio per
avermi dato questa bella
giornata.
Dammi la grazia di fare
questa bella notte. Ti
ringrazio signore per la
salute dell'anima e del
corpo. Sia lodato Gesù
Cristo! Sia sempre lodato!

23

ESCOLHAS, ADAPTAÇÃO E DOAÇÃO

TUDO NO SEU TEMPO CERTO

Costumo dizer que a vida tem as suas fases e etapas que vão se desenrolando conforme os acontecimentos e os imprevistos de situações e surpresas, tanto das coisas boas quanto das que não gostaríamos que acontecessem. Mas a principal questão disso tudo é saber como lidar, adaptar-se e aceitar para tornar tudo mais leve, sem medo de sofrer.

MARILIA DE FATIMA NORA BONI

Marilia de Fatima Nora Boni

Empresária no ramo do agronegócio, atua como Diretora Financeira da Agriter Agronegócios. Residiu por 40 anos em Xanxerê e, desde 2003, está estabelecida em Balneário Camboriú. Possui formação em Técnico de Contabilidade, concluída no Colégio La Salle de Xanxerê, em 1980. Realizou curso aprofundado em computação, em 1998. Obteve certificado de proficiência em inglês pela Escola Fisk, em 1985, além de curso de espanhol. Em 2016, concluiu a formação com a Candida Master Coach (CMC). Acumula experiência no setor financeiro desde 1996. Filha de Eléscio Santin Nora (*in memorian*) e Tereza Olivia Nora, é casada com Luiz Alberto Boni, com quem tem duas filhas e três netas.

Contatos
marilianboni@gmail.com
Instagram: @marilia_boni
47 9625 6766

Sempre fui empreendedora e me lembro de ir procurar trabalho quando eu tinha 14 anos de idade, mas as oportunidades eram poucas naquela época. Minha mãe era costureira e eu a ajudava fazendo as bainhas e o overloque na mão, porque as máquinas de costura não tinham essa ferramenta naquele tempo. Ela era uma ótima costureira, se aperfeiçoou por correspondência pela Vogue SP e fazia até vestidos de noiva. Aprendi, com ela, a trabalhar cada detalhe com sofisticação e cuidado.

Em 1979, os meus pais, juntamente com um tio, abriram a Loja Estrela, na qual trabalhei por sete anos. Eu atuei como caixa, mas o que eu mais gostava era de fazer as vendas. Adorava vender os vestidos de noiva e também vestia as daminhas, os padrinhos e vendia todo o enxoval para a noiva.

Nesses sete anos de loja com os meus pais, posso dizer que eles conseguiram me transmitir o maior ensinamento e aprendizado para uma vida promissora, passando-me valores como ética, disciplina e o conhecimento de vida pessoal e profissional.

E, também, nessa época, que na loja certo dia apareceu na loja um moço alto e interessante, que foi para negociar a venda de um carro (Brasília da VW) com o meu pai, e logo me encantei por ele. Namoramos, noivamos e nos casamos em 1986, ano em que deixei de trabalhar na loja dos meus pais.

Logo tivemos a alegria e a bênção da vinda da nossa primeira filha, a Bruna, nossa pequena dos olhos e cabelinhos pretos, muito meiga, amorosa e com uma sensibilidade enorme e de uma personalidade forte e determinada, que se tornou uma grande artista e administradora de nossas empresas.

Quando a Bruna completou nove meses, tivemos uma notícia maravilhosa da nova gravidez, da Daniela. Aí nasceu aquela bebezinha de olhos azuis e pele branquinha, muito carinhosa, amável e prestativa, mas também de uma personalidade forte e decidida. Ela escolheu se formar em Comércio Exterior e ficar ao nosso lado, tornando-se, agora, uma grande administradora das nossas empresas.

Minha família é meu porto seguro, à qual me dedico muito. Gosto de apreciar cada dia, cada momento e todas as oportunidades de estarmos juntos. Permaneci por quatro anos em casa cuidando, dando toda a atenção necessária para as nossas filhas, até elas começarem a ir para o colégio e se tornarem mais independentes.

Então, eu e minha cunhada abrimos a nossa própria empresa, a loja Criativa, de aviamentos, brinquedos e confecção, e ali permaneci por alguns anos. Mas, com o passar do tempo, comecei a perceber que seria interessante ficar ao lado do meu marido para acompanhar nos negócios e ajudar na nossa empresa.

Assim, em 1996, passei pelo desafio de entrar em uma empresa familiar, na qual a cultura era de não colocar os seus cônjuges para trabalhar juntos. Foi, então, na falta da telefonista, que eu pensei: agora é a minha oportunidade, entrei e fiquei de telefonista até contratarmos outra.

Após isso, passei para o administrativo e, juntos, tínhamos o departamento de importação, no qual eu permaneci por um curto período até passar para o departamento financeiro, com o meu irmão, que já fazia parte do quadro de funcionários, e, nesse setor, eu me encontrei totalmente porque era disso que eu gostava de fato.

Logo após, o meu irmão saiu para montar o seu próprio negócio e, então, eu me vi sozinha no financeiro de uma empresa daquele porte. Durante a noite eu chegava a sonhar com os números ou alguma coisa que poderia ter dado errado no fechamento do fluxo de caixa dos bancos, mas a minha determinação era tanta que não me deixei abalar, fui em frente e venci cada um dos obstáculos que vieram à frente.

Passamos por crises, mas nunca vi meu marido se desanimar e baixar a cabeça. Ele tinha uma virtude de viver um dia de cada vez e foi isso que me fez admirá-lo a cada dia mais e foi essa a mensagem que levei para minha vida. O meu esposo viajava muito e precisava de mim para estar ali dando toda a atenção necessária para a nossa empresa. E sempre que era possível eu também o acompanhava nas viagens.

Muitas mudanças, crescimentos e implementações ocorreram nesses 29 anos de empresa. Demos a oportunidade para os nossos colaboradores de se aperfeiçoarem por meio de cursos, faculdades e pós-graduações. Temos o privilégio e a satisfação de poder ajudar muitas pessoas, ONGs e instituições de caridade. Hoje, eu sou a diretora financeira, e gerencio e administro os setores em geral.

Desistir ou persistir

Há dois momentos que guardo comigo, que lembro e fico pensativa, pois gostaria de ter aproveitado as oportunidades. Eu passei no vestibular para a faculdade de Direito, mas não iniciei, porque naquela época eu percebi que não teria o tempo necessário para me dedicar e estudar. Na minha percepção, melhor do que realizar um sonho de fazer a faculdade é ter a capacidade de fazê-la bem-feita para fazer valer a pena e, naquele momento, eu sabia que isso não seria possível.

Outro momento foi quando me preparei para ir para Londres me aperfeiçoar e fazer um curso intensivo de inglês. Porém, no mesmo dia em que cheguei lá, veio a triste notícia do acidente do meu cunhado, irmão do meu marido e que veio a falecer. Não tive dúvidas, e voltei para o Brasil porque sabia que era hora de estar ao lado do meu marido, confortando-o.

Nem tudo aconteceu como eu imaginava, mas, por algum motivo, não era para eu ter feito as escolhas que tive vontade. Tudo tem a sua hora certa. É também por causa das mudanças desses planos que, por algum motivo, cheguei aonde estou hoje.

Mas isso não impediu a realização de viagens ao exterior; eu adoro viajar, conhecer países e culturas diferentes. Alguns lugares me encantaram muito. A África do Sul pelo carisma das pessoas, uma culinária diferenciada e pelos safáris.

Israel, que é um país de um povo mais sofrido, porém cheio de esperanças e que me tocou o coração; me emocionei pelos caminhos que percorremos, os mesmos das passagens bíblicas que permanecerão vivos em minha mente. E o Japão, com a sua beleza espetacular, pessoas educadíssimas, pontuais e extremamente preocupados com a limpeza.

Convivências com privilégios

Cuidar é uma arte, eu gosto de servir os outros, é algo que me faz bem, ajuda o meu coração a ser feliz e me sinto realizada em contribuir com o bem-estar das pessoas. Meus sobrinhos e filhas dizem que em outra vida eu devo ter sido médica.

Quando era criança me lembro de ter ido parar algumas semanas nas casas de minhas tias para ajudar com as crianças. Quando uma tia saiu do hospital com a bebê recém-nascida, fui junto para a casa dela e até as roupinhas da bebê eu cuidava. Tivemos o prazer de ter vários familiares, tios e sobrinhos morando por alguns períodos com a nossa família.

Também tive o privilégio de ter meus sogros morando conosco por um período em que consegui cuidar deles e dar a atenção merecida. E cuidei do meu pai por 90 dias quando ele adoeceu, levei para minha casa para seu maior conforto, foram momentos de muita dor, até que seu dia de partir chegou.

Agora, estou tendo a graça de cuidar da minha mãezinha que mora comigo desde a partida de meu pai. De cada um desses cuidados que tenho o prazer de vir realizando, levo comigo aprendizados e um carinho imenso pela vida.

Se doar é ter compaixão

Compaixão é um dom de entender e acreditar na dor que não está em você, mas sim na pessoa que está bem à sua frente e querendo só um olhar carinhoso e uma palavra de conforto.

Tudo acontece no seu determinado tempo e não importa o quanto você leva para se adaptar a isso. Muitas coisas que eu não tive a capacidade de entender e digerir no meu passado hoje tenho entendimento e aceitação maior e compreendo o porquê de cada acontecimento e dificuldades que foram vividas.

Eu posso dizer que 30% da minha vida foi como sonhei ou imaginava, e os outros 70% foram acontecendo no decorrer dela, como o tempo quis, e isso não quer dizer que tenha sido ruim, ao contrário, foi até melhor do que eu imaginava. Mas, no meio do caminho, tive que mudar o meu jeito de pensar para me adaptar às situações e tudo foi se resolvendo da melhor maneira.

Tudo tem o momento certo para acontecer em nossas vidas mesmo que a gente não entenda e não aceite no devido tempo. Contudo, com o passar dos anos e com o nosso amadurecimento, vamos percebendo que, por algum motivo, precisou ser como foi. As nossas vidas são desenroladas por etapas e cabe a nós mesmos conseguirmos acompanhar e administrar o tempo da melhor maneira.

Por isso, agora, entendo melhor que, se nós dermos o lugar às prioridades, conseguiremos ter uma vida com excelência e mais bem aproveitada, fazendo tudo sem deixar de dar a atenção primordial para as principais causas de nossas vidas.

Priorizar

Quando saímos de Xanxerê, mesmo que deixando para trás os nossos familiares e amigos, era porque estávamos priorizando algo muito importante para a nossa família, que eram os estudos das nossas filhas.

Apesar de chegar numa cidade desconhecida e sem muitos amigos naquela época, foi uma fase muito linda porque nos unimos ainda mais e nos fortalecemos como família.

E outro motivo era para ficarmos mais próximos da nossa fábrica de fertilizantes, que na época era em Paranaguá, dos negócios em Curitiba e também conseguirmos administrar todas as nossas filiais e fazendas por meio da nossa matriz montada aqui em Balneário Camboriú/SC.

Unindo o profissional com a vida pessoal, mais tarde tive a alegria de conseguir trazer os meus pais para o litoral – considerados meu bem maior – e também oferecer a atenção devida a eles.

Partida e vínculos afetivos

As escolhas que fizemos não querem dizer que iremos nos desvincular totalmente de algo para seguir em outra direção, sem olhar para trás, ao contrário disso, iremos ter muitas saudades e as melhores recordações; e uma vontade enorme de estar retornando para matar a saudade assim que surgir uma oportunidade.

E assim foi quando nós saímos de Xanxerê para vir morar em Balneário Camboriú. Nós somos convidados em muitos eventos em Xanxerê e fizemos questão de estarmos presentes na maioria deles a não ser que por motivos maiores não conseguiremos. Os nossos familiares e nossos amigos sempre estiveram presentes em nossos corações.

Fé

Eu sou muito fiel a Deus, acredito que rezar e fazer os meus pedidos me fortalecem e, realmente, acredito que Ele me ouve, sou sempre muito grata a Ele. Não me apego a pensamentos negativos e superstições, sou bem decidida, sei o que quero e também quando não quero algo.

Penso que a negatividade não vem de outros, mas sim de si mesmo. Diante disso, anoto que o "antifrágil" está além da resiliência ou da robustez. O resiliente resiste às dificuldades e imprevistos da vida permanecendo igual, já o "antifrágil" tira proveito do caos, evoluindo para se tornar cada vez melhor (Taleb, 2020).

Referência

TALEB, N. B. *Antifrágil*: coisas que se beneficiam com o caos. Trad. Renato Marques. 1. ed. Rio de Janeiro: Objetiva, 2020.

24

A FELICIDADE PARA A NOSSA VIDA É MULTIPLICADA PELO NÚMERO DE PESSOAS QUE AJUDAMOS

Desde a mais tenra idade, sempre escutei dizer que "Deus não nos dá uma missão sem nos dar a capacidade de realizá-la". Eu relato aqui um pouco da minha história, e o que mais me aquece o coração é ver que tudo valeu a pena.

NELCI TEREZINHA RAMOS LEAL CARMIGNAN

Nelci Terezinha Ramos Leal Carmignan

É professora, com muito orgulho, porque sempre amou a sua profissão e sempre fez o seu melhor. Graduou-se em Letras (Português e Inglês, e, mais tarde, em Espanhol). Fez pós-graduação em Literaturas, além de cursos de aperfeiçoamento em Buenos Aires e nos Estados Unidos. Participou como coautora de *Diretrizes 3 – Organização da prática escolar na educação básica do Estado de Santa Catarina* e também do livro didático *Together*, do professor Eurides Rossetto. A motivação para ir em busca de novos aprendizados sempre foi a possibilidade de compartilhar esses conhecimentos com os demais. Hoje, é professora aposentada, mas nunca parou de trabalhar, de servir. A forma que segue compartilhando conhecimento, amor, dedicação e apoio aos demais é por meio do serviço voluntário, em que atua há mais de 40 anos.

Contatos
nelcica@hotmail.com
Instagram: @_nelcica

Nelci Terezinha Ramos Leal Carmignan

Viver é fazer a vida valer a pena

Nasci em Marmeleiro, uma cidade pequena no interior do Paraná. Nos momentos livres de folguedos da infância, deparava-me contemplando as nuvens e me intrigava com o movimento delas formando imagens. Muito cedo, percebi que na natureza nada é estático, tudo é movimento. Assim também é nossa vida. Minha história começa nesta cidade. Sou a sétima filha de nove irmãos. Meu pai, Aníbal Ribeiro Leal, sempre esteve à frente da sua época. Ele trabalhou no meio empresarial e, como um bom leitor, aprendeu a ser um pouco médico e veterinário para ajudar quem precisasse, já que, na época, não havia muitos recursos. Também foi intendente e delegado e, por muitas vezes, trazia as pessoas que se feriam em brigas para tratar seus ferimentos em nossa casa, quando não podiam pagar o hospital. Minha mãe, Florisbela Ramos Leal, dona de casa dedicada, como boa benzedeira, estava sempre ajudando as pessoas. Foi nesse meio que eu nasci e vivi a minha infância, vendo sempre meus pais ajudando os outros. Desde pequena manifestei meu instinto de voluntária e de professora. Lembro quando nossa professora saiu da sala por alguns minutos e, quando voltou, lá estava eu contando histórias da Bíblia para meus colegas, para que eles permanecessem em silêncio.

Com dez anos, sofri uma grande perda, o falecimento da minha irmã mais nova, a Margarida. Ao mesmo tempo que sofri com a separação, passei a ser a caçula da casa e então veio o sentimento de tristeza em ocupar o lugar que eu não queria estar.

Ainda muito jovem, com apenas 15 anos eu, terminando o Ensino Fundamental, fui morar com meus dois irmãos, Silvio e Nélson Leal, em

Pato Branco, para trabalhar como vendedora nas Lojas de Móveis Leal. Foi a vivência mais enriquecedora que tive na época. No colégio, eu me sentia um peixe fora d'água, sofria bullying, e meu maior desafio foi o de mostrar, com muito estudo, que eu não era uma "coloninha" como costumavam dizer para quem vinha das cidades menores. Com boas notas e meu espírito solidário, logo fui sendo incluída no novo cenário, participando inclusive do grêmio estudantil.

Já na faculdade, nosso desafio era o de irmos todos os dias, de ônibus, a Palmas/PR, 100 km de distância. Me licenciar em Letras foi uma bênção de Deus porque, como professora, eu me realizei profissionalmente e como ser humano.

Mesmo antes de me formar, iniciei minha carreira na Escola Estadual Castro Alves em Pato Branco, enfrentando novos desafios, mas com a ajuda das diretoras e das colegas superei meus medos, incertezas, e os venci com garra, muita determinação e comprometimento, que é a minha marca. Em 1980, me formei e ainda terminei o curso do Magistério.

Em 1982, casei-me com Jandir Luiz Carmignan e novamente enfrentei outro desafio, que foi o de fazer o inverso, ir morar numa cidade menor, agora em Faxinal dos Guedes/SC. No ano seguinte, comecei a lecionar na Escola Estadual Professor Salustiano Antônio Cabreira, mais tarde lecionei na Escola Alexandre Antonioli e Tertuliano Turibio de Lemos em Faxinal dos Guedes, e também em Xanxerê, onde me efetivei, e em Vargeão.

No magistério, o professor exerce seu espírito de voluntariado constantemente, porque, muito além de dar aulas, também exerce o papel de conselheiro, de psicólogo, de enfermeiro, além de, muitas vezes, fazer o papel de pai e mãe de seus alunos. Na época que lecionei, os professores faziam muitos trabalhos extras em casa. E, para a disciplina de Inglês, não nos era fornecido o material, o professor tinha que arcar com tudo o que era usado para dar suas aulas, além dos cursos de aperfeiçoamento. Ser professor, anos atrás, era um verdadeiro sacerdócio.

Como a cidade de Faxinal dos Guedes era pequena, as pessoas que se propunham a colaborar na comunidade como voluntários eram quase sempre as mesmas e eu sempre me coloquei à disposição, trabalhando em clube de mães, diretorias de Associação de Pais e Professores, do Conselho Paroquial, da APAE, da Casa da Criança, Diretora de Escola, Lions Clube, Associação dos Idosos e também organizei o Grupo das Professoras Aposentadas e o Grupo ELLAS de Apoio às Mulheres com Câncer. E foi assim que o voluntariado se firmou na minha vida.

Sempre repetia para mim mesma e para os amigos que não deveríamos passar por esta vida sem deixar uma marca e esse era o meu incentivo maior a fazer algo.

A aposentadoria, que no início gerou um certo desconforto, aquela sensação de estar excedente, sem um lugar específico de atuação, me levou a dar aulas particulares de Inglês, e também foi a mola propulsora que me desafiou a buscar novos voos.

A vida é um ciclo de mudanças. As árvores florescem e perdem suas folhas, as noites terminam e começam os dias, as nuvens estão em constante movimento. Somos parte disso, com tempo certo para ficar, e nesse processo devemos deixar marcas para serem lembradas. Então essas certezas me fizeram prosseguir rumo ao voluntariado e eu sentia a necessidade de criar algo que se transformasse em verdadeiro ponto de apoio, de encontro e de ajuda efetiva para as pessoas. São tantos os campos e as situações, mas uma em específico me animou, me fez acreditar que eu seria capaz de investir meu tempo, meus conhecimentos, minha capacidade e o poder de ação para ir além do óbvio.

Foi então que eu conheci a Rede Feminina de Combate ao Câncer de Xanxerê e a presidente, dra. Rita Pessali, me incentivou e me propôs uma parceria, com sua equipe, dando-me toda assistência necessária para iniciar um grupo de trabalho em Faxinal dos Guedes. A vontade de servir falou mais alto e seria a realização de um sonho: poder trabalhar pelas pessoas que mais precisavam: as mulheres acometidas pelo câncer, que aumenta muito em nossa cidade. Eu me propus a criar o grupo para apoiar e acolher essas mulheres. Assim, convidei algumas professoras, também aposentadas, para iniciarmos nosso trabalho. No início, algumas pessoas tentaram me desmotivar dizendo que eu sabia que trabalhar com pessoas era difícil, mas eu persisti. Depois, com o apoio de algumas amigas, iniciamos uns convites a outras mulheres que se engajaram como voluntárias. Foi assim que, em 17 de outubro de 2016, nasceu o Grupo ELLAS – Grupo de Apoio às Mulheres com Câncer de Faxinal dos Guedes. Foi a concretização de um sonho.

O objetivo maior do grupo era o de dar apoio e acolhimento às mulheres, para aumentar a autoestima, já que elas se sentem fragilizadas quando são acometidas pelo câncer e o de promover melhorias da saúde e bem-estar como também o suporte material.

Por três anos atuei como presidente. Nesse tempo, apesar dos inúmeros desafios, muitas atividades foram realizadas, incluindo o título de Entidade

Filantrópica Municipal. Atualmente, continuam sendo realizados os encontros mensais com profissionais da saúde, oficinas, inúmeras palestras nas igrejas, escolas e empresas, entrevistas para a rádio, além do suporte financeiro para medicamentos, fraldas e alimentos para as vitoriosas, entre outras atividades.

Numa das entrevistas, me perguntaram por que eu desejei criar o Grupo ELLAS. A minha resposta foi: "Porque eu recebi tanto de Deus. Tenho uma família, dois filhos maravilhosos, Isabela Leal Carmignan e Dionísio Carmignan Neto, e também saúde para que eu trabalhasse com amor e dedicação. Assim, também obtive minha aposentadoria, e me senti na obrigação de retribuir um pouco e o trabalho voluntário foi uma maneira de demonstrar minha gratidão".

Como a vida nos leva a constantes mudanças, tenho passado a maior parte do tempo no litoral, sempre me preocupando em não parar, não deixar meu tempo livre sem um objetivo de bem comum. Hoje, também sou voluntária na Rede Feminina de Combate ao Câncer de Balneário Camboriú (RFCC). Sinto que muitas pessoas precisam de acolhimento para se sentirem motivadas a seguir em frente e é muito gratificante poder ajudar.

Assim, a missão de servir está inculcada em meu ser. Entendo que há uma força maior quando abraçamos, quando saímos de nós, somos imediatamente agraciados com o sentimento de gratidão. E viver é todo dia agradecer.

Mas as nuvens continuam seus movimentos e eu sentia que precisava de algo mais, então fui buscar na espiritualidade uma paz que desejava ter. Fiz muitos cursos, participei de vários ensinamentos e hoje tenho a certeza de que não foi por mero acaso, que tudo o que vivi e o que vivo já estava escrito. Quando eu cuido de mim, sou capaz de cuidar melhor dos outros.

Gratidão a todas as pessoas, coisas e fatos

Tudo é lei do retorno. Fazer o bem aos outros é também fazer o bem para si mesmo. Imagine você viver o amanhã com aquilo que você agradeceu hoje. Como seria seu dia, sua vida amanhã? Qual é o legado que você quer deixar na vida das pessoas e deste mundo?

Se há um fato inegável é o de que você está vivo e isso se deve a uma incontestável quantidade de pessoas, coisas e fatos, especialmente seus pais, que, manifestando o amor de Deus, possibilitaram o seu nascimento neste mundo. Agradeça a Deus em forma de ações que retribuam o benefício recebido. Isso pode ser feito, por exemplo, exercendo alguma atividade de voluntariado, além de agradecer a tudo e a todos, todos os dias, horas e lugares.

E aqui, eu quero registrar alguns agradecimentos. Primeiro, a Deus e aos antepassados por terem me dado a oportunidade de viver esta vida. Aos meus pais e meus irmãos, que me receberam quando nasci e me educaram com amor, seguindo os valores e princípios morais; ao Jandir, por ter me dado dois filhos maravilhosos e por compartilhar nossa vida; aos colegas de profissão; aos meus alunos e aos pais dos alunos; aos meus compadres e afilhados; ao incentivo da minha filha Isabela e minha amiga Jane Lazzari neste livro, aos amigos que conquistei nessa jornada; à Irene Sá, pela oportunidade de participar desse projeto e a todos que passaram pela vida de nossa família. Por fim, agradeço a todas as pessoas que me deram a oportunidade de poder ajudar, aprender com tantas histórias incríveis e sempre voltar para casa com o coração aquecido. Gratidão a todos.

O amor é uma das raras coisas que, quanto mais você dá, mais você tem, e ajudar o outro é uma forma genuína de oferecer amor

Para que valorizemos a nossa vida é necessário que vejamos nosso irmão como um filho de Deus, como a si mesmo, oferecendo amor, tendo empatia com as dores do outro.

Com essa visão, de que eu posso contribuir para um mundo melhor, começando ao meu redor, é que passei a sentir mais paz no coração.

Assim, continuo como as nuvens, sigo a vida com a força vital dos exemplos da natureza e de Deus, busco deixar na vida uma marca positiva. Que meus movimentos continuem me impulsionando para o encontro de objetivos maiores. Este é meu desejo e meu mantra de vida.

A importância do voluntariado

Dedique seu tempo ao que faz sua alma feliz

Poucas pessoas convivem tanto com momentos marcantes quanto os voluntários. As ações trazem transformação, esperança e uma atitude positiva que marca a vida de todos os envolvidos. Quem mais ganha é quem doa seu tempo, seu trabalho, seu amor. É muito gratificante. Os feedbacks que se recebe são extraordinários. Além disso, fatores que os voluntários sentem ao praticar o bem, como a felicidade, são biologicamente explicados. Durante todo esse processo de doação, acontece a liberação de hormônios, como, por exemplo, a ocitocina, que é o hormônio do bem-estar e da alegria, que induz no organismo a sensação de prazer ao cooperar.

Muitas pessoas dizem que não têm tempo para ser voluntários, mas quem já atuou em uma ação voluntária sabe o quão gratificante e o quanto faz bem para a alma. Para ser voluntário é importante estar preparado para embarcar numa jornada de autoconhecimento e de estreitar o relacionamento com Deus. Então, fica o conselho: dedique seu tempo ao que faz sua alma feliz. Dedique-se ao voluntariado!

Coisas incríveis nunca vêm na sua zona de conforto

Durante o trabalho voluntário, especialmente ao escolher uma área que se distancia muito da sua zona de conforto, você tem a chance de expandir seus conhecimentos e aprender com pessoas e realidades diferentes. Quando trabalhamos em uma ação voluntária, é comum nos depararmos com histórias de abandono, doenças ou outras situações que nos deixam comovidos. Mas não se deixe abalar por isso: o passado já aconteceu e deve ser respeitado, mas o futuro você poderá ajudar a criar de uma forma totalmente diferente.

No voluntariado, é comum trabalharmos com poucos recursos, sejam eles financeiros ou materiais. Muitas vezes, as coisas não caminham como a gente deseja. Então, o que faz a diferença é não desanimar e sempre seguir em frente porque a recompensa é incrível.

Treine sua mente para ver o bem em tudo

Mesmo a pior das situações tem algo que pode ser positivo. Saiba identificar estas coisas e aproveitá-las ao máximo para ganhar energia e estimular também os outros voluntários. Todos os envolvidos são beneficiados, tanto quem doa quanto quem recebe. Afinal, ajudando ao próximo com suas necessidades, ajudamos a nós mesmos.

Quem pode fazer um trabalho voluntário?

Independentemente da sua ocupação, qualquer pessoa com motivação, comprometimento e tempo disponível para se dedicar pode realizá-lo. Não há pré-requisitos ou necessidade de conhecimentos técnicos para fazer o bem em prol da sociedade. Para isso, basta o desejo de cooperar e dedicar o seu tempo às causas.

O voluntariado é uma oportunidade excepcional para a prática do bem e da solidariedade

O trabalho voluntário é uma via de mão dupla, onde quem doa também recebe. Esse tipo de experiência gera um grande desenvolvimento pessoal. Trata-se de um processo de sensibilização e compreensão de problemas sociais que exercita a prática da empatia. Em contato com diferentes realidades, inevitavelmente é desenvolvida a sua capacidade de compreender a dor do outro e desenvolver qualidades genuínas.

Seu sonho pode se tornar real quando há motivação e decisão

Agora que você compreende o conceito do voluntariado, sua importância, os benefícios da prática, encontre os meios e as organizações mais próximas que podem abrir as portas para você, e dê o primeiro passo. Com certeza, muitas bênçãos virão em retribuição.

A realização pessoal não é apenas ser feliz, mas acontece quando você consegue deixar a vida do outro mais feliz, porque significa que você realmente aprendeu o caminho para a felicidade.

25

DAS RAÍZES DA ROÇA À LIDERANÇA INSPIRADORA

Minha trajetória é tecida por sonhos, superação e entrega. Cresci em uma comunidade rural de Santa Catarina, onde aprendi que trabalho e determinação são sementes que florescem quando regadas com fé. Segui minha vocação e encontrei no serviço pastoral e social a realização dos meus ideais. Na gestão hospitalar, lidero o Hospital Regional São Paulo (HRSP) e a Federação de Hospitais e Entidades Filantrópicas de Santa Catarina (FHESC), enfrentando desafios e celebrando conquistas, sempre firme na missão de servir e cuidar.

NEUSA LUCIO LUIZ

Neusa Lucio Luiz

Religiosa das Irmãs Franciscanas Missionárias de Maria Auxiliadora. Diretora Geral do Hospital Regional São Paulo (HRSP) desde 2004. Presidente da Federação de Hospitais e Entidades Filantrópicas de Santa Catarina (FHESC) e membro do Conselho da Confederação das Misericórdias do Brasil desde 2020. Graduada em Filosofia e Administração, especialista em Gestão Hospitalar e Bioética. Atua na saúde filantrópica, unindo ética e espiritualidade à gestão, além de articular políticas e parcerias para sustentabilidade.

Contatos
irneusa28@gmail.com
Instagram: @irneusa
49 99116 6364

Raízes de amor e trabalho

Nasci em uma pequena comunidade do interior de Santa Catarina, em um lar simples, mas repleto de amor, sustentado pelo trabalho árduo na roça. Sou a terceira de cinco filhos – três homens e duas mulheres – e, como filha mais velha entre as meninas, assumi desde cedo responsabilidades que moldaram minha trajetória.

A vida no campo, embora repleta de desafios, foi também uma escola de valores, em que cada dificuldade era vencida com fé e resiliência. Mesmo após um dia exaustivo de trabalho, nunca deixávamos de nos ajoelhar todas as noites para rezar o terço, pedindo a intercessão de Nossa Senhora e agradecendo a bondade de Deus.

Meu pai, homem de fé inabalável, amor imenso e paciência inesgotável, sempre foi – e, aos 85 anos, continua sendo – um exemplo de esperança e serenidade. Ele nos ensinou que a vida é como a lavoura: devemos fazer nossa parte com esforço e dedicação, mas é preciso confiar no tempo de Deus para a colheita. Sua frase, repetida após cada plantio – "Fizemos a nossa parte, agora entregamos a Deus. Ele fará a sua." – marcou minha vida e me ensinou o valor da fé, da paciência e da esperança, mesmo nas piores circunstâncias.

Além do inestimável exemplo do meu pai, minha mãe foi outra grande referência em minha formação. Aos 80 anos, continua sendo a grande líder da nossa família. Durante minha infância, enfrentou crises severas de bronquite asmática, que frequentemente a levavam às internações hospitalares. Mas, tão logo se recuperava, voltava à lavoura, lado a lado com meu pai, para garantir o sustento da família.

Diante dessa realidade, precisou delegar tarefas, e desde cedo me confiou o cuidado da casa e dos meus dois irmãos mais novos. Esse encargo moldou minha personalidade, despertando em mim a capacidade de tomar decisões, organizar afazeres e cuidar dos outros com responsabilidade, amor e atenção.

O despertar para a vocação religiosa

Desde pequena, nutria uma imensa paixão pelos estudos. Concluí a 4ª série primária e tive que parar por aí. Estudar além da Escola Isolada da minha comunidade parecia um sonho inalcançável. A cidade ficava a 6 km de distância, com estradas de difícil acesso, e a necessidade de ajudar em casa tornava a continuidade dos estudos praticamente impossível, além da concepção "estudar para quê?", pois a vida da mulher se reduzia em trabalhar, cuidar da casa e gerar filhos.

Mesmo assim, minha sede de conhecimento me fazia buscar qualquer oportunidade para aprender. Eu parava os afazeres da casa para ler qualquer pedaço de papel escrito que encontrava e aproveitava os cadernos e livros de minha irmã, que teve a chance de continuar seus estudos. Porém, esse não era o sonho dela. Após um tempo, ela desistiu, gerando em mim a frustração por não ter tido essa oportunidade. Apesar dos obstáculos, o desejo de estudar permaneceu vivo em mim.

Aos 17 anos, senti um forte chamado para seguir a vida religiosa. A partir deste momento, os caminhos foram se abrindo e tomei essa decisão, o que foi um divisor de águas em minha história. A despedida de minha mãe, com lágrimas nos olhos, ficou marcada em minha memória.

Na viagem de Lindóia do Sul a Chapecó, fui acompanhada por meu pai que, apesar da dor da separação, me animava a seguir meus ideais. Quando ele me entregou aos cuidados das Irmãs e retornou para casa, chorei profundamente, mas segui firme, pois ali estava a chance de realizar meus sonhos.

O primeiro impacto foi o tamanho da casa, pois saí de uma casa pequena e simples lá do interior e passei a residir em uma casa enorme, pois era a sede provincial das Irmãs. Apesar da vastidão do espaço e da solidão que me apertava o peito, encontrei a amizade preciosa de Cleci Scheibel, um presente de Deus em minha jornada. Ela, com sua luz e força, me animava e incentivava nos momentos mais desafiadores. Formamos uma amizade que, como raízes profundas, resistiu ao tempo, mesmo que ela tenha decidido seguir por outro caminho vocacional.

Com dedicação, em apenas oito meses concluí o equivalente da quinta à oitava série. Conciliar os estudos com o trabalho de meio período na residência das Irmãs era um desafio diário. Auxiliava na limpeza, na cozinha e na horta, tarefas que, apesar do esforço, fortaleceram minha fé e disciplina, preparando-me para as provações da vida.

Formação e missão religiosa

Minha caminhada religiosa foi moldada pelo serviço e pelo aprendizado. Em Xanxerê, no Bairro João Winckler, mergulhei na vida comunitária, participando das celebrações, animando os jovens e visitando famílias, entre outras atividades. O trabalho em equipe se manifestava tanto nas pastorais quanto nas mãos calejadas ao despalhar milho na extinta Agroeste.

Ali, compreendi a dureza da vida, onde mulheres e crianças trabalhavam exaustivamente para garantir alguns trocados ao fim de cada semana. O espírito de solidariedade era marcante: quando terminávamos de encher nossa caixa de um metro cúbico, íamos ajudar as demais a completarem as suas. Foi uma experiência intensa de amor e fraternidade com aquelas pessoas.

Após o 1º ano de noviciado, fui enviada a Chapecó para cursar o Ensino Médio. Estudava à noite e, durante o dia, conciliava o cuidado da casa com a missão na paróquia, coordenando pastorais da Juventude e das mulheres urbanas. Aprofundei-me na Palavra sob a ótica das mulheres silenciadas pela história, inspirando-me na força das matriarcas bíblicas, de Maria, Mãe de Jesus, Maria Madalena e tantas outras. Santa Maria Bernarda Bütler, fundadora de nossa Congregação e reconhecida como a "Missionária da Misericórdia", tornou-se um farol em minha jornada, refletindo o amor e a entrega que busco viver.

Consagrada definitivamente em 1995, fui enviada a Abelardo Luz como Agente de Pastoral, conciliando essa missão com a faculdade de Filosofia em Palmas/PR. Ali, entre a dor e a esperança das famílias sem-terra, caminhei ao lado do padre Genuíno Begnini, acolhendo cada ser humano que lá estava e respeitando sua dignidade.

Juntos, fundamos a Pastoral da Criança e da Saúde, promovendo campanhas para combater a fome e as doenças que assolavam os acampamentos. Também escrevemos materiais catequéticos voltados para acampados e assentados, além de organizar coletâneas de cânticos litúrgicos, fortalecendo a fé e a esperança nas comunidades.

Diante da vulnerabilidade de tantas crianças, mobilizamos a comunidade e, em 2002, nasceu o Projeto Madre Bernarda, que, até hoje, segue acolhendo e orientando crianças e jovens, ajudando-os a acreditar em si mesmos e a dar os primeiros passos na vida profissional. Cada etapa dessa caminhada reafirmou minha missão: ser a presença do amor de Deus na transformação de vidas, com uma fé que acolhe e mãos que cuidam.

Desafios na área hospitalar

Quase seis anos após concluir a faculdade, surgiu a oportunidade de uma pós-graduação em Administração Hospitalar – um curso que parecia distante, mas se revelou essencial para os desafios que me aguardavam. Na época, integrava o Conselho Provincial das Irmãs e me deparei com a crise do Hospital Regional São Paulo de Xanxerê, afundado em dívidas e necessitando de uma gestão renovada.

Na época, não compreendi completamente, mas hoje acredito que foi por desígnio divino que fui chamada para essa missão desafiadora, que colocaria à prova minha coragem e minha fé: assumir a direção-geral do hospital. A responsabilidade era imensa, mas, amparada pela obediência, pela confiança em Deus e pelo apoio das pessoas que foram integrando a equipe, dei meu "sim". Mais do que um cargo, era um chamado ao serviço, sem perder minha essência pastoral, pois é nela que encontro sentido para a minha missão profissional.

Faço aqui um parêntese para expressar minha gratidão a três pessoas que foram decisivas para que eu assumisse este desafio na direção-geral do hospital: ao querido Olmir Decarli, que enxergou meu potencial, me colocou nesta missão e continua sendo um pilar em todas as ações, cuidando de mim e me protegendo como um verdadeiro pai.

Sou, também, grata ao Padre Genuíno Begnini, pelo apoio e incentivo constantes, assim como por não ter permitido que eu renunciasse ao cargo, quando o peso era quase que insuportável. Ainda, à Irmã Nilva Benincá, por sua confiança inabalável, seu carinho, atenção e diálogo. Em cada desafio, encontrei forças na fé e no apoio daqueles que caminharam comigo, transformando dificuldades em aprendizado e em motivação para seguir firme nesta grande missão a serviço da vida!

Por 16 anos, percorri diariamente o trajeto entre Abelardo Luz e Xanxerê, até que, em 2020, passei a residir definitivamente em Xanxerê. Foi neste ano que nos deparamos com a maior crise da história causada pela Covid-19, trazendo incertezas e provações. Com fé, união e parcerias estratégicas, nos preparamos para enfrentar o pior cenário possível. A solidariedade foi nossa maior força e juntos, superamos também esse momento.

A presidência da FHESC e novos desafios

No mesmo ano, fui desafiada a assumir a presidência da Federação dos Hospitais e Entidades Filantrópicas de Santa Catarina (FEHOSC, hoje FHESC). Com uma chapa consolidada, vencemos a eleição com mais de 95% dos votos, e me tornei a primeira mulher a presidir a Federação no estado.

Assumir essa posição em plena pandemia significou enfrentar desafios imensos: apoiar hospitais filantrópicos no enfrentamento da crise, lidar com a escassez de medicamentos, oxigênio e respiradores, além de buscar soluções para manter o atendimento à população. Paralelamente, passei a integrar o Conselho de Administração da Confederação das Misericórdias do Brasil (CMB).

Minha trajetória de liderança sempre foi construída com apoio e parceria. Sou profundamente grata a todos que me incentivaram e sustentaram nos momentos decisivos. Mas não posso deixar de reconhecer três pilares essenciais na composição da chapa para a presidência da Federação: Altamiro Bitencourt, que indicou e defendeu meu nome; Fábio Lunkes, que me orienta, apoia e mantém a rotina do hospital em minha ausência; e Paulo Henrique Góes, cuja visão estratégica e expertise jurídica me dão segurança a cada passo. Sua confiança e lealdade foram âncoras em minha caminhada.

A tantos outros, entre eles Mauricio Souto Maior, Alciomar Marin e toda a diretoria que compartilha essa missão, meu reconhecimento sincero. Minha gratidão também à querida Irene Sá Affolter, grande amiga e incentivadora, que sempre me impulsionou a escrever minha história. E, especialmente, a todas as mulheres que, com coragem e determinação, seguem inspirando e compartilhando suas jornadas nas páginas deste livro. Se fosse nomear cada uma, precisaria de um livro inteiro dedicado à gratidão.

Um marco doloroso e a força do amor

A perda de minha irmã Noeli foi uma das dores mais profundas da minha jornada. Diagnosticada com mieloma múltiplo, lutou bravamente por cinco anos, passando por um transplante de medula óssea. Nesse período de enfermidade, foi exemplo de fé, otimismo, coragem, esperança e um amor inabalável pela vida.

Sua partida deixou um vazio, mas também um legado de esperança e força. Em meio à dor, vi o verdadeiro amor no cuidado incansável de seu esposo, Edison Mosele, a quem tenho eterna gratidão. Tenho certeza de que ela vive em cada lembrança, em cada ensinamento e na inspiração que renova minha fé a cada dia.

Conclusão

Minha trajetória, das raízes humildes da roça à liderança hospitalar, foi marcada por desafios, fé e dedicação ao serviço. A vocação religiosa abriu caminhos para a missão pastoral e a gestão, permitindo unir espiritualidade e ética na administração hospitalar. Enfrentei crises, perdas e grandes responsabilidades, mas sempre encontrei força na fé, no apoio das pessoas ao meu redor e na convicção de que liderar é inspirar e transformar.

Hoje, sigo determinada a fortalecer a saúde filantrópica e incentivar novas lideranças, especialmente mulheres, a ocuparem seus espaços com coragem e sensibilidade. As sementes plantadas ao longo da vida continuam a florescer, pois a fé e o trabalho seguem sendo os motores da transformação.

26

MEU PRIMEIRO EMPREGO

Na pacata cidade de Muriaé/MG, no final dos anos 1980, uma jovem de quase 13 anos desafia as convenções ao buscar seu primeiro emprego. Movida por uma mistura de desejo de independência e necessidade de contribuir para sua família, ela se vê enfrentando a desilusão da traição, o peso das expectativas maternas e o aprendizado precoce sobre trabalho e resiliência. Determinada a conquistar seu espaço, mesmo após uma decepção inicial, ela se reinventa e persiste, abrindo caminho para uma jornada de amadurecimento e conquistas. Entre dificuldades e pequenas vitórias, essa experiência molda sua visão de mundo e fortalece sua relação com o futuro.

ROSANA TITONELLI

Rosana Titonelli

Enfermeira graduada (2008), especialista em Saúde Pública (2009), especialista em Saúde do Trabalhador (2009). Acadêmica na segunda graduação, bacharelado em Teologia, pela Universidade Católica de Petrópolis. Professora nos cursos de Enfermagem, Educação Física, Farmácia, Nutrição, Psicologia no Centro Universitário FAMINAS, Muriaé/MG (2009-2013). Enfermeira Cirúrgica no Hospital São Paulo, em Muriaé/MG (2009-2013), Administradora pela SEMED (2001-2007), Auxiliar Administrativo na Fundação Cristiano Varella, de Muriaé/MG (2001-2007), representante comercial cirúrgica na Tyco (2004-2010) e na Johnson & Johnson (2011-2014). Palestrante, coautora dos livros *Quando a infância dói* e *O poder de uma história* (2024); *Ela: infinito movimento* vol. 2 (2025); *Quando a infância dói* vol. 2 (2025). Empresária (2010-2025).

Contatos
rosana.titonelli@gmail.com
Instagram: @rosanatitonelli
Facebook: Rosana Titonelli

Na pacata cidade de Muriaé, no estado de Minas Gerais, o calendário contava os dias do ano de 1989. Certo desânimo era uma nova experiência – pelo menos, para mim. A casa parecia por demais arrumada e silenciosa, os cadernos e notas eram aceitáveis, ainda assim, parecia faltar algo.

Após o almoço, o sol entrava pela claraboia e iluminava a pia da cozinha. Segui lavando as louças e, ali, me perdi em meus pensamentos. Fazia planos que até eu mesma me surpreendia ao fazê-los; era uma lista grande e que se firmava em pensamentos diariamente. Era bem estranho... Dentro de mim, em algum lugar que eu desconhecia, existia uma saudade, uma falta de algo que realmente eu não sabia explicar; em um convexo, sentia-me como uma potra, louca para cavalgar, ir para longe, extravasar. Tudo muito estranhamente diferente e novo.

O número de colegas era significativamente menor em convivência, e uma saliente vontade de me vestir e calçar melhor surgiu. Até a maquiagem de minha mãe eu usei escondida para ver se eu ficava bonita – e eu gostei muito daquilo.

Ir à escola pela manhã era agradável. Na porta da nossa casa, no escadão, esperávamos as colegas e juntas descíamos – um número considerável de moças. Cabe dizer que eu era a mais nova, e nisso havia suas implicações. Mas íamos à mesma escola, então andávamos sempre juntas.

Todos os dias, uma estava em evidência na prioridade da fala. Ouvia-se de tudo: desabafos, choros, reclamações e beijos – os benditos primeiros beijos.

Recordo-me de me preocupar com a minha apresentação pessoal: arrumava-me sempre com o uniforme muito bem cuidado, bem passado, pois era o que eu poderia fazer – melhorar a aparência do que vestia. E não era por acaso: eu me inspirava em uma escola particular da nossa cidade. As meninas usavam saias de pregas abaixo dos joelhos, extremamente bem passadas, e uma camisa nos mesmos conformes. Eu achava aquilo lindíssimo. Como de costume, eu melhorava o que conseguia. Por conseguinte, meus uniformes eram impecáveis: as blusas recebiam ombreiras e as meias, além de alvas, eram bem dobradas.

No rosto eu caprichava bem: batons bem passados. Ah, claro os perfumes... Sempre amei os perfumes. Nada de luxo, eram os produtos comerciais da época. Lembra aquele batom de embalagem verde, com alto-relevo dourado, que tinha a proposta de durar 24h? Pois bem, era aquele mesmo. E o perfume? Era da minha avó, o popular "Alma de Flores".

E, dessa forma, a semana passava.

Nos finais de semana, para nos divertirmos, tínhamos algumas opções: as Santas Missas; uma lanchonete – que não podia ser frequentada em todos os finais de semana; e a casa da minha avó paterna, que ficava na rua de baixo do escadão. Lá na calçada nos sentávamos – todos nós éramos muito jovens –, conversávamos e cantávamos ao som do violão que meu tio tocava de vez em quando.

E isso melhorava em três expectativas: a quermesse de maio da igreja do nosso bairro, que se chama Barra; outra em junho, na Igreja Central; e, em julho, no bairro do Porto.

Não se pode deixar de mencionar as inesquecíveis festas domésticas, às quais chamávamos de *hi-fi*. Apesar de ser o nome de uma bebida típica brasileira, também era o nome da nossa festa. E, sem dúvida, a majestosa exposição agropecuária do mês de setembro – por ela aguardávamos o ano inteiro. Lá naquela época, era sensacional e valia (sempre) muito a pena.

E não menos importante, existiam os afazeres da casa, como ir ao centro da cidade, ao mercado, e nos domingos, à feira. Como continuávamos a ser uma casa com quatro mulheres, tudo acontecia de forma muito natural.

E eis que o meu primeiro beijo aconteceu na quermesse daquele maio. Foi quando fui me dando conta de que, de fato, eu estava mudando.

Pois bem, eis que, em um belo dia do mês de outubro daquele ano, fui acompanhar minha avó para receber a sua aposentadoria. Passei na frente de uma grande loja – eu nunca tinha entrado lá. No entanto, naquele dia, a vi com um olhar diferente: me pareceu maior e mais imponente.

Minha avó entrou em outra loja, bem próxima. Pedi a ela que me esperasse. Retornei devagar, notando cada detalhe das vitrines. Uma sensação diferente foi surgindo – era como se meu olhar captasse cada detalhe por trás do vidro. Fui sentindo uma transformação. Minha pulsação aumentava. Aquela grande vitrine parecia girar, e eu a seguia passo a passo.

Um intenso sentimento de desafio foi tomando conta de mim. Enquanto eu andava e, minuciosamente, espiava, alguém me abordou com a seguinte pergunta:

— Posso te ajudar?

Que susto! Eu estava dentro da loja. Era tanta coisa, tantas cores... Recordo-me de ver um setor apenas de produtos de beleza feminina. Eu estava paralisada. Foi quando uma voz diferente disse:

— Menina, podemos te ajudar?

Foi como se eu acordasse.

— Sim. Posso falar com o dono?

Oi? Nem eu sabia ainda o que eu queria falar com o dono. Era como se a minha cabeça estivesse pensando cem passos à frente do que eu conseguia acompanhar, e nesse intervalo entre minha fala e meu pensamento, eu me sentia meio anestesiada, ou conduzida pela minha cabeça, que realmente estava à frente até do meu corpo – na verdade eu quase não o sentia. Foi quando ouvi a mesma voz respondendo:

— Eu sou o dono.

— Ótimo.

Outra surpresa para os meus ouvidos ao ouvir as minhas próprias palavras: "Ótimo o quê?". E, sem saber direito o que me aconteceu, continuei:

— Quero saber se vocês estão precisando de funcionárias.

Nossa! Parecia que eu era três pessoas dentro de mim: uma que falava; outra que ouvia; e a terceira que não acreditava no que estava vendo e ouvindo. Tolinha eu. Ouvi uma leve risada e, em seguida, outra pergunta:

— Você tem idade para trabalhar?

Que ódio eu senti! Parecia que, nesse momento, as três se juntaram, e fui eu quem respondeu, com soberania:

— Sim, tenho quase 13 anos.

Ele sorriu de orelha a orelha, e eu vi uma esperança naquele sorriso e olhar. Ele me respondeu com poucas palavras e sem explicações:

— Volte aqui no dia 5 de novembro.

— Obrigada. Dia 5 de novembro estarei aqui.

Ele se afastou, e eu não sei como saí. Minhas pernas... Não sei como funcionavam, e eu fui até onde minha avó estava e disse:

— Vovó, consegui um emprego!

Ela riu:

— Menina, menina... Não tem jeito com você. Você vai longe!

Esta frase me levou à memória das estátuas de gesso, e fui tomada por uma valentia e segurança. Pensei: "Vai dar certo".

Como a experiência outrora vivida – de vender os pequenos bonequinhos de gesso e conhecer o gosto de ter um pouquinho de dinheiro – havia sido consideravelmente importante e estimulante, o pensamento redobrou minhas forças. Eu me sentia excitada com a expectativa de trabalhar e de ter um ganho maior.

Retornamos para a nossa casa de ônibus. Havia, em frente à loja, uma rodoviária municipal onde todos os ônibus do município paravam. Era chamada também de ponto final, pois os ônibus faziam uma parada maior, e ali embarcamos.

Havia muito a ser feito, pensado e elaborado. Minha mãe, que estava viajando, precisava aprovar a minha nova jornada. Foi quando eu pensei: "E a escola? Minha mãe não vai deixar eu parar de estudar."

Adiantei-me e, no outro dia cedo, fui conversar com a minha diretora, que ainda era a doce dona Lolo. Expliquei a ela que precisava mudar para o turno da noite, pois iria trabalhar durante o dia. A princípio, ela me disse:

— No meio do segundo semestre? Impossível.

Eu, valente, retruquei:

— Terei que parar de estudar. Consegui um emprego e não vou deixar de trabalhar. A senhora sabe que precisamos.

Isso a comoveu e, em seguida, me perguntou:

— Sua mãe sabe?

Caramba! Eu não podia mentir para ela, então respondi:

— Minha avó sabe. Só preciso da sua resposta para que, quando a minha mãe voltar de viagem, eu possa conversar com ela e, assim, aprove.

Supliquei:

— Me ajuda, Lolo...

Ela balançou a cabeça, com o olhar baixo, e disse:

— Vamos ver o que conseguimos.

Ufa! Agora já havia uma possibilidade a mais. Na volta para a casa, naquele mesmo dia entrei na igreja do nosso bairro e rezei. Ali deixei o meu pedido: "Senhor, me ajuda, eu quero trabalhar".

Ao retornar para casa, como eu caminhava sozinha naquele dia, me peguei pensando o que iria comprar. Quando, da minha direita, vinha o bendito cheiro de frango assado... Eu mesma me respondi: "Poderei comprar mais que isso".

E logo em pensamento, fiz uma lista: "Roupas, sapatos, perfumes..." Mas logo voltei para a minha realidade: "Preciso ajudar em casa".

Mamãe chegou. Eu conversei com ela, contei que havia encontrado um emprego, expliquei que já havia conseguido passar os meus estudos para o turno noturno. Disse que queria muito fazer aquilo. Expliquei novamente, detalhe por detalhe, e ela respondeu, dura e diretamente:

— Pode até tentar, mas já vou avisando... Se não passar de ano, acabou.

Yes! Dei um salto de alegria, nela dei um beijo bem apertado, e sai eufórica. Consegui!

Pelo menos, da minha parte, estava tudo resolvido. Agora só faltava o emprego.

Pensem na saia justa em que, cada vez mais, eu me enfiava.

Como a jovialidade – ou infantilidade – era por demais abundante, e não poderia ser diferente, os dias se tornaram mais longos, e as orações eram persistentes em súplicas para conseguir o tão almejado emprego.

Até que, no dia 5 de novembro, o dia esperado, não fui à escola e acabei contando para uma amiga, uma vizinha:

— Hoje irei ao bazar São Cristóvão. Eles me darão um emprego.

Eu me programei para ir após o almoço – conforme o combinado no dia do pedido –, então, saí às 13h. Eu tinha apenas o dinheiro para as passagens de ida e de volta.

Assim aconteceu: peguei o ônibus no Safira e fui, pronta, como antes dito, dentro das minhas possibilidades.

As pernas e as mãos trêmulas, passos lentos e uma prece insistente: "Meu Jesus, me ajuda, meu Jesus, me ajuda...".

Foi quando o que os meus olhos viram, praticamente me cegou. Que decepção! Lá estava a minha vizinha – a mesma que eu achava ser minha amiga – dentro da ilha no meio da loja, onde ficava o setor de aviamentos. Eu me senti traída.

Havia uma pessoa ao lado dela explicando como vender botões e linhas. No mesmo instante, ao ver esse cenário, julguei que minhas chances tinham acabado. Entretanto, não me dei por vencida e pensei que precisava tentar.

Ao lado do caixa, estavam sentados dois homens, sendo um deles aquele que havia me instruído a voltar naquele bendito dia. Aproximei-me e disse, tão firme quanto conseguia:

— Boa tarde. O senhor me pediu que viesse hoje para combinarmos o serviço de vendedora. Eu vim, aqui estou.

Para piorar a minha situação, foi o outro homem quem respondeu a minha fala:

— Já contratamos uma pessoa hoje. Não temos mais vagas.

Arrasada eu abaixei a minha cabeça, agradeci – provavelmente com voz baixa pela derrota – e saí.

Senti a minha garganta fechar. Pela primeira vez, senti o gosto de sangue na minha boca. Com passos lentos retirei-me. Minhas lágrimas caíram.

Foi, de fato, a primeira vez que senti a decepção e a traição.

Era um dia chuvoso. Senti um frio que não consigo descrever. O mesmo ônibus que viera estava parado no ponto final, muito próximo daquela loja. Mal eu podia ler a placa: Planalto.

Com dificuldade, entrei. Passei pela roleta, paguei a minha passagem e sentei. O fracasso tomou conta do meu ser. O choro ficou mais forte. Eu só pensava: "Que decepção". Era uma angústia que apertava meu peito e escorria em meus olhos.

Foi quando as preces voltaram a ficar mais evidentes novamente: "Jesus, me ajuda. Jesus, me ajuda".

Recordo que queria apenas me recompor... Foi quando uma forte reflexão, um significativo entendimento veio: "Rosana, se você se ver aniquilada sem lutar, será realmente uma perdedora...".

Com um salto, imediatamente me coloquei de pé e pensei: "Se eu não lutar por esta oportunidade, terei perdido para mim mesma".

Saí do ônibus e me sentei do lado de fora em um banco de cimento. A leve chuva que caia acentuava o meu frio, enquanto eu pensava e considerava comigo mesmo: "Ele deve ter contratado ela por um salário".

Isso era muito comum naquela época. Foi quando eu pensei: "E se eles me deixarem trabalhar por comissão?". Eu sabia que existiam as duas modalidades de pagamento e isso me confortou: "Se eu não tirar um salário inteiro, mesmo assim, já será melhor do que eu tenho".

Fiz uma pausa, e em seguida, pensei: "Ótimo".

Retornei destemida. Lembro-me de secar bem o rosto. Percebi minhas narinas dilatadas e minha respiração ofegante. Pela mesma porta, eu entrei.

Naquele momento, apenas o dono que havia me orientado a ir naquele dia se encontrava sentado ali. Sutilmente, me aproximei. Só os cabelos brancos dele podiam ser avistados; o jornal escondia o seu rosto. Parei diante dele:

— Com licença?

Ele baixou um pouco o jornal e, por cima dos óculos, vi seus olhos. Então, ele me respondeu:

— Sim.

— Senhor... Qual o seu nome?

Eu já sabia o nome dos dois proprietários, mas não sabia quem era quem. Ele me respondeu:

— Antônio.

— Senhor... E se o senhor me deixar trabalhar apenas por comissão? – perguntei eu, docilmente. – Eu preciso aprender, senão ninguém irá me contratar... Eu preciso de experiência.

Ele baixou o jornal, dobrou-o e, novamente, sorriu. Vi o mesmo sorriso no rosto dele, o mesmo sorriso da nossa primeira conversa. Ele respondeu:

— Pode começar amanhã às 8h.

Eu o interpelei:

— Não! Me deixe começar agora. Amanhã às 8h, já saberei algo que aprenderei hoje.

Ainda mais surpreso, se pôs de pé e disse:

— Itamar, esta moça...

Ele parou e me perguntou:

— Qual o seu nome?

— Rosana Titonelli.

E ele continuou:

— A Rosana irá ficar com você até acharmos um lugar para ela.

Itamar, que ficava no setor perto do caixa e provavelmente havia visto e ouvido tudo, sorriu e me disse:

— Vem cá, vamos vender muitos batons e maquiagens.

Caminhei exausta e, quando passei pela estreita passagem daquele setor, ele, Itamar, me abraçou e disse: bem-vinda.

— Bem-vinda! Já gostei de você.

Havia o horário para um café, quando o Itamar me disse que eu podia ir, me dirigi ao setor de aviamentos e disse para a minha vizinha:

— Vamos tomar café?

A moça que a treinava autorizou. Lembro-me de ela sair envergonhada. Conversei com naturalidade, dizendo:

— Que bom que nós duas estamos empregadas.

Nunca falamos sobre o ocorrido, e eu entendi que meus rogos me direcionaram. Ali, tive minha segunda vitória profissional.

Hoje, quando me lembro desse momento, também gosto da forma como lidei com minha vizinha. Agora, adulta, acho que foi uma decisão muito mais madura do que já tive em outras oportunidades na minha vida. E me interrogo... "De onde terá vindo aquela reação, conhecida hoje, como inteligência emocional?".

Naquele dia, quando retornei para casa e contei à minha avó tudo o que havia acontecido, ela me ouviu atenta e disse:

— A vida vai ser dura com você. Você precisa de ter *coidado*. O mundo é mal, e você vai conhecer as caretas dele antes de estar preparada, *coidado*. (Ela falava algumas palavras erradas, esta era uma delas, *coidado*, que é "cuidado, cautela, observe").

Como não havia um setor definido para eu trabalhar, a cada semana daquele mês eu era designada para um dos seis setores da loja. Conheci cada um dos setores e aprendi a trabalhar em todos.

A loja era enorme. Hoje, posso compará-la a uma loja de departamento, com vários setores. Havia três andares e, neles, eram distribuídos os diferentes setores. Além de ser interessante, a loja ficava de frente para duas ruas. Muitos clientes, às vezes, a usavam para atravessar, a fim de cortar o caminho, o que criava a oportunidade de abordarmos aqueles que por ali passavam. Nisso, muitas vezes, conseguimos realizar vendas.

E chegou o próximo mês. No dia 5 de dezembro, recebi o meu primeiro pagamento. Era menos de um salário, mas era muito dinheiro para mim. Lembrei-me da minha lista de compras, e, no topo dela, estava: "Ajudar em casa".

Naquela época, havia um mercado que abria ficha – ou crediário, se assim me faço entender. Novamente tomada de coragem, fui até lá e pedi para abrir uma ficha. Em seguida, afirmei:

— Eu trabalho no Bazar São Cristóvão.

Eles abriram a minha ficha, que eu usei até o dia que o mercado fechou na nossa cidade.

Fiz uma compra que, com muito esforço, consegui carregar até o ponto de ônibus e fui para a casa. Recordo-me de o motorista parar bem próximo ao escadão para eu descer, por conta das sacolas cheias e pesadas. Aquele foi o peso mais satisfatório que carreguei em minha vida.

Ao entrar na cozinha de casa, onde estavam minha mãe e minha avó, novamente vi o olhar de uma para a outra – era um olhar de satisfação.

Minha mãe me alcançou e me ajudou a colocar as sacolas sobre a mesa, e disse-me:

— Filha, muito obrigada.

E eu correspondi:

— Mamãe, vamos melhorar de vida! – disse, sentindo um heroísmo e uma motivação tremenda.

Novamente, na mesma mesa, o jantar teve um sabor diferente. As quatro mulheres daquela mesa – eu, minha irmã, minha avó e minha mãe – saborearam juntas uma comida que marcava uma nova etapa da minha vida.

Na minha lista de desejos, planejada naquela cozinha enquanto eu lavava a louça, pensei: "Ser útil e importante". E foi assim que me senti.

Naquele dia, eu não fui para a escola.

Pois bem, sobrou algum dinheiro, e eu queria comprar sapatos.

E foi a moça que trabalhava no caixa da loja quem me disse:

— Compra, te deixo usar meu crediário.

Lá fui eu, toda, toda, empoderada. Escolhi um par de sapatos. Não esqueço o nome da marca do calçado: Canadian.

No entanto, quando cheguei em casa minha mãe disse:

— É bonito filha, mas mulher sempre que possível deve usar saltos altos.

Eu troquei os sapatos e aprendi essa lição (por sinal, posso afirmar que foi válida ao longo da vida).

Porém, quando tive outra oportunidade, comprei o que anteriormente havia escolhido, já que o primeiro par de calçados era de salto.

Os dias andavam rápido. No entanto, concluí os estudos daquele ano com algumas dificuldades, com as notas e a frequência.

Era o mês do Natal. Naquela época o comércio era bem diferente. Costumávamos trabalhar até às 4h. Pensem na exaustão de todos os que trabalhavam nessa época!

Recordo-me de ser o primeiro Natal em que não fiquei em casa. No dia seguinte, mal conseguia ficar fora da cama, por causa da exaustão. Mas foi mágico, inesquecível. Foi o mês que mudou a minha visão de trabalho. Lá estava eu, totalmente motivada a ganhar mais do que um salário. E, à medida que o mês avançava, as vendas aumentavam e, a cada dia, eu sentia que receberia mais que um salário – e mais motivada eu me tornava.

Sobrando energia, eu corria de um canto a outro com muita facilidade, muito magra, eu conseguia me enfiar em lugares estreitos, que nem sempre eram acessíveis para os que também ali trabalhavam. Subia e descia na escada móvel que dava acesso aos sapatos aos pulos e conseguia atender mais de uma pessoa ao mesmo tempo. A cada nota que eu fechava, o sentimento era de vitória.

Nesse embalo o mês acabou. Eu não tive coragem de fazer as contas para saber o valor da minha comissão. Sabia que seria mais que um salário, mas eu queria aquela surpresa – e esperei.

Janeiro chegou, trazendo duas expectativas: o dia 5, dia do pagamento, e o dia 14, meu aniversário.

Eu nem acredito que estou digitando e chorando, afinal, já se passaram tantos anos...

No dia 5 de janeiro de 1990 por volta das 18h, uma colega de trabalho que havia descido do escritório voltou-se para mim e disse:

— Sobe, é a sua vez.

Ela tinha um sorriso animador. Pareceu-me que estava satisfeita com o valor que havia recebido.

E eu, no embrulho das minhas expectativas, sentia tremura e uma sequidão na garganta. Eu nunca havia sentido aquilo antes: uma grande expectativa.

Ao me aproximar, ouvi a voz do senhor Antônio, que confirmava a minha chegada dizendo meu nome:

— Rosana?

Logo respondi:

— Eu?

Meus passos se tornaram mais serenos, e, calmamente, me aproximei. Quando meus olhos saíram do chão e alcançaram o rosto dele, havia lá um sorriso ainda maior. Pareceu-me ainda mais feliz, e então, ele me perguntou:

— Como você irá embora?

— De ônibus.

Ele assentiu com a cabeça e comentou:

— Faz você muito bem!

Empurrou uma sacola de papel pardo, que media uns 25 cm de altura – e estava bem cheia –, em minha direção, e disse:

— Olhe aí o seu pagamento.

— Deu muito mais de um salário?

Ele soltou uma gargalhada alta e me respondeu:

— Muito mais!

E acrescentou com voz séria:

— Coloque isto na sua bolsa, vá direto para casa e não diga a ninguém que está com seu pagamento, muito menos conte aos outros.

Muito obediente, enfiei aquela sacola na minha bolsa e fui embora. Entrei no ônibus em frente à loja, e fui para casa.

Que vontade de saber quanto que eu havia ganhado! Mas ele disse para ter cuidado e, assim, eu estava seguindo a sua orientação.

Naquele dia, o ônibus estava mais lento que o normal. O que estava acontecendo? Esse ônibus não chega nunca em casa? Ele parou os pontos. E, como era janeiro (sabendo que os dias são mais longos nesse período), cheguei ainda com a claridade do sol.

No meu ponto, desci e cheguei em casa. Com passos de vitória, entrei na cozinha. Com uma expressão especialmente alegórica, abri a minha bolsa – na verdade, era tipo uma mochilinha –, tirei a sacola de dentro e coloquei em cima da mesa e soltei uma frase eufórica:

— Eu ganhei muito dinheiro!

À mesa, mamãe e a vovó estavam sentadas. Minha mãe se levantou e andou na minha direção. Ela puxou a sacola, abriu lentamente e olhou para dentro. Quando os seus olhos me alcançaram novamente, eu só ouvi o estalo e o queimar na pele do meu rosto. Tomei uma bofetada e comecei a ouvir seus gritos:

— Rosana, Rosana, por que você fez isso comigo?

Eu ouvia os gritos e sentia mais tapas. Os gritos continuavam:

— Ai meu Deus, por quê? Por que você fez isso?

Eu não entendia nada, absolutamente nada. Minha avó me tirou das mãos dela e gritou ainda mais alto:

— Calma.

Depois me abraçou e limpou as minhas lágrimas, enquanto a minha mãe continuava a gritar:

— Vamos voltar lá agora! Vamos no Bazar São Cristóvão! A-go--ra! – reafirmava.

Pegou-me pelos braços e saiu me arrastando escadão acima.

A essa altura, eu já havia tido um lapso de que o volume do dinheiro naquela sacola a assustou. Mas ela não me perguntou nada. E eu, que confesso me senti muito humilhada e desrespeitada, além de estar tomada por um indescritível medo, usei o silêncio para me preservar – ou talvez eu realmente não soubesse o que fazer.

O ônibus, que fazia uma volta em um pequeno bairro perto da nossa rua, logo estava de volta ao ponto que eu havia descido. Foi no mesmo ônibus que entrei arrastada pela minha mãe.

Ela, que era um trovão, segurava a sacola na mão, mas tirou do seu bolso uma nota e pagou as nossas duas passagens. E, de vez em quando, ela suspirava:

— Que decepção.

Era como se eu estivesse anestesiada. Eu não conseguia perguntar nada e, de soslaio, quando eu via o rosto dela, eu via que ela também chorava.

O bendito ônibus chegou ao ponto final. Pouco mais de uma hora antes, o mesmo ônibus que havia recebido os passos de uma vitoriosa despejava na calçada a mesma persona, mas, destituída de total dignidade.

Com passos apressados, na boca da noite, as árvores pareciam especialmente mórbidas. Passo a passo, nos aproximamos da loja.

Era de conhecimento de minha mãe que os patrões moravam em cima da loja e, sem qualquer hesitação, sua mão alcançou a companhia e segurou. Foi a primeira vez que ela ouviu um interfone em sua vida. O aparelho soou e do outro lado, alguém atendeu e respondeu:

— Pois não?

Ela, mais do que rápido, respondeu:

— Quero falar com o senhor Antônio.

Era ele ao interfone.

— Estou descendo.

Ai que vergonha eu senti! A essa altura, eu já entendera tudo o que estava acontecendo na cabeça da minha mãe.

O portão abriu, e eu estava bem atrás dela. Ela ergueu a sacola para o senhor Antônio e disse:

— Eu vim devolver o dinheiro que minha filha levou da sua loja (e eu estou aqui economizando na tinta).

Puxa vida, eu queria ter vivido sem essa experiência.

Gentilmente, ele empurrou a sacola de volta para as mãos da minha mãe e afirmou:

— Senhora, sua filha ganhou cada centavo que está nesta sacola. Ela me pediu emprego e, como não tínhamos mais vagas, ofereceu-se para trabalhar apenas por comissão. E eu aceitei. O resultado está nas mãos da senhora…

E, assim, empurrou delicadamente a mão e a sacola de volta para perto do corpo dela e acrescentou:

— Ela ganhou cada centavo que está aí. Além disso, ela é muito querida por todos na loja.

Percebi que ele havia ficado consternado com a minha situação. Desceu o último degrau, ficou de pé ao meu lado e tocou o topo da minha cabeça, e disse:

— Rosana, é bom que você esteja aqui. Venha mais cedo amanhã para me ajudar a fazer o restante dos pagamentos.

Como era aquilo que realmente me importava, respondi:

— Perfeitamente.

Ele levantou a mão para ela e, ao acenar em saudação, disse firmemente:

— Obrigado, senhora, pela sua honestidade. Mas, ainda mais, obrigado por essa menina. Ela vai longe.

Os pares de olhos que já haviam marejado de orgulho por mim agora derramavam lágrimas que me pareciam de arrependimento.

Retornamos ao ponto e entramos novamente no mesmo ônibus. O silêncio era enlouquecedor. Parecia que eu chegaria a qualquer cidade bem distante – menos à minha casa.

Quando eu desci do ônibus, dei-me o direito de adiantar em relação a ela. No escadão ainda mais: desci correndo e, ao entrar na sala, atirei-me no colo da minha avó, que estava sentada no sofá, e disse, com posse da verdade:

— Vovó... Eu ganhei cada centavo daquela sacola, eu nunca roubaria no meu serviço...

Ela me afagou e respondeu:

— Eu sei.

Quando eu ouvi os passos da minha mãe e sabia que ela estava se aproximando, saí da sala e fui para o meu quarto, que dividia com a Giovana. Soltei o meu corpo sobre a cama.

Eu queria morrer. Chorar era pouco. Pensava: "Por que Deus não me ajuda e me deixa morrer? Eu quero morrer!".

Em pleno janeiro, senti um frio descomunal. Enfiei-me debaixo das cobertas e ouvia, ao longe, uns murmurinhos – era uma conversa entre minha mãe e minha avó.

O que eu queria era que minha avó gritasse com minha mãe como ela gritou comigo. Eu estava completamente indignada e achava que minha mãe merecia uma correção tão tenaz quanto a que me infligiu.

Mas os tons eram de respeito e educação.

Eu não saí do quarto naquele dia. Na nossa casa, o quarto da vovó ficava depois ao nosso, então, para chegar lá, tinha que passar por dentro do nosso, meu e da minha irmã.

Antes de se deitar, ela trouxe um copo amarelo de plástico longo, cheio de água geladinha, colocou-o no chão ao lado da minha cama e disse:

— Eu te falei que seria difícil. Isto é apenas o começo. A vida vai bater mais forte que sua mãe.

Pronto. Eu não precisava daquilo. Acabei me magoando com minha avó também, e o choro veio em dobro.

A noite foi longa. De mansinho, o alvorecer chegou. Levantei-me e saí do quarto pé por pé. Minha intenção era sair de casa sem que ninguém me visse – eu só queria sumir dali.

Mas, como o bendito banheiro ficava no final da cozinha, ao chegar lá, encontrei as duas. Muito baixinho e apenas por obrigação, murmurei:

— bênção, bênção.

E segui para o banheiro.

Na verdade, nenhuma de nós três havia dormido direito naquela noite, haja vista a hora em que já estávamos todas na cozinha.

Eu estava sentindo um enjoo tão grande que queria vomitar as tripas. Porém, tomei banho e sai discretamente do banheiro.

Na cozinha, a conversa já estava mais alta. Fui ao quarto e me vesti. Eu precisava tomar um bicarbonato, senão não conseguiria ir trabalhar. Assim eu fiz. Retornei à cozinha e, enquanto colocava a água sobre aquele pó branco, minha mãe me perguntou:

— Rosana, você sabe quanto tem de dinheiro nessa sacola?

Ela olhou para o armário azul. Nele, havia uma pequena cristaleira, e a sacola estava lá dentro. Dei de ombros, engoli aquela água e me retirei. Fui trabalhar.

Eu fiquei mais de hora aguardando, sentada perto da loja, até que abrisse. Só me recordava da orientação: "Chegue mais cedo".

Quando o senhor Antônio abriu a porta, lá estava eu. Ele, assustado ao me ver, disse:

— Menina, você dormiu atrás da porta?

— Não… O senhor pediu para eu chegar mais cedo…

Foi quando ele viu meus olhos inchados e observou:

— Um dia você irá entender a sua mãe. E, neste dia, você irá aprender a grande lição que está dentro desse ocorrido.

Que ódio! Pronto, lá estava eu, com raiva do meu patrão e, com amargura, pensava: "Ai, que coisa mais ruim! Será que ninguém vê que estou sofrendo?".

— Vamos trabalhar. Serviço é remédio para quase tudo nesta vida.

E não é que, em poucos minutos, eu já tinha uma quantidade de contas para fazer que simplesmente me desconectei daquilo?

Até que percebi o filho novinho do senhor Antônio entrar com um pedaço de bolo, vir até onde eu estava sentada, colocá-lo perto de mim e dizer:

— Eu roubei da minha casa para você!

Eu respondi em tom de voz alto, quase gritando:

— Misericórdia! Menino leva isso para bem longe de mim!

Ele, sem entender nada, me perguntou:

— Você não gosta de bolo?

Eu ri da sua cara de espanto e respondi:

— Adoro bolo. Só que você não pode roubar nada, nem bolo.

Foi quando ele também riu e contrapôs:

— Não roubei, não! Só peguei escondido para trazer para você. Meu pai contou lá em casa que sua mãe brigou com você.

Peguei aquele bolo e comi. Foi naquele momento que me senti amparada. Ele perguntou se estava gostoso. Eu respondi que sim e, em seguida, acrescentei:

— Não traga nada escondido para mim, tá? Sempre fale com a sua mãe.

Foi a primeira vez que saboreei um bolo de laranja.

Passaram-se dias, e a sacola continuava no mesmo lugar. As palavras eram poucas, até que, um dia, enquanto eu almoçava, minha avó me perguntou:

— Você sabe quanto de dinheiro tem ali naquela sacola?

Claro que eu não sabia. Minha curiosidade havia sido arrancada de mim junto com o bofetão. Para dizer a verdade, eu sentia uma certa repulsa pelo pacote.

Em seguida, ela continuou:

— Bem mais do que você pensa. Bem mais do que um salário.

Meu garfo não alcançou minha boca.

— Mentira!

E ela firmou a voz e repetiu:

— Bem mais do que você imagina.

E assegurou:

— Eu mesma contei.

Eu dei uma gargalhada. Logo em seguida, recompondo-me, disse:

— Vovó eu não quero mais esse dinheiro. Não quero.

Ela, sábia que só, me advertiu:

— Com efeito, trabalhou feito uma maluquinha, agora não quer o dinheiro? Minha filha, seja inteligente, o dinheiro é seu, você trabalhou por ele. Abra uma poupança e coloque a juros.

"Com efeito" era outra expressão peculiar que ela usava para dizer "olhe só". Impossível não rir ao me lembrar dela neste momento. Ela adorava um dinheiro na poupança e fez uma ressalva:

— Compra uma roupa nova para seu aniversário.

Após um silêncio, ela acrescentou:

— Sua mãe foi viajar muito triste. Se ponha no lugar dela. O que você faria?

Aquelas palavras cortaram meu coração. Fiquei ainda mais triste do que antes, pois me recordei da minha mãe dizendo:

— Meninas, meninas, vocês duas não podem dar errado.

Havia, por parte da minha mãe, o peso do fardo da nossa criação. Mesmo que a vovó a ajudasse consideravelmente com sua companhia – o que era crucial –, os custos, a ordem, o direcionamento e todas as outras instruções essenciais para uma educação digna eram responsabilidade dela.

E isso era sua maior preocupação, algo em que realmente se esmerou.

Daquela forma, eu compreendi o medo e desespero da minha mãe.

Na sensação daquele momento, recordei minha avó dizendo como a vida iria me confrontar. E foi assim que me senti: confrontada.

Anos depois, ouvi uma música de Zezé di Camargo e Luciano, cujo título é *No dia em que eu saí de casa*. Em uma estrofe canta-se assim: "A minha mãe naquele dia me falou do mundo como ele é, parece que ela conhecia cada pedra que eu iria por no pé." Sempre que eu a escuto, até hoje, me lembro desse dia.

Não foi instantâneo, mas as coisas foram voltando aos seus devidos lugares. Comprei uma roupa para o meu aniversário e várias outras coisas.

O janeiro daquele ano foi bem diferente. Havia férias escolares, mas, também, o trabalho estava lá, muito presente. E, como eu era muito nova, recordo-me de sentir cansaço.

Em fevereiro, com o retorno às aulas, a loja voltou a ter um movimento maior. Foi quando passei a não dizer quanto tinha ganhado, apenas escondia meu dinheiro, mas continuava ajudando nas despesas da casa.

O relacionamento entre minha mãe e eu mudou muito. Não existia rancor; entretanto, com o tempo, ela passou a me tratar como adulta.

Aquele ano voou. As datas que movimentavam mais o comércio passaram, e minha vida teve uma mudança enorme em todos os sentidos. Logo, o Natal chegou novamente, e meu salário daquele ano não trouxe nenhum conflito.

Tão engraçado como, até hoje, ao ver os dias 1º de janeiro, sinto uma energia maior, uma sensação de recomeço. Acredito que muitos compartilham da minha opinião. Fevereiro trouxe o sonhado Carnaval. Acho que foi o primeiro em que realmente me diverti.

E, como diz o poeta Tom Jobim, na sua canção *Águas de março*: "São as águas de março fechando o verão".

Eis que março de 1991 chegou. Aquele foi o mês em que minha vida iria mudar e, ainda hoje, acho que para sempre. Na mesma música, o mesmo compositor entoava a melodia: "É o fim do caminho, no rosto o desgosto, é um pouco sozinho."

Eu ainda era tão nova, mas me sentia desanimada e sozinha – pelo menos na companhia certa, eu acho.

E eis que, no início da segunda quinzena daquele oportuno mês, conheci o que os poetas descrevem como "amor à primeira vista". E olha que eu era apenas o amor.

Mas vamos deixar esse assunto para um outro momento? Posso adiantar que a música mencionada acima, pertencente ao estilo MPB, foi tocada em melodia de valsa.

Após revisitar tudo isso e reler várias vezes este capítulo, vejo-me surpreendida.

Quando penso nessa experiência que vivi, percebo que ela me proporcionou algumas lições – vocês hão de convir comigo. A sapiente garota do escadão, que vendeu as estátuas de gesso, foi ainda mais ousada em sua versão jovem naquele dia 5 de novembro. Até eu mesma, quando me lembro daquele dia, ainda hoje não consigo acreditar que, adolescente, fui capaz de uma atitude tão desafiadora. Principalmente, quanto à forma como minhas emoções e sentimentos foram tão rapidamente elaborados, e sobre a decepção com minha vizinha, tudo isso ainda me surpreende.

Como a ideia que eu tinha da minha mãe e as experiências que já havia vivido com ela foram redefinidas e repensadas, posso confessar que, mesmo após alguns bons dias daquele fatídico episódio, continuei admirando-a.

E eis que, como já dito, chegamos ao relacionamento de mãe e filha adulta. Recordo-me claramente de, em mil outras experiências, perceber da parte dela respeito e admiração – quiçá um generoso orgulho pela forma como continuei minha vida pessoal, profissional e financeira.

E não houve um único mês da minha vida, até a sua partida, em que eu não partilhasse com ela um pouco do meu ganho. Mesmo que não precisasse, eu tinha esse desejo em meu coração. Na verdade, a saudade é uma experiência muito significativa, e posso confessar: ela me faz muita falta.

Após uma década e meia, depois de muitas histórias e experiências, o senhor Antônio foi o primeiro a receber meu convite de formatura. Como a vida nos oferece momentos memoráveis! Ao recebê-lo, ele o abriu carinhosamente, leu com atenção, olhou para mim exatamente como no dia em que retornei à loja e ele lia o jornal e, com o mesmo sorriso – surpreso e feliz –, me elogiou:

— Eu sabia que você iria vencer. Parabéns!

Eu, que já era mãe naquela época, recebi dele um abraço fraterno. E, naquele abraço, senti um carinho semelhante ao que havia sentido no dia em que ele colocou a mão sobre a minha cabeça e me orientou a chegar mais cedo no dia seguinte.

Ele não foi à minha formatura, e eu senti sua falta. Sua presença era uma expectativa, mas ele me enviou um presente.

E, se querem um spoiler, nas páginas iniciais deste capítulo pode haver uma pequena pista do que foi acontecendo ao longo dos anos.

27

A CHAVE É AUTOCONHECIMENTO

A busca pelo crescimento e desenvolvimento pessoal deve ser nosso maior propósito de vida, portanto, o autoconhecimento é uma chave importante para viver de forma plena e autêntica; ele é um dos elementos que compõem a complexidade da existência. Sem conhecimento, não somos nada, e, sem desenvolver esse conhecimento, permanecemos estagnados. Hoje, não basta apenas ter sabedoria, é fundamental colocar em prática o que aprendemos, dando pequenos passos em nosso dia a dia.

ROSICLEIA SENTER MOSS

Rosicleia Senter Moss

Graduada em Administração (2009) e pós-graduada em Marketing (2012) pela Universidade do Oeste de Santa Catarina (Unoesc). Realizou cursos na área de Psicologia Biointegrativa e Regressão Cognitiva no Centro Auditivo Saint Germain (2017). Empresária no ramo da gastronomia há 17 anos e proprietária do Chaplin Eventos, Varanda Bistrô 709 e do restaurante Unoesc. Mãe de Ana Luiza Moss e esposa de Airto Moss há 17 anos. Filha de Clari Senter e Dilvo Senter. Deus é sua fortaleza!

Contatos
www.chaplineventos.com.br
rosicleiasenter11@gmail.com
Instagram: @rosicleiasenter
@varandabistro709
@chaplin.eventos
@restaurantevarandaunoesc
49 99172 6560
49 3197 3197

Neste capítulo, compartilharei um pouco da minha história e de como as minhas experiências moldaram quem sou hoje. A mensagem que deixo é que tudo pode ser conquistado com muito esforço e trabalho. O principal legado que levaremos ao longo de nossas vidas são as pessoas que tocamos em nosso caminho!

Autoconhecimento

Em constante busca pelo desenvolvimento pessoal, iniciei uma jornada de estudos em diversas áreas da minha vida, visando capacitar-me para ser uma pessoa, uma líder e uma empresária melhor. Hoje, ser empresário vai além de simplesmente ocupar uma mesa e gerenciar um negócio; vivemos em uma era em que é essencial ser líder, amigo, parte da família e influenciador do próprio empreendimento. Estar preparado para o mundo dos negócios exige a habilidade de gerenciar a ampla gama de sentimentos que ele pode nos trazer. Lidar com pessoas é absorver tudo ao nosso redor, nunca parar e estar em movimento constante. Atualmente, não me imagino trabalhando com outra coisa além de interagir com pessoas.

Para isso, precisei estudar, conhecer a mim mesma e me reconectar. Ao aprofundar meu autoconhecimento, voltei à minha infância e adolescência para compreender muitas facetas da minha identidade. Acredito que essa viagem no tempo é algo que todos nós deveríamos realizar. É na infância que tudo começa, quando nos desenvolvemos, crescemos e formamos nossa personalidade e caráter. São as primeiras escolhas feitas nesse período que moldam quem somos hoje. Somente ao entendermos como nos adaptamos ao mundo podemos começar a quebrar ciclos de crenças e ideias que outros impuseram a nós, mas que não necessariamente refletem o que realmente acreditamos.

Para criar, crescer e ser o protagonista da sua própria história, é fundamental entender e estudar aquilo que você considera correto ou errado. Compreender quem somos nos permite fazer escolhas mais acertadas, alinhadas à nossa essência e aos nossos valores.

Quando volto aos meus pensamentos, tudo me leva ao início, à minha infância. Uma infância feliz, mas também desafiadora, marcada pela simplicidade. Cresci no interior, com os pés no chão, rodeada por irmãos brincando e com meus pais sempre presentes. Sou a oitava de quatro irmãs e três irmãos!

Morávamos em Ervalzinho, no interior do município de Descanso/SC, e, quando eu tinha cinco anos, nos mudamos para Barra do Guaramirim, em São Miguel do Oeste/SC. Foi lá que estudei e cresci, e onde meus pais ainda residem. Algo que marcou minha infância e que acredito ter contribuído para minha formação foram as atividades simples do dia a dia, como pescar, ajudar nas tarefas de casa e brincar na escola. Apesar de não perceber na época, minha convivência era predominantemente com meninos, tanto nas brincadeiras quanto nas atividades. Essa dinâmica influenciou a liderança que desenvolvi ao longo da vida.

Todos nós, ao revisitarmos o passado, revivemos memórias e buscamos felicidade; no entanto, também recordamos momentos de tristeza que fazem parte do nosso crescimento. Compreender isso nos torna mais fortes!

Na adolescência, lembro-me de meu pai passando por um momento de luto. Foi a primeira vez que experimentei a tristeza alheia de forma tão intensa. Eu ficava triste por ele estar triste e aprendi a lidar com essa emoção em mim mesma, sem deixar que ela me dominasse. Nessa época, eu era magra e quieta, cheia de desejos que meus pais humildes não podiam satisfazer completamente. Eles sempre nos deram o necessário e hoje percebo que nos ofereciam muito mais do que poderíamos retribuir. Sou eternamente grata a eles pela vida e pelos ensinamentos; cada passo que dou é um reflexo deles.

Ao entrar na juventude, fui pressionada a seguir meu caminho e deixar o lar. Novamente, precisei ser humilde nas minhas escolhas; queria cursar Administração ou Arquitetura e optei por Administração por ser o curso que eu poderia pagar. Tudo era novo: cidade nova, moradia nova e um emprego novo – meu primeiro emprego! Vinda do interior, aprendi o básico da vida: cuidar da casa e da família. Ninguém nos prepara para trabalhar no comércio ou para lidar com pessoas; isso se aprende na prática.

Acredito que o primeiro emprego é marcante porque essa experiência se reflete em todos os outros empregos ao longo da vida. Ali aprendemos sobre nós mesmos: frustramo-nos, sorrimos e fazemos contatos importantes. É nesse momento que definimos o rumo que queremos seguir.

No meio da faculdade e da correria do dia a dia, conheci meu marido e ali também desenvolvi minha profissão ao trabalhar no restaurante da família dele. A empresária que sou hoje tem suas raízes naquela jovem de 20 anos: trabalhadora, humilde, respeitosa e comprometida. Trabalhava o dia todo em várias funções – garçonete, atendente, entregadora –, colhendo hortaliças para o jantar enquanto estudava à noite. Quando as pessoas veem um império construído, muitas vezes têm uma visão limitada do esforço envolvido; é fácil achar que tudo veio do nada quando cada um desses 17 anos foi oriundo de um trabalho árduo.

Entre as demandas do trabalho e os desafios diários, engravidei da minha filha, Ana Luiza. Nesse novo papel como mãe, precisei adaptar minha rotina: levava minha filha comigo para a faculdade e o trabalho. Sinto muito por não ter podido ser uma mãe mais presente; para proporcionar um futuro melhor a ela, precisei abdicar de momentos de qualidade juntas. Contudo, hoje tenho uma filha maravilhosa, que dá sentido aos meus dias. Ana Luiza me ensinou a viver com propósito; com ela aprendi que posso abraçar o mundo sem deixar de ser eu mesma!

A mudança mundial!

Quando cursei a especialização em marketing, eu já tinha a firme convicção de que essa área representava cerca de 70% do sucesso de uma empresa. E a pandemia veio para reforçar essa crença de forma avassaladora, deixando sua marca em todos nós, de maneiras que não podíamos imaginar. O impacto foi profundo, perdemos pessoas queridas, amigos e colaboradores, mas também fomos surpreendidos por novas possibilidades. Para nos mantermos firmes, vendemos propriedades, fechamos negócios inesperados e até abrimos novos horizontes.

Foi um momento desafiador, sem dúvida! Mas, ao mesmo tempo, uma oportunidade de renovação. Enfrentamos a adversidade com criatividade e ousadia. Ao invés de me render à inércia, decidi criar algo que pudesse atender àqueles que estavam em casa. Assim, nasceu a nossa linha de congelados e as marmitas entregues diretamente na porta dos clientes. Transformei meu restaurante em um ponto de apoio, levando colaboradores ao trabalho e até mesmo remédios quando necessário. Cada dia era uma lição sobre como nos adaptar e reinventar.

Nesse processo, percebi que a confiança na minha equipe era fundamental. Como líder, aprendi a delegar e a confiar nas capacidades dos meus colaboradores. Não poderia carregar o peso do mundo sozinha; precisava entender que quanto mais pessoas comprometidas eu tivesse ao meu lado, mais longe poderíamos chegar juntos. Investir em bons profissionais se tornou uma prioridade – capacitá-los e treiná-los não apenas para o bem da empresa, mas para cultivar um espírito de equipe engajado e motivado.

Hoje, busco equilibrar meu bem-estar espiritual com o trabalho. Quando estou em harmonia comigo mesma, isso se reflete em tudo o que faço. Acredito que o crescimento pessoal é um combustível essencial para o sucesso coletivo! É nessa sinergia que encontramos força para enfrentar novos desafios e conquistar novas vitórias!

Assim como em uma de suas publicações no seu perfil do Instagram, Paulo Vieira nos faz provocações acerca da autorresponsabilidade, ao afirmar que "autorresponsabilidade é a plena convicção de que você é o único responsável pela vida que tem hoje, consequentemente o único responsável por mudá-la" (2024).

Referências

GAMA, K. *Desperte a mulher brilhante que existe em você:* conquiste sua independência emocional e financeira por meio de ferramentas poderosas e inovadoras. São Paulo: Gente, 2021.

MARTINELLO, V. *Mulheres improváveis*. São Paulo: Vida, 2022.

SANDBERG, S. *Faça acontecer:* mulheres, trabalho e a vontade de liderar. 1. ed. São Paulo: Companhia das Letras, 2013.

VIEIRA, P. "Autorresponsabilidade é a plena convicção...". *Instagram, 4 de setembro de 2024. Disponível em: https://www.instagram.com/reel/C_f-OHApFOC/. Acesso em: 27 jun. 2025.*

28

PARA TOMAR DECISÕES É PRECISO CORAGEM

Neste capítulo, compartilho minha jornada com a família, os filhos e o trabalho, além do movimento interior que me impulsiona a evoluir. Cuidar da saúde emocional pode transformar sua vida. Quando algo não vai bem, pergunte-se: "Estou contribuindo para isso?" Lembre-se: você pode escolher, modificar e assumir o comando da sua mente. A mudança começa por dentro – e nos dá força para empreender o que desejamos no mundo lá fora.

SANDRA BAUERMANN BARCELLA

Sandra Bauermann Barcella

Psicóloga clínica e mais recente empreendedora. Graduou-se em Psicologia na Universidade Tuiuti do Paraná (UTP), em Curitiba-PR. Especializou-se em Psicologia Infantil (UTP), Psicopedagogia (UTP), Recursos Humanos (Unoesc Xanxerê) e Terapia Cognitivo Comportamental (Grupo Wainer Psicologia de Porto Alegre/RS). Atualmente, é sócia-gestora na área de Recursos Humanos na empresa de transportes de cargas alimentícias e na fazenda São Jorge. Sempre estudando e se aperfeiçoando, seguindo na teoria e na prática. Atuou também em clubes de serviço, como a Associação de Senhoras de Rotarianos (ASR) por 14 anos; como voluntária no Grupo de Adoção por quatro anos; no Grupo da Santa Madre Bernarda, no Hospital Regional São Paulo, por dois anos; além de projetos em prefeituras, escolas e movimentos afins na psicopedagogia e na gestão de pessoas.

Contatos
sandraadm@transcanarinho.com
Facebook/Instagram: @sandrabauerbarcella

Sandra Bauermann Barcella

O aprender é aqui

Sou mãe, esposa, filha, amiga, psicóloga e empreendedora. A cada dia, continuo aprendendo, buscando entender para ajudar e, acima de tudo, para ser verdadeira comigo mesma. Minha trajetória é incessante e bem vivida, e as páginas estão sempre sendo escritas. Remodelo e imprimo novas experiências e aprendizados.

Sou a terceira filha de uma família simples, moldada pelos valores dos imigrantes alemães e italianos. Agradeço aos meus pais, Eneli Lourdes e Nelson João, que são minhas raízes e alicerces. Minha mãe, com sua sabedoria e amor incondicional, e meu pai, visionário e empreendedor nato. Ambos me ensinaram a confiar e a valorizar as oportunidades. Ao meu marido, Barcella, pelo apoio, pelo exemplo de empreendedor e pilar em nossa família. Às minhas meninas que amo. Com eles, compartilho sonhos e conquistas.

Desde pequena, sempre fui movida pela curiosidade e pelo desejo de entender o mundo ao meu redor. Lembro-me de sonhar com mil possibilidades, quando "tudo parecia possível". Essa busca constante por aprender, compreender as pessoas, as conexões, as mudanças e a vida, foram um fio condutor ao longo da minha trajetória.

Na jornada acadêmica me graduei em Psicologia, onde procurei teorias, técnicas e especializações que me ajudassem a entender novas formas de viver melhor. Comecei minha carreira trabalhando com Psicologia Infantil e Psicopedagogia, minha primeira grande paixão. A partir daí, me dediquei a aprofundar meus conhecimentos na Terapia Cognitivo-Comportamental, que se tornou minha segunda, e maior paixão.

Em 22 anos dedicados a atendimentos, construí relacionamentos enriquecedores, que guardo com profundo carinho e respeito. A todas as pessoas que cruzaram meu caminho, sou grata por ter contribuído em diferentes momentos das suas vidas. A cada nova escolha, comportamento ou atitude de enfrentamento, percebo o poder transformador de vencer os próprios medos – um processo que liberta e conduz a um novo nível de consciência e realização.

Esse trabalho de acompanhamentos me proporcionou também aprender com mestres da psicologia como Freud, Jung, Piaget, Vygotsky, entre outros, e o inspirador Aaron Beck, com suas práticas, que falam da maneira como os pensamentos moldam nossas emoções e comportamentos, influenciando profundamente nossa percepção de mundo.

Ao longo da minha trajetória, realizei meu maior sonho, tornar-me mãe. Olhava para minha e achava o máximo tudo o que fazia por nós. Tenho lembranças, salvando meu mundo, me fazendo acreditar que tudo era possível. Esse exemplo de amor e dedicação foi a base para que eu também desejasse ser esse porto seguro para minhas filhas. E assim fui aprendendo que é uma missão amar, acolher, fazer o bem e cuidar de quem mais amamos. Nos enriquece e nos faz sentir vivos. É um lembrete, um sussurro de como as memórias nos marcam.

Nova fase

Com a pandemia, resolvi ouvir meu pai e visitar a nossa empresa de 35 anos de história. Em profundas reflexões e paradas que damos, pude entender esse propósito e ao mesmo tempo, estar mais perto deles. Assim, um novo rumo chegou e eu o tomei. Encontrei o que me esperava e isso trouxe paz.

Minha trajetória como psicóloga sofreu uma transformação significativa. Comecei a atuar de forma mais ampla, auxiliando na administração da empresa, para entender e conciliar as necessidades tanto da organização quanto dos funcionários, com autenticidade e profissionalismo. Sempre encarando cada desafio como uma oportunidade de aprendizado e superação. Hoje, percebo que, quando precisamos de ajuda, a união se torna nossa maior força na busca por soluções e é aí que nos fortalece. Resiliência, verdade e paciência superam qualquer obstáculo.

Há três anos na empresa, meus irmãos e eu percebemos que ela precisava evoluir. Vamos ampliar os segmentos da transportadora? E após 36 anos de história, a necessidade de inovação e adaptação se tornou evidente.

Foi um momento de grandes desafios e mudanças, e, por ser a mais nova na equipe, eu tive que me adaptar rapidamente. Isso exigiu que eu estudasse, entendesse o meu papel na organização e recalculasse a minha rota dentro dessa jornada.

Como psicóloga, aprendi em um dos princípios da psicologia cognitivo-comportamental que a forma como interpretamos os fatos molda diretamente a maneira como reagimos a eles. Aaron Beck (1997), pioneiro dessa teoria, destacou que nossos pensamentos influenciam profundamente nossas emoções e comportamentos – e que, ao reestruturá-los, abrimos espaço para agir com mais clareza e propósito. Empreender, afinal, também é isso: ressignificar, adaptar-se e transformar desafios em possibilidades.

Foi aí que surgiu uma nova escolha profissional. Novos desafios, cálculos, pessoas, caminhão, mecânica, estar na equipe de RH. Estou tendo a oportunidade de trabalhar com meus irmãos, pais e sobrinho. Cada dia é uma oportunidade de aplicar a inteligência emocional e de caminhar com mais experiência, mas sei que ainda há muito a trilhar. Como disse Skinner, "os principais problemas enfrentados hoje pelo mundo só poderão ser resolvidos se melhorarmos nossa compreensão do comportamento humano" (1971, p. 25), e é essa visão que incorporamos cada dia mais.

Nesse tempo ajudando a gestar a empresa, percebi oportunidades constantes de negociações, parcerias com pessoas e empresas, compras, vendas, novas rotas, gestar pessoas etc. A organização é muito dinâmica, há pessoas lá circulando cerca de 17 horas por dia entre diferentes setores e horários. As equipes Canarinho e São Jorge sabem ser comprometidas e engajadas. Como afirmou Freud (2010), o trabalho é uma das fontes da felicidade porque nos permite usar nossos talentos e sentir que estamos fazendo algo que vale a pena, pensamento que se reflete ao observar a dedicação de todos e como, juntos, estamos construindo algo significativo.

Ao me envolver mais nos movimentos das empresas, assumindo responsabilidades diárias, comecei a perceber o quanto dependemos de administrar nosso tempo de forma eficaz. Isso me levou a refletir sobre meu cotidiano com minha família e, principalmente, sobre as razões que dão sentido à minha vida. Nesse processo, sempre pude contar com o apoio do meu marido, das minhas filhas e das pessoas que me acompanham. Além disso, o privilégio de estar perto dos meus pais frequentemente tem sido um presente, algo que me fortalece.

Em casa, o que mais aprecio é compartilhar com minhas filhas os momentos e vivências de nossas vidas. Eu e o Barcella curtimos muito a infância delas, e, agora, na adolescência e fase adulta, com cumplicidade. Somos integrados, apreciamos estarmos juntos, fazendo qualquer coisa. Nossa família compartilha hobbies, como experimentar novas receitas, viajar e explorar lugares. Em cada rota, existem as possibilidades e tudo faz parte. Recriar pratos que já provamos fora de casa ou nos arriscar com novas receitas traz uma sensação de descoberta constante. Cada espera – seja no forno, no aeroporto ou num novo destino – se torna valiosa pelos momentos compartilhados, pelas histórias que criamos e pelo tempo que passamos juntos, me transcende.

Minha visão

Avaliando tudo, percebe-se o quanto crescemos, evoluímos por meio das curvas que a vida nos apresenta. As experiências nos moldam, tornando-nos quem somos. A autenticidade nos dá a liberdade para fazer escolhas, desenvolver credibilidade e confiança. Também aprendemos que o meio em que estamos atua diretamente em nossas relações e trocas e que bom que é assim!

Passamos por dias agitados, é preciso esforço e maturidade para manter a disciplina, a calma, parar um pouco, e então as coisas começam a fluir de novo. A persistência prova o seu valor.

Concluindo, quero agradecer e dizer que tenho enorme gratidão à Irene, pela oportunidade de falar sobre mulheres, escolhas, psicologia, empresa, superação e seguir. Agora vamos à melhor parte:

Vou comentar um fato que levo pra minha vida, de como a gente se vê, como pensamos para alcançar uma vida mais feliz ou com um propósito a cumprir. Grande parte dos problemas que enfrentamos, somos nós mesmos que criamos! Muitas vezes sabotamos nossa felicidade, saúde, nosso bem-estar. Já parou para pensar quantas vezes nos colocamos em situações que claramente são prejudiciais, mas ignoramos os sinais?

Vou colocar em prática a visão de inteligência emocional. O primeiro passo é repensar como estou "pensando" e a vida que está acontecendo ao meu redor. Coloco outras lentes (positivas, é claro) e me vejo sob outro prisma. Comece a observar como você se vê, se relaciona, como o mundo lhe trata, como você se vê e como você se trata.

Nessa questão, entendo que, muitas vezes, permanecemos em situações que nos prejudicam, simplesmente porque nos são conhecidas. Quando decidimos nos colocarem nosso verdadeiro lugar, na presença e consciência, aprendendo a reconhecer o que vem do ego, dizendo "não" ao que machuca e "sim" ao que nos faz bem, a vida começa a mudar de direção, por dentro e por fora.

Cuidar desse olhar que colocamos sobre as coisas é fundamental. As lentes que escolhemos para enxergar ao nosso redor determinam a nossa vida. O modo que pensamos, sobre nós e nossa realidade, molda quem somos e o que experimentamos. Reavaliar nossas atitudes é o ponto de partida para mudanças internas. E essas mudanças, inevitavelmente, se refletem na nossa realidade. Uma ótima aventura à vida de todos nós!

Referências

BECK, A. T. *Terapia Cognitiva e os Transtornos Emocionais*. São Paulo: Cultrix, 1997.

FREUD, S. *O mal-estar na civilização*. Trad. Paulo César de Souza. São Paulo: Companhia das Letras, 2010.

SKINNER, B. F. *Além da liberdade e da dignidade*. Trad. Leonor B. A. M. Cabral. São Paulo: Martins Fontes, 1971.

29

MUDANÇAS QUE TRANSFORMAM

A dualidade de escolher um caminho reflete um dilema profundo entre razão e coração, segurança e paixão. A necessidade de mudança nasce muitas vezes da necessidade profunda de propósito, de viver uma vida mais autêntica ou de buscar uma realização que vai além do material.

SILVANA MARIA BERTI DALTOÉ

Silvana Maria Berti Daltoé

Esposa do Elton, mãe de Stefanie e Antônio, avó da Maria Clara e sogra do Plinio. Filha de Olivio e Zita, nasceu numa família com seis irmãos (Gerson, Silvana, Jackson, Rogério, Diana e Kátia). Advogada formada pela Universidade do Oeste de Santa Catarina (Unoesc), Campus São Miguel do Oeste/SC, com especializações e pós-graduações na área jurídica (Mercado de Trabalho), Direito Civil e Processual Civil (Unoesc São Miguel do Oeste), Direito e Processo do Trabalho Contemporâneo, Unoesc São Miguel do Oeste/Universidade de Passo Fundo. Atua em Direito Previdenciário, Tributário, Trabalhista, Civil, dentre outros. Empresária formada em Administração de Empresas (1991) pela Fundação de Ensino do Desenvolvimento do Oeste, Chapecó - São Miguel do Oeste/SC, pós-graduada em Administração de Empresas pela Universidade do Estado de Santa Catarina. Integra o Conselho Diretor da ACISMO e o Núcleo da Mulher Empreendedora, e é associada ao Rotary E-Club Distrito 4740 - Inspiração.

Contatos
advsilvanadaltoe@gmail.com
49 99988 0205

A manhã era quente, o sol batia no piso da meia água do local aberto, onde havia uma pia para a higiene matinal. Ao lado ficava o escritório de meu pai, com uma escrivaninha e três cadeiras, todas de palha.

Segunda dos seis filhos, o mais velho nasceu varão, o terceiro e quarto também (depois mais duas meninas). Minha infância se deu em meio a brincadeiras de guris, subia em árvores, jogava bola, pulava corda e andava de bicicleta (tínhamos somente uma, e intercalávamos o uso). Até os dez anos de idade vestia apenas short, adorava assistir ao filme *Tarzan*, e era comum saltar de galho em galho nas árvores do jardim de nossa casa, imitando o desbravador das florestas.

Tínhamos o necessário para viver, sem qualquer extravagância, e lembro quando meu pai comprou minha primeira escova de dentes e nossa primeira televisão, que era "preto e branco". Dávamos cor a ela colocando um celofane colorido em frente à tela, o que proporcionava ver cores onde não havia.

Fomos crescendo juntos, vivendo a infância com o básico, brincando e brigando como só os irmãos fazem. Eu tinha uma "conga" azul e um chinelo de dedos, e recordo do dia em que ganhei de minha mãe uma toda branca para um desfile em comemoração à Independência do Brasil, no qual desfilei como capitã do pelotão, trajando roupa de papel crepom verde e amarela costurada pelas mãos de uma professora pela qual eu nutria um enorme carinho.

Meu pai era proprietário de um pequeno comércio de produtos agrícolas que ficava junto à casa, onde ele e minha mãe trabalhavam. Ela, além de comerciante, cuidava dos seis filhos, coordenava a casa e nos estimulava a ler e a estudar; repetia que a mulher "deve ser independente", que se estudássemos teríamos "futuro", enfatizando que dinheiro e bens se vão, mas o saber fica para sempre.

Gravei suas falas como um mantra, e quando noto que me deixo levar pela preguiça, relembro das palavras verbalizadas tantas e tantas vezes, especialmente voltadas a nós, meninas, de que deveríamos estudar para não dependermos de ninguém.

Minha avó paterna faleceu bem jovem, e meu avô (Antônio) morou conosco por um tempo. O *nonno*, como o chamávamos, foi a presença masculina constante em minha infância, brincava conosco, contava histórias, cozinhava, de fato ajudou minha mãe a criar os seis filhos enquanto meu pai se dedicava ao trabalho.

O *nonno* Antônio tinha habilidades de artesão, fazia talheres de madeira, socador de feijão, utensílios domésticos, além de tamancos, cujo salto era feito de madeira e a parte de cima de couro cru. Quando casei presenteou-me com um jogo de talheres de madeira e uma mini concha para erva[1], que mantenho em uso até hoje. Tenho boas lembranças das noites em que ouvíamos suas histórias ao lado do fogão à lenha, com a cozinha iluminada por um lampião.

Sendo a irmã mais velha, auxiliava nos afazeres domésticos, cuidava dos irmãos menores, estudava e lia muito. Na cidade onde morávamos, em Iporã do Oeste/SC, não havia livrarias e tampouco dinheiro para comprar livros, mas a biblioteca do colégio era farta, e acredito que eu era uma das alunas que mais emprestava livros, anotando a data de empréstimo e de devolução numa ficha[2] inserida em um "bolso" na contracapa do livro.

No afã de ser independente financeiramente e não depender de ninguém, aos 15 anos iniciei meu primeiro emprego no banco Bradesco, e casei aos 16. Nessa época não ouvi os conselhos de minha mãe, pois ao casar mudei de cidade e pedi demissão do emprego, do que me arrependi logo depois.

A dependência financeira não combina comigo, e o casamento quando eu era ainda adolescente e cursando o ensino médio me fizeram ansiar por voltar a trabalhar (ter meu dinheiro) e cursar nível superior.

1 Para chimarrão.

2 Essas fichas faziam parte de um sistema manual de controle antes do uso de sistemas informatizados em bibliotecas.

Quando eu tinha 19 anos nasceu nossa primeira filha, Stefanie, carinhosamente chamada de Fani, e tudo foi acontecendo de forma concomitante, estudo, faculdade, filhos, trabalho. Meu primeiro objetivo era passar em concursos, então acordava às 4h da manhã para estudar.

Eu ansiava por independência e estabilidade, mas também queria empreender, então em 1987 abrimos a franquia do Boticário na cidade de Descanso onde passei a morar após o casamento, e logo após em São Miguel do Oeste, onde fixamos residência. Na correria do dia, estudava de madrugada, ia para a loja no horário comercial, levava e buscava a filha no colégio, cursava administração de empresas à noite.

Iniciamos numa época extremamente difícil,[3] num contexto econômico desafiador, pois a inflação era altíssima e não conseguíamos repor os estoques. Era como jogar um jogo onde as regras mudavam todos os dias. A inflação era diária, eu acordava com um preço para meus produtos, e ao final da tarde o mercado já tinha decidido que aquele valor não servia mais. Essa fase me ensinou a lidar com adversidades e moldou minha visão sobre empreendedorismo.

Em 1989 passei num concurso da Caixa Econômica Federal (CEF), optei por assumir o novo emprego e vender as lojas. Por mais difícil que tenha sido, aquela época me ensinou algo valioso: a capacidade de me reinventar e de buscar alternativas que me fizessem evoluir.

Continuei estudando e logo após a formatura (1991) iniciei uma pós-graduação em Administração de Empresas pela ESAG. Meu marido sempre foi empresário, meu pai também era, então vivenciei as dificuldades do que é ser empreendedor neste país.

No ano de 1993, sem dinheiro algum, alugamos um posto de combustíveis que havia fechado as portas. Então, para conseguir crédito junto à distribuidora, arcamos com as dívidas do proprietário anterior, e para conseguir pagar as despesas de manutenção da empresa quanto com o pagamento das dívidas assumidas, dedicamos muito esforço e trabalhamos intensamente, inclusive aos finais de semana, sem trégua. Saíamos pouco e não gastávamos com o que não fosse extremamente necessário.

Eu trabalhava na CEF e após o expediente bancário auxiliava na administração do posto. Nossa carga horária era extenuante, trabalhávamos e estudávamos, e as preocupações em fazer com que a empresa que iniciamos desse certo nos absorvia completamente.

3 1989, inflação altíssima, falta de produtos, ausência de acesso à informações sobre empreendedorismo (aprendia-se na prática), acesso à tecnologia limitado, burocracia, falta de imóveis para locação.

Em 1995 nasceu Antônio, nosso segundo filho, e saber que agora tínhamos dois filhos para criar aumentou ainda mais minha vontade de evoluir e afastou o comodismo que muitas vezes tentava se instalar em mim. Logo após, em 1997, prestei vestibular para o curso de Direito, iniciando mais uma graduação. Neste período fundamos uma transportadora e ampliamos a área de atuação das empresas.

Permaneci na CEF até o ano 2000, quando aderi a um programa de demissão incentivada e passei a me dedicar exclusivamente aos nossos negócios. Minha decisão foi bastante questionada, pois eu havia passado num concurso público e tinha estabilidade, como abriria mão disso? Na época senti que deveria dar essa guinada, pois a idade era propícia para que arriscasse mudanças profissionais.

Além disso, estava concluindo a segunda graduação e não havia incentivo ou plano de cargos e salários, nem mesmo expectativas de acréscimo salarial em razão do aperfeiçoamento ou de títulos acadêmicos. O espaço para crescimento proporcionado pelo banco me limitava, gerando insatisfação e angústia.

Minha decisão em sair foi firme, e nunca me arrependi da escolha que fiz. Sou empreendedora e advogada e, com a conclusão do curso de Direito e aprovação na prova da OAB, direcionei-me também à advocacia, profissão que gosto e que prende minha atenção até hoje.

Na época em que cursava Direito e logo após sair da Caixa integrei a Associação Empresarial de São Miguel do Oeste e o Núcleo da Mulher Empreendedora. Porém não permaneci por muito tempo, pois as demandas profissionais, os filhos ainda pequenos e os estudos sugavam minhas energias.

Quando passei a advogar percebi que deveria continuar estudando, foi quando me matriculei e concluí alguns cursos e pós-graduações na área jurídica. A inquietude e a busca por um propósito sempre me acompanharam, e nesse mesmo período passei a integrar a Casa da Amizade, entidade que tem foco na assistência social, apoio a projetos culturais, filantrópicos e de desenvolvimento da comunidade.

Em 2023 ingressei no Rotary, clube que promove iniciativas locais e globais, com destaque para a promoção da paz, projetos voltados à educação, saúde, combate à pobreza, proteção ambiental e erradicação de doenças, – o que me faz sentir que estou vivendo de forma significativa, que meu tempo e energia estão sendo investidos em algo que vale a pena.

Retornei ao Núcleo da Mulher Empreendedora como Diretoria Jurídica e integro o Conselho Diretor da Associação Empresarial de São Miguel do Oeste/SC (ACISMO), entidades inspiradoras que enaltecem o valor do trabalho, do desenvolvimento econômico e do empreendedorismo.

Em 2025, meu esposo assume a Governadoria do Rotary Internacional, Distrito 4740, e juntos teremos um ano de muito aprendizado. Conheceremos pessoas e os clubes que compõem o Distrito, participaremos de projetos que ocasionarão impacto nas comunidades e ampliaremos nossa rede de contatos e de amizades, que com certeza perdurarão.

Quando lembro da trajetória carregada de movimento, desafios, conquistas, derrotas, penso no tempo ao meu lado que meus filhos não tiveram enquanto eu trabalhava e estudava. Sei, porém, que ensinei sobre força, coragem, trabalho duro e resiliência, e que lutar por um propósito não é fácil, mas vale à pena e é compensador.

Percebi que as escolhas que fazemos não impactam apenas a nossa própria vida, mas também as gerações que vêm depois de nós. Cada decisão, cada conquista e até cada erro fazem parte de um legado que deixamos para nossos filhos.

Mais do que bens materiais, acredito que o maior presente que podemos dar a eles é o exemplo de persistência e integridade. Mostrar que, mesmo nos momentos mais desafiadores, seguimos em frente com propósito e determinação. No final, não se trata apenas de quem nos tornamos, mas de como contribuímos para a história daqueles que amamos.

30

EMPREENDER COM FÉ

UMA JORNADA DE SUPERAÇÃO

Neste capítulo, compartilho minha jornada de vida e empreendedorismo, desde minha infância simples em Indaial até as vitórias e desafios enfrentados. Falo sobre a influência da minha família e de como empreender com fé foi fundamental para superar dificuldades. Acredito que, perseverando e confiando em Deus, qualquer sonho pode se tornar realidade.

SIMÉIA SIRINO

Siméia Sirino

Filha amada do Senhor, acredita que seus dons e talentos foram dados para servi-Lo. A caçula de Lauro João Atanázio dos Santos (*in memoriam*) e Olinda Atanásio dos Santos. Esposa de Antônio Sirino e mãe de Laura Victória e Pedro Antônio. Graduada em Direito pela Universidade do Oeste de Santa Catarina (Unoesc) Campus Xanxerê, e, atualmente, acadêmica do curso de Teologia na Unicesumar. Formada no curso de Oratória também pela Unoesc e no curso "Ela" pelo Instituto de Educação a Distância (IEAD). É associada da Associação Empresarial de Xanxerê (ACIX), e sócia-proprietária da Rede Vest Oest.

Contatos
simeiasirinoxxe@hotmail.com
@antonioesimeia
YouTube: Antonio e Simeia
49 99913 6707

Quando me lembro daquela garotinha cheia de sonhos, com muita imaginação na mochila e fé no coração, sinto orgulho da mulher que me tornei. É com gratidão que compartilho minha história.

Sou de uma família simples de Indaial/SC, a caçula de cinco irmãos. Cresci sob a influência de um pai extremamente religioso e trabalhador, sr. Lauro João Atanázio dos Santos (*in memoriam*), que iniciou um pequeno negócio de frutas e verduras, o qual serviu de inspiração anos depois para os meus primeiros passos no empreendedorismo.

Minha mãe, sra. Olinda Atanázio dos Santos, dona de casa dedicada, fazia de tudo para manter nosso lar em ordem. Cresci em um ambiente regrado, com ensinamentos bíblicos fundamentais.

No entanto, nem sempre foi assim. Meu pai, caminhoneiro, enfrentou um momento de desespero em 24 de dezembro de 1966, que jamais esqueceremos. Naquele dia, ele estava angustiado, entrou no quarto decidido a tirar a própria vida. Procurou pela arma que sempre guardava, mas não a encontrou. O que ele não sabia era que minha mãe, em uma de suas reorganizações, havia mudado o objeto de lugar sem contar a ninguém. E foi assim que, sem saber, salvou sua vida.

No dia seguinte, um convite do meu tio Gentil – que fazia jus ao nome e ao coração generoso – nos levou a um jantar de Natal em Blumenau. Lá, fomos recebidos com carinho, abraços, sorrisos e, para mim, criança naquela época, um paraíso de doces e afetos.

Após o jantar, ele fez outro convite: visitar sua igreja. Meu pai relutou, mas acabou aceitando. Naquela noite, ouvimos palavras que mudaram para sempre nossa trajetória. Pela primeira vez, ele compreendeu que o amor de Jesus poderia transformar sua vida. E transformou. Naquela noite, toda a nossa família entregou o coração a Cristo e O aceitou como Único e suficiente Salvador!

Onze dias depois, foi realizado o primeiro culto evangélico em nossa casa, mas enfrentamos perseguição. Um grupo de aproximadamente 360 homens tentou impedir o culto e tirar a vida do meu pai.

Bíblias foram rasgadas e idosos ficaram feridos. Minha mãe se escondeu com meus irmãos debaixo da cama. Por um equívoco, os perseguidores confundiram um caminhão estacionado com o do meu pai, achando que ele estava lá. Mas ele estava em viagem e escapou de um destino trágico.

Assim nasceram os primeiros evangélicos em Indaial. Hoje há muitas igrejas na cidade, mas naquela época tudo era novo e desafiador. Conto essa história porque não posso falar de mim sem mencionar minhas raízes. A família é nosso primeiro alicerce. Crianças incentivadas desde cedo superam obstáculos na vida adulta.

Meu pai prosperou no comércio, sempre apresentando Jesus às pessoas. Deixou tudo para trás e mudou-se com nossa família para o interior do estado, determinado a levar a mensagem de Jesus. Tornou-se pastor, mas nunca deixou de ser visionário. Desde pequena, ele me ensinou sobre negócios, o poder das palavras, relacionamentos e a importância da fé.

Ele acreditava nas pessoas, gostava de conversar e servir. Nossa casa estava sempre cheia, e foi nesse ambiente que aprendi a escutar, respeitar e valorizar cada pessoa.

Hoje entendo que o maior patrimônio de um negócio não são somente os números, são as pessoas, elas transformam nossas vidas. Desde cedo, Deus me preparou para empreender com fé.

Amor e determinação: o início da nossa jornada

Em 2001, tomei uma das decisões mais importantes da minha vida: casei-me com Antônio Carlos Sirino, em Xanxerê/SC. Éramos jovens, cheios de sonhos, mas com recursos limitados.

O meu esposo começou a trabalhar em uma loja de móveis, e eu, como secretária em uma escola, depois assistente administrativa.

No entanto, sentíamos que nosso futuro ia além das rotinas previsíveis; algo maior nos esperava: o empreendedorismo.

Meu pai, sempre visionário, viu em mim a chama empreendedora antes mesmo que eu percebesse. Com sua experiência e contatos, começou a comprar blusas básicas de lã para eu revender. Pedia poucas peças, mas ele, sempre confiante, trazia o triplo.

Encarei o desafio e, aos poucos, vender se tornou uma paixão e uma conexão com algo maior. Cada peça que vendia, cada cliente que conquistava, era um passo a mais em uma jornada que me transformaria para sempre.

No ano seguinte, Antônio tomou uma decisão ousada: deixou seu emprego. Com o acerto da rescisão, decidimos empreender, mas as dúvidas eram muitas: onde investir, o que comprar, onde vender? O medo quase nos paralisou, mas decidimos seguir em frente.

Compramos um saldo de confecção com peças variadas para todas as idades. Quando a mercadoria chegou, o peso da responsabilidade parecia enorme. Com fé e determinação, organizamos as peças e começamos a revender para pequenos comércios.

Houve momentos de incerteza e quase desespero. Nunca havíamos trabalhado com tantas variedades, e o medo de não conseguir vender era imenso. Havíamos investido todo o nosso capital, e a única alternativa era seguir em frente. Entendemos que Deus muitas vezes nos coloca em situações difíceis para nos fortalecer. Cada desafio tinha um propósito. Com o tempo, identificamos melhor, o que vendia e as necessidades dos clientes, ajustando nossa estratégia.

O ensinamento do meu pai, nosso maior mentor, foi fundamental. Ele dizia que "o difícil não é vender, é comprar. Um produto de qualidade e competitivo se vende naturalmente".

Descobrimos que o segredo do sucesso não estava apenas em vender, mas em entender o mercado e oferecer o melhor. A cada dia, aprendíamos, crescíamos e acreditávamos mais no que estávamos construindo.

Transformando sonhos em sucesso: a jornada de negócio

Em 2004, abrimos nosso primeiro CNPJ, e em 2006, o sonho começou a ganhar forma com a inauguração da nossa primeira loja. Nesse ano, comecei o curso de Direito na Universidade do Oeste de Santa Catarina (Unoesc), aceitando o desafio com determinação. Essa palavra que sempre foi o combatível em minha vida, me fez entender que desistir não era uma opção.

Com muito trabalho, atendemos nossos primeiros clientes, e cada interação foi uma oportunidade de aprender. Logo, precisávamos de um espaço maior. Mudamos de endereço e implementamos um playground na loja. Foi um sucesso! Os pais podiam comprar com tranquilidade enquanto os filhos se divertiam.

Em busca de expansão, abrimos uma filial em outra cidade, mas a falta de experiência de uma logística mais robusta para gerenciar a mercadoria nos trouxeram dificuldades inesperadas. Tivemos que tomar a difícil decisão de fechar a unidade e focar na matriz.

Nem tudo sai como o planejado, e isso faz parte do aprendizado. Esses momentos difíceis, embora desafiadores, nos ensinaram lições valiosas e fortaleceram nossa determinação.

Foi um dos períodos mais complicados da nossa jornada, mas, mesmo assim, encontramos forças para continuar. O caminho é feito de altos e baixos, e são nas dificuldades que aprendemos a crescer.

Sementes de amor: a herança que deixamos

A Bíblia nos ensina que "os filhos são heranças do Senhor". Em 2010, Deus nos abençoou com nossa filha Laura Victória. Eu, que havia perdido uma gestação anterior, sentia um receio profundo, temendo que não pudesse gerar outra criança.

Mas o cuidado de Deus foi imensurável, e Laura nasceu na noite da minha formatura em Direito, e recebeu o nome do meu pai como homenagem. Foi um momento de alegria incomparável.

Ser mãe é um desafio diário, mas, com ela, aprendi a equilibrar os papéis de mãe presente e empresária dedicada. Cada dia é uma jornada única, com momentos de aprendizado e crescimento, e, acima de tudo, um amor que só a maternidade pode proporcionar.

Novos passos, novas conquistas: a jornada de crescimento

Em 2016, vimos Deus concretizar um novo tempo em nossas vidas com o lançamento do nosso primeiro álbum musical, *Lance a capa*. A música nos impulsionou a levar a palavra de Deus aos corações sedentos por salvação.

Em Isaías 52:7 está escrito: "Quão formosos são os pés dos que anunciam o evangelho de paz, dos que anunciam coisas boas!".

Essas palavras nos ensinaram que a nossa missão é levar a mensagem de Cristo a todos os cantos, para que o Evangelho alcance o maior número possível de corações.

Nesse ano, também fomos agraciados com a chegada de nosso segundo filho, Pedro Antônio, completando nossa família com mais amor e alegria.

Nossa jornada tem sido de crescimento constante, há duas décadas. Nesse tempo, nossa empresa se consolidou, e nos estruturamos financeiramente. Sou profundamente grata à cidade que me acolheu e à terra que me viu crescer. Uma das virtudes mais importantes que temos que cultivar é a gratidão, reconhecer aqueles que estenderam a mão quando mais precisamos. Obrigada, Xanxerê!

Como forma de expressar nossa gratidão, atendemos a convites voluntários para levar a palavra de Deus e o louvor aos corações aflitos. À medida que nos colocamos à disposição, Deus vai nos capacitando. Peço sabedoria todos os dias para suportar o que não posso mudar, e tranquilidade para enfrentar os momentos difíceis com a confiança de que Deus está no controle.

Em 2018, meu pai veio a falecer. O luto é uma experiência única, cada pessoa o vive de uma maneira diferente, e eu não fui exceção. Mas encontrei consolo nas palavras de Jesus em João 14:2-3: "Vou preparar-vos lugar. E, se eu for e vos preparar lugar, virei outra vez, e vos tomarei para mim mesmo, para que onde eu estiver estejais vós também". Tenho certeza que meu pai está em um lugar melhor, e que nos reencontraremos.

Mesmo com a dor da perda, continuamos nossa caminhada, sempre louvando. O louvor nos liberta do medo e da angústia, trazendo uma conexão profunda com Deus. Como está escrito em Salmos 34:1-4: "Bendirei ao Senhor o tempo todo, os meus lábios sempre o louvarão. Busquei o Senhor, e ele me respondeu, livrou-me de todos os meus temores".

O impacto e a esperança na pandemia

Poucos momentos me fizeram sentir insegura. Com uma personalidade positiva, sempre busquei alternativas para não desistir. Ao longo do tempo, aprendi a ouvir, observar e perceber o que está por trás de um olhar.

A pandemia da Covid-19 foi um golpe para todos. Estávamos em meio a uma reforma, morando em um pequeno apartamento, a empresa estava fechada, as vendas cessaram e o lucro desapareceu, enquanto as despesas continuavam a crescer. Funcionários dependiam de nós, e tudo parecia desmoronar ao nosso redor. Pela primeira vez, o desespero parecia estar mais perto do que a esperança.

Certa manhã, acordei muito angustiada, sentindo-me impotente. Meu esposo perguntou o que estava acontecendo. Respirei fundo e disse: "o mesmo Deus que nos sustentou até aqui vai nos dar livramento. Ele sempre trouxe soluções, e no tempo certo, fará o mesmo".

Nesse momento, senti uma paz inexplicável. A pandemia me ensinou o verdadeiro descanso em meio à tempestade. O restante do tempo de pandemia foi um período de renovação para mim. Mais uma vez, Deus nos sustentou, nos fortaleceu e nos fez lembrar de sua fidelidade.

Aprender a vencer: a arte de crescer com fé

Toda empresa tem seus recomeços, lutas e crescimento. Quando você cria uma pessoa jurídica, de fato ela passa por processos de crescimento – assim como uma pessoa física, ela tem sua infância, adolescência e fase adulta, e vai amadurecendo com o tempo.

Meu conselho para iniciantes: cercar-se de mentores que façam você ver seu potencial. Porque, acredite, a melhor forma de acertar é errando.

Uma vez, minha filha foi tocar piano na escola e alguém fez um vídeo dela e me enviou, zombando, dizendo: "Nem parece sua filha". Mas, para mim, parecia sim! Porque ela estava tentando, enfrentando o medo, e esse é o verdadeiro primeiro passo para o sucesso. Respondi a quem me mandou o vídeo que ela estava, sim, superando seu maior obstáculo: ela mesma.

Os nossos pensamentos frequentemente nos colocam em problemas. Lance fora de sua mente todo pensamento negativo, tudo que esteja impedindo seu crescimento, lute e não desista!

Essa é a jornada do empreendedorismo: empreender com fé, construir relacionamentos e viver o hoje com intensidade. O tempo é precioso, e o legado que deixamos é de superação.

Com perseverança e paixão, é possível transformar sonhos em realidade. Que estas palavras sirvam de inspiração para quem está trilhando o seu próprio caminho rumo ao sucesso.

31

DA LIBERTAÇÃO À REALIZAÇÃO

Simone Rodrigues superou uma infância marcada por dificuldades financeiras, rejeição e alcoolismo do pai. Após a separação dos pais, enfrentou desafios com coragem e determinação. Trabalhou desde cedo para ajudar a família, mudou-se para São Paulo em busca de oportunidades e, com fé e esforço, alcançou uma vida de realizações pessoais e profissionais.

SIMONE RODRIGUES

Simone Rodrigues

Esposa do Wilson Lourenço. Empresária e empreendedora digital. Técnica em Nutrição e Dietética pelo Senac (2013), Mediadora e Conciliadora pela Faculdade Legale (2015), Coach, Analista Comportamental e Coach Educacional pelo Instituto Line Coaching de Florianópolis/SC (2018). Graduada em Direito pelo Centro Universitário FAM – Campus Americana (2022). Pós-graduada em Direito Previdenciário, Processo Previdenciário, e em Docência pela Faculdade de Minas – Facuminas (2023). Graduanda em Direito do Trabalho e Processo do Trabalho.

Contatos
simonerodrigues.atendimentoprev@gmail.com

Simone Rodrigues

Eu, desde criança, desejava ter uma vida significativa. Nascida em Riacho de Santana/BA, e criada em Caetité, cresci em uma família muito pobre. Sofri com o vício do alcoolismo do meu pai e enfrentei a trágica separação dos meus pais, em 1994. Na infância, sentia uma carência e passei por muitas dificuldades devido à rejeição. Meu pai trabalhava como mestre de obras e passava longos períodos fora de casa, às vezes, até 30 dias. Minha mãe também trabalhava fora e cuidava das tarefas domésticas. Quando meu pai viajava e retornava para casa, percebia que ele tinha um olhar especial pela minha irmã, demonstrando um amor diferenciado por ela. Para mim, tudo que eu fazia resultava em brigas e punições; ele não expressava aquele amor paternal comigo. Não me recordo de ter recebido um abraço carinhoso dele em nenhum momento. Essa falta de afeto me acompanhou desde pequena. Vivíamos em uma casa onde as pessoas cobravam aluguel, o que levou minha mãe a trocar um terreno por uma casa sem a autorização do meu pai, gerando tensões familiares.

Lembro-me de momentos dolorosos, especialmente de uma noite de sábado. Meu pai chegou embriagado após uma viagem de trabalho e ficou furioso ao descobrir a troca da propriedade. A discussão começou por volta das 22h da noite; ele gritava e agredia minha mãe, acreditando que ela tinha desrespeitado sua autoridade como chefe da família. Minha mãe tomou essa decisão para melhorar nossa situação difícil, mas meu pai não compreendeu suas intenções e sentiu-se ameaçado em seu papel familiar. Ele decidiu sair de casa; entretanto, minha mãe deixou claro que se ele saísse naquela noite, não haveria mais chance de voltar. Cansada do relacionamento abusivo, ela decidiu pôr fim àquela situação insustentável.

Quando minha mãe decidiu se separar do meu pai, senti medo, tristeza e insegurança. Perguntava-me: "O que será de nós? Como será nosso amanhã?" Era como uma noite escura. A situação foi traumática. Já estava deitada na cama, querendo dormir, mas precisei sair e ir para a casa da minha avó. Ela veio nos buscar junto com minha mãe; éramos três irmãs que passamos a noite na casa dela. Minha mãe conversou com meu tio sobre nossa nova realidade. Minha avó assumiu os papéis paterno e materno enquanto minha mãe trabalhava na capital da Bahia, a 800 quilômetros de distância. Ela se ofereceu para cuidar de nós durante o trabalho da nossa mãe. A partir daquela noite, surgiu uma insegurança que desestabilizou toda a estrutura familiar. Assim começou uma nova fase em nossas vidas.

Minha mãe sempre foi persistente e corajosa, sendo meu ponto de partida. Se ela consegue superar desafios, eu também posso. Aos 12 anos, decidi ajudar minha mãe, que trabalhava durante o dia e à noite para complementar a renda. Falei que sairia de casa para trabalhar e contribuir com as contas. Conversei sobre a importância de buscar conhecimento e trabalhar fora para somarmos esforços. Embora fosse um desafio, também era libertador; tinha certeza de que poderia agregar algo não só para mim, mas para minha família. Minha mãe achava que eu era muito nova para sair de casa e temia as dores do mercado de trabalho. No entanto, pensei: é agora ou nunca; é o momento de buscar algo diferente e melhor para nós.

Comecei a trabalhar na casa da professora Marita, na qual tive uma grande oportunidade de aprendizado. Estudava e ajudava nas tarefas domésticas durante o dia e aplicava os ensinamentos das lições à noite. Praticamente, morei com ela e visitava minha mãe a cada 15 dias, trazendo algo sempre que podia. Tive a sensação de realização ao conseguir ajudar financeiramente. Trabalhava e comprava algumas coisas com meu próprio dinheiro, o que fez minha mãe perceber que fiz uma boa escolha. Eu e minha mãe sempre tivemos esse compartilhamento; nos ajudamos mutuamente desde muito novas. Essa troca me trouxe uma sensação boa: ser útil à pessoa amada me fez sentir realizada ao adquirir conhecimento e receber meu próprio dinheiro.

Tive sorte em ter uma boa patroa e professora durante quase dois anos; isso impactou positivamente minhas notas na escola após ter sido reprovada duas vezes na segunda série. Ela sabia da ausência dos meus pais e se dedicou a me ajudar nos estudos – corrigindo-me em leitura, escrita e oratória –, tornando essa experiência maravilhosa. Além disso, ela contribuía com doações de roupas ou calçados em datas especiais como aniversários, incentivando-me a comemorar esses momentos com minha mãe. A professora era atenta às nossas necessidades emocionais diante dos preconceitos enfrentados por causa da separação familiar, em um período difícil.

Após concluir meus estudos, aos 16 anos, em 2001, trabalhei na melhor sorveteria da cidade, reconhecida e renomada. Nesse local, fiz amizade com os patrões e adquiri experiência valiosa no mercado de trabalho. Quando soube que a sorveteria precisava de alguém para atendimento no balcão, me dispus a trabalhar lá. O salário era melhor e fui fazer a entrevista. Pedi uma oportunidade para contribuir com o ambiente e posso afirmar que foi o melhor emprego que tive. Trabalhei em muitos lugares, mas ali realmente gostava do que fazia e me adaptava bem ao ambiente. Na época, tínhamos folgas durante a semana e, às vezes, eu fazia hora extra. Não éramos apenas funcionários, éramos amigos dos clientes também, o que me fez sentir em casa. Meu patrão sempre nos lembrava da importância de gastar com sabedoria: "demora um mês para ganhar, mas gasta-se em minutos". Ele nos tratava como colaboradores dos sonhos dentro da empresa. Todos os funcionários saíam de lá com suas vidas estabilizadas.

Em um belo dia de dezembro, no final do ano, conversei com uma amiga e recebi a oportunidade de trabalhar em São Paulo. Sabia que minha mãe não aceitaria, pois eu tinha apenas 19 anos e não tinha parentes na cidade. No entanto, desejava muito essa mudança; sabia que poderia ganhar mais e ter novas possibilidades. Minha mãe compreendia as dificuldades que eu enfrentaria, mas decidi não ter medo. A oportunidade era desafiadora. Como sou uma pessoa de fé, fiz uma oração pedindo a Deus sabedoria para conversar com meu patrão e explicar minha decisão. Pedi um sinal: se minha patroa enviasse o dinheiro para comprar minha passagem, seria um sinal da vontade de Deus. Assim aconteceu; conversei com meu patrão e ele me deu três meses para me estabilizar em São Paulo. Se não conseguisse, poderia voltar a trabalhar com eles.

Meu objetivo também era ajudar minha família. Vi a chance de trabalhar enquanto fazia um curso superior, adquirindo novos conhecimentos e conhecendo novas culturas. No dia 17 de janeiro de 2004, cheguei a São Paulo em busca de novos horizontes. Com apenas 19 anos e sem dinheiro ou parentes por perto, enfrentei muitas dificuldades ao longo do caminho; nada me desanimou ou impediu meus sonhos. Coloquei Deus à frente e desenvolvi coragem dentro de mim diariamente. Entrei em um ônibus sonhando alto enquanto escutava uma música famosa da época: "*Vai longe*".

Cheguei sozinha ao estado sem conhecer ninguém e comecei do zero; eu assumi a responsabilidade pelo aluguel aos 19 anos. Meu propósito ao vir para São Paulo era ajudar minha família, se conseguisse me estabelecer bem, poderia apoiá-los.

Após três meses trabalhando com uma família aqui em São Paulo, sem sucesso na experiência inicial, aluguei uma casa e comecei minha vida do zero novamente. Com o tempo, alcancei uma condição melhor e consegui trazer minha mãe para São Paulo, proporcionando a ela uma vida mais digna. Também trouxe minha irmã, que hoje é casada e mora aqui. Aproveitei as oportunidades que surgiram na minha vida para buscar conhecimento através de cursos como desenvolvimento pessoal e nutrição dietética. Iniciei também a faculdade nessa área.

Eu acredito profundamente nas coisas de Deus e busco viver conforme Seus ensinamentos. Embora não consiga fazer isso 100% do tempo, me esforço para seguir esse caminho. Durante meu curso de Nutrição, enquanto estudava para o concurso da Anvisa e enfrentava um divórcio, comecei a pesquisar sobre o tema. Cresci em um ambiente que não aceitava separação ou traição. Uma irmã me convidou para visitar uma sede religiosa. Ao chegar lá, ela apresentou seu filho Davi, recém-formado em Direito. Em meio à minha dificuldade emocional, ela disse que todos nós tínhamos algo em comum e que Deus havia revelado mudanças significativas na minha vida. No entanto, duvidei das suas palavras e fui para a faculdade. No curso de Nutrição, apesar de desenvolver projetos na área clínica e ter paixão pela área, as coisas começaram a desandar. Quando Deus tem um plano diferente do nosso desejo, Ele começa a agir. Eu estava sem emprego no mercado de trabalho e decidi buscar orientação divina na igreja. Retornei à faculdade à noite em busca de uma palavra reconfortante. O Senhor me falou que era no Direito que Ele queria me ver atuando como intérprete das leis na Terra. Resisti inicialmente à ideia; não queria essa mudança drástica em minha vida.

Decidi então contatar o reitor da faculdade de Direito por e-mail, buscando informações sobre oportunidades no setor jurídico. Ele respondeu rapidamente, dizendo ser desembargador e ofereceu cinco aulas experimentais para eu decidir se realmente queria seguir esse caminho. Enquanto trabalhava vendendo apartamentos durante uma crise econômica em São Paulo, fui surpreendida ao descobrir que não haveria aula naquele dia específico, quando cheguei à faculdade com expectativa de assistir às aulas experimentais. Lá conheci Rafael, um aluno encantador do curso de Direito que me apresentou as turmas disponíveis até as 19h30. Quando entrei na sala destinada aos alunos novos e percebi onde estaria estudando futuramente, e agradeci a Rafael por sua ajuda; ele era como um anjo enviado por Deus. As aulas começaram com criminologia, abordando temas complexos como detecção da mentira nos crimes – algo inicialmente desconfortável para mim –, mas logo percebi a importância da humildade nas profissões jurídicas por meio dos ensinamentos dos professores renomados presentes nas aulas.

O professor enfatizava valores como caridade e humildade dentro do contexto legal, enquanto fazia comparações entre os princípios divinos e as leis humanas. Essa abordagem tocou meu coração profundamente; parecia estar participando de um culto religioso dentro da sala de aula. Com o passar das aulas, comecei a considerar seriamente mudar meu foco acadêmico definitivamente para o Direito após sentir forte motivação interna por meio das mensagens encorajadoras recebidas durante todo esse processo: "não desista", "prossiga", "estou contigo". Essas palavras foram fundamentais quando pensei em desistir novamente; sempre voltei ao propósito maior pelo qual fui chamada por Deus.

Durante a faculdade, conheci uma pessoa especial que se tornou o amor da minha vida; um homem enviado por Deus para me apoiar em todos os momentos até concluir o curso. Ele nunca me abandonou; sempre esteve ao meu lado, oferecendo apoio e encorajamento para eu não desistir. Finalmente, no dia 16 de agosto de 2023, com Deus, minha família e meu amado esposo, recebi o diploma tão sonhado. Hoje me sinto realizada porque já estou ajudando outras pessoas a realizarem seus sonhos também. Especializei-me na área do Direito Previdenciário e conquistei várias aposentadorias e benefícios por incapacidade. Agora posso ajudar outras pessoas a buscar seus direitos sem perder a esperança de sonhar novamente, e como empresária ajudar o meu esposo no mundo dos negócios.

32

A FORÇA DA MULHER NA CONSTRUÇÃO DE UM SONHO

A vida me ensinou que sucesso não é apenas financeiro, mas sim ter uma família unida, princípios sólidos e a capacidade de ajudar o próximo. Acreditar em Deus, ter propósito e persistência foram fundamentais para superar desafios. Hoje, vejo com orgulho a continuidade do nosso legado e reforço a importância da família como base para uma vida plena.

VANIA MARIA CANCELIER MARTARELLO

Vania Maria Cancelier Martarello

Natural de Bom Jesus/SC. Filha de Idalino e Vanda Maria Cancelier. Nascida em uma linda data agraciada por Deus, 7 de abril de 1966. É casada com Oscar Martarello, mãe de quatro filhos, avó de três meninas. Sua formação é com uma vida cheia de significados e realizações pessoais. É empresária e, nestes últimos 30 anos da sua vida, procurou dar o seu melhor em prol da empresa – a qual ela e seu marido fundaram – e dos seus quatro filhos: Lucas, Polyana, Felipe e Pamela.

Contatos
vania@maiper.com.br
Instagram: @vaniamartarello
49 99944 0123

Vivências marcadas de uma linda história

Durantes estes anos todos em que estamos empreendendo, sempre procurei realizar serviços em benefício da comunidade, juntamente com Oscar.

Durante nove anos, fomos responsáveis pelo conselho da Igreja matriz de Xanxerê/SC, onde, eu diria, foi o início da caminhada de servir à comunidade como voluntários. Nessa época, atuei também como coordenadora, por três anos, do concurso Boneca Viva da Igreja Senhor Bom Jesus de Xanxerê.

Tive a oportunidade de atuar como catequista da Paróquia Senhor Bom Jesus, durante alguns anos.

Fui presidente da comissão de recepção da ExpoFemi – uma das maiores feiras do estado de Santa Catarina, de 2019 a 2026. Em paralelo a isso, fui vice-presidente da Associação de Senhoras de Rotarianos (ASR), Distrito 4740, de 2020 a 2022, uma oportunidade para desenvolver ainda mais o companheirismo, a amizade e a solidariedade humana; estar presente na vida do outro.

O voluntariado me proporciona a oportunidade de conhecer novas realidades

Hoje, atuo como presidente cofundadora da Associação Criança, Amor e Saúde (ACAS). Desde 2020, sou voluntária e atuante na comunidade por meio desta entidade sem fins lucrativos, apoiando a saúde infantil do nosso município.

Sou diretora do Conselho Administrativo da Maiper S.A., empresa familiar que fundamos há três décadas. Os anos passaram e os filhos cresceram. Hoje meus dois filhos, Lucas, e Felipe, atuam na linha de frente da gestão. Sou muito grata a Deus por termos conseguido conduzir e formar esta sucessão familiar, que é um dos grandes marcos de sucesso empresarial em nossas vidas. Desenvolver uma empresa do zero e chegar a um faturamento exponencial, com diversas unidades pelo Brasil e milhares de clientes, foi fruto de muito trabalho e dedicação.

Ver este negócio escalando ainda mais, e com a segunda geração à frente da gestão, é algo de que meu marido e eu nos orgulhamos muito.

Mas a vida nem sempre foi somente sucesso e crescimento. Apesar da minha formação até o segundo grau, que consegui concluir, tive uma oportunidade ímpar de aprender com os desafios da vida. A minha família e a vida foram a minha verdadeira formação.

Voltando um pouco no tempo, nasci na cidade de Bom Jesus/SC, sou a sexta filha de uma família de oito irmãos. Meus pais são naturais do Rio Grande do Sul, mas logo que se casaram passaram a residir no município de Abelardo Luz/SC.

Vieram com o propósito de trabalhar em uma madeireira, com arraste de toras. Pouco tempo depois, mudaram-se para a comunidade de Bom Jesus, na época distrito de Xanxerê e hoje já emancipada. Nessa época, em meados dos anos 1950, meus pais, Idalino e Vanda, começaram a empreender. Abriram uma ferraria para conserto de rodas de carroças e ferramentas em geral e, por algum tempo, foi com esta ferraria que meus pais sustentaram a família. Lembro que meus irmãos mais velhos contam que, nessa fase da vida, meu pai trabalhava muito, quase não dava conta do trabalho, e minha mãe o ajudava na ferraria. Ela conciliava o auxílio no serviço pesado e, ao mesmo tempo, tinha a responsabilidade de criar os filhos provendo comida e os cuidados que eram necessários.

Um dia, meus pais cansaram de bater marreta em ferro quente e trocaram a ferraria por um caminhão e uma pequena chácara. Quando meu pai resolveu voltar a arrastar toras, passou a ficar fora de casa durante dias e dias. Nessa época, as coisas entre meus pais já não iam bem. Após um tempo viajando, meu pai decidiu sair de casa, e do nada pediu o divórcio. Deixou minha mãe sem trabalho, com oito filhos, sendo que o caçula ainda estava na barriga. Deixou a chácara para minha mãe e foi embora com o caminhão. E, aí, as coisas que já eram difíceis ficaram ainda mais complicadas. Minha mãe, uma pessoa forte, soube gerenciar as suas emoções e seguir em frente. Acreditou em Deus e na construção do futuro dos seus filhos.

Por isso, eu digo que o maior exemplo de força e persistência que tive na minha vida, sem dúvida, foi a minha mãe. Uma guerreira, que criou oito filhos em condições de extrema pobreza. Nessa época, após ter ficado em estado de abandono, encarou a luta dos trabalhos na roça para trazer comida para a mesa e poder criar os filhos. Conforme meus irmãos iam crescendo, já começavam a trabalhar para ajudar com o sustento da casa.

Quando completei 14 anos, minha mãe resolveu sair do interior de Bom Jesus e morar na cidade. Passamos a residir em Xanxerê, até os dias de hoje, com a intenção de poder ter os filhos mais novos na escola e os mais velhos terem mais oportunidades de emprego, estudar e trabalhar. Essa mudança foi como começar uma vida nova, e só o que tínhamos era uns aos outros, além de muita dedicação e coragem, é claro. Minha mãe, com sua paciência, dizia: a família não é um capricho, e sim uma construção diária.

Após a mudança para Xanxerê, comecei a estudar no colégio Costa e Silva, com dois irmãos mais velhos, que já estavam estudando e trabalhando. Nessa época, já ouvia os conselhos da minha mãe, que sempre buscou, na sua simplicidade, ensinar os valores éticos e o gosto pelo trabalho. Comecei assumindo as tarefas domésticas. Cheia de disposição, aprendi a trabalhar e a dar valor para o pouco que tínhamos naquela época. Esse tempo todo sempre ao meu lado, minha mãe, me incentivando a ser cada dia melhor, possibilitou que eu pudesse ter meu primeiro emprego como ajudante do lar. Tive uma oportunidade de trabalhar como babá e ali fiquei por cinco anos. Eu trabalhava de dia e estudava à noite.

Tenho muitas lembranças boas da minha vida enquanto criança. Mesmo tendo sido uma infância de muita pobreza e dificuldades financeiras, nunca faltou apoio e cuidado na casa da minha mãe. Com meus irmãos, brincávamos com pouco, ou quase nada. Infância com dádivas preciosas. Eram momentos mágicos, cheios de descobertas. Com uma boneca feita de espiga de milho, bola de palha costurada na meia, balanço de cipó, lanches, frutas nativas da época, batata-doce, pão de milho e água da fonte. Buscar água na fonte, a dois quilômetros de casa, foi a minha tarefa, durante alguns anos. Nessa época, já dávamos muito valor a esse pouco que tínhamos, e nossa mãe Vanda, que desde menina foi muito religiosa, já nos ensinava a agradecer de joelhos, todos os dias, a Deus por meio das orações. Não podia faltar o culto da comunidade de jeito algum. Após o culto o almoço e, aí sim, tempo livre para brincar com as colegas.

Eu acredito em Deus e que ele tenha um propósito para cada ser humano. Ele me deu o maior bem que possuo hoje, que é a minha família, que me traz a principal motivação para os desafios que a vida me impôs.

Por intermédio de uma amiga do colégio, conheci, ainda nos anos 1980, o meu marido Oscar. Tivemos, com muito respeito a nós e aos nossos pais, a oportunidade do namoro, noivado e casamento. Estamos casados até hoje. Comemoramos juntos essas quatro décadas de união. A vida nos apresenta momentos de alegria, tristeza, conquistas e derrotas. Mas sempre fomos muito cúmplices, aproveitando cada um desses momentos nos quais um soube apoiar o outro, respeitar e dar forças. Neste propósito de Deus, ele me deu a bênção de ser mãe de quatro filhos. Para eles, eu tive o desafio de transmitir os valores e ensinamentos preciosos que recebi da minha mãe: educação, humildade, honestidade. Ver os meus filhos crescerem com saúde, no caminho certo, e uma energia natural da prosperidade é o que me faz mais feliz nesta vida. Com muito orgulho e amor, dediquei, e ainda dedico, meu tempo a este conjunto de quatro virtudes.

Na minha vida, sempre tive enormes desafios. Seguindo os passos da minha mãe, sempre me cobrei muito a contribuir para prover as necessidades da família e, ao mesmo tempo, dar conta de cuidar da casa e dos quatro filhos. O desafio sempre foi conciliar o trabalho, os estudos e a maternidade. Meu primeiro filho nasceu enquanto eu ainda não havia terminado os estudos. Mas tinha em mente voltar a estudar, para poder conseguir um emprego que realmente ajudasse na renda familiar.

Logo que casei com o Oscar, fomos morar no interior de Ipuaçu/SC, um bom tempo na roça, tempo de fazer algumas safras e aprender um pouco. A vida financeira era realmente bem restrita, complicada nessa época. Então, após dois anos tentando prosperar no interior, decidimos voltar a morar na cidade. Logo que voltamos, consegui emprego como vendedora de cosméticos. Sem experiência como vendedora ambulante, mas com amor no que fazia, diga-se de passagem, conciliando o trabalho em uma cantina escolar em que ajudava a fazer lanches. Nessa época, o Oscar já havia conseguido um emprego em uma concessionária, no setor de autopeças. Com muita dedicação, e o pouco de dinheiro que conseguimos guardar durante a vida na roça, conseguimos comprar um terreno e construir uma casa muito simples. O primeiro filho, Lucas, estava então a caminho. Em pouco tempo veio o nascimento da segunda filha, Poliana, hoje Irmã Joana da Graça. Então, já com dois filhos, decidi voltar a estudar, porém como você deve imaginar, não era nada fácil cuidar de duas crianças, trabalhar e estudar.

Enquanto eu cuidava já de dois filhos e da casa, não tirava da mente que precisava estudar para concluir pelo menos o meu Ensino Médio, o que já ajudaria no currículo para um emprego melhor. Foi quando comecei a frequentar a sala de aula, novamente no Colégio Costa e Silva. Mas o sonho durou um período de cinco meses e eu, grávida novamente, do terceiro filho, Felipe Ângelo Martarello, vi ali que não conseguiria dar conta de levar adiante meu sonho de formação para melhorar o meu currículo. Foi nesse período que o meu marido recebeu o convite de meu irmão caçula, Velci Luiz, oitavo filho da família Cancelier, para entrar como sócio em uma metalúrgica. Nessa época, tivemos que ter muita coragem e determinação. Já com três filhos, decidimos que o melhor era o meu marido largar o emprego para que pudéssemos nos aventurar no empreendedorismo. Uma época de economia muito tensa, o ano era 1993. O impeachment do Collor acabara de ocorrer, muita inflação, muito desemprego, um cenário político e econômico muito adverso. Lembro-me que nossos vizinhos, na época, ficaram bastante preocupados, porque as coisas realmente poderiam dar muito errado e eram três filhos já para sustentar, e não tínhamos um plano B.

Tínhamos, fazia pouco, construído nossa casa própria, meu marido há poucas semanas havia sido promovido a gerente, e ganharia um salário três vezes maior do que antes. Foi um alvoroço nas nossas famílias, era loucura o que estávamos fazendo. Hoje, olhando para o passado, vemos que foi loucura realmente, mas nossa dedicação e seriedade com as coisas, amor e coragem para fazer o bem e humildade para conquistar as pessoas fizeram com que esse pequeno negócio prosperasse e nos trouxesse uma boa estabilidade financeira.

Nessas decisões difíceis, sempre estive ao lado do meu marido, apoiando e encarando o desafio, em prol de um futuro melhor para nossos filhos. Nos anos seguintes, segui trabalhando em diversas atividades administrativas mesmo sem uma formação adequada, com muita cautela, aprendendo com a vida, aprendendo com a humildade de olhar em volta e buscar entender o que podia ser feito e que estivesse ao meu alcance. Sempre com muita determinação de vencer, de dar o meu melhor, mesmo diante das dificuldades que se apresentavam.

Fatores determinantes para o sucesso do nosso negócio, sem dúvida, foram a persistência, a autoconfiança, humildade e a força de vontade de alcançar uma vida melhor, e poder proporcionar isso aos nossos filhos. Essa foi a principal motivação. Na capacidade de lidar com adversidades, eu mais uma vez no comando da maternidade com a nossa quarta filha, caçula da família, Pamela, hoje médica formada, Graças a Deus. Sou uma mulher de coragem e persistência e consegui o tempo para voltar para a sala de aula e concluir o meu segundo grau. E, tão logo ali na frente, uma faculdade também. Pelo fato de acreditarmos e darmos sempre nosso melhor, meu marido e eu construímos uma história profissional muito bonita. Hoje, nossa empresa está prestes a completar 31 anos, já tendo dois dos filhos homens à frente dela, seguindo os ensinamentos que o Oscar e eu pudemos dar. Mesmo na nossa simplicidade, sem tanto estudo, conseguimos sempre mostrar que existe um caminho a seguir, com honestidade, coragem e determinação. Hoje, nossa empresa segue crescendo e inovando. Tivemos a graça de conseguir realizar uma sucessão familiar de sucesso. Diante da tranquilidade e da estabilidade, dentro da nossa empresa, o Oscar, também convocado pela comunidade, optou por atuar dentro do serviço público, tentar ser um líder na política. Assim, hoje ele comanda a Prefeitura de Xanxerê. No segundo mandato, chegou ao ranking dos prefeitos mais votados do Brasil. E, além da empresa, eu me dedico, ao lado do Oscar, aos projetos sociais. Um propósito nosso, de devolver um pouco ao universo e a Deus tudo aquilo que nos deram.

Aprendi, nesses anos todos, que não devemos comparar a nossa vida com a dos outros, devemos aceitar quem somos, com nossas qualidades e defeitos, e seguir na busca do que acreditamos ser o melhor para nós e para as pessoas que amamos. Devemos ser os construtores da nossa história, sendo honestos com nós mesmos e com os outros.

Cada um nasce com um caminho, estrada cheia de etapas para vencer, com pedras no caminho que demandam muita persistência e desenvolvimento pessoal. Mas tudo fica mais leve quando perdemos o hábito da comparação e aceitamos quem somos e para o que viemos nesta vida. Quando encontramos o nosso propósito, entendemos também o nosso valor, e deste lugar tiramos a motivação para superar os desafios e prosperar nesta vida com dignidade, felicidade e amor.

Acredito que uma família é a base para essa escalada do sucesso, e para termos uma vida mais feliz.

A família é, sem dúvida, o nosso bem mais precioso, que amamos e em que desejamos viver experiências felizes. Também é o pote onde encontramos forças para superar desafios e tempestades. Além disso, consigo ver a família como um time que, quando trabalha unido e com objetivos em comum, tem a vitória como consequência.

Uma coisa que aprendi, ainda com a minha mãe lá na roça, é não reclamar. Entendo que cada desafio pode ser uma oportunidade disfarçada de problema. Cada tropeço que gera dor, ou algum tipo de dano a nós, se encarado como um aprendizado, pode ser uma força propulsora muito forte para o sucesso na vida. Como diz aquele ditado famoso, "sem dor, sem ganho". A vida é dura mesmo. No entanto, quando temos uns aos outros para nos apoiar e acolher nos momentos mais tempestuosos, ficamos mais fortes e temos mais chances de chegar mais longe.

Família, a base para uma vida de sucesso

A definição de sucesso, para mim e o infinito, não gira em torno de bens materiais e valores monetários, isso são consequências do sucesso. Sucesso, para mim, é ter uma vida digna, é aprender a amar e a perdoar, é ter pessoas que amamos sempre próximas da gente. É ver os filhos crescerem e levarem adiante aquilo que acredito serem princípios de valor que aprendi com a minha mãe. Ensinei isso aos meus filhos, e agora eles terão a oportunidade de ensinar aos meus netos.

Infinito movimento

O direito da mulher estar sempre em movimento requer disponibilidade e responsabilidade de assumir o desenvolvimento pessoal e profissional. Ao ter a liberdade de escolher, podemos assumir responsabilidades que nos desafiam e nos permitem crescer, ajudando as pessoas a alcançarem seus objetivos e buscarem felicidade para que possam contribuir para uma sociedade mais justa.

O infinito movimento das mulheres pode nos dar o direito de expressar nossas opiniões, e promover a troca de ideias em busca por soluções dos problemas sociais e políticos. Isso não apenas nos ajuda a desenvolver habilidades e competências, como também nos permite ser responsáveis nas tomadas de decisões. Portanto, é essencial que tenhamos o direito de assumir cargos de decisões com respeito, responsabilidade e consciência, considerando os impactos de nossas ações para nós mesmas e para os outros.

A vida é como andar de bicicleta. Para manter o equilíbrio,
é preciso se manter em movimento.
Albert Einstein

33

ASSUMI MEU LUGAR

UMA HISTÓRIA DE PROTAGONISMO

A vida é como um livro, e cada um de nós é o autor da própria narrativa. Todos os dias, escrevemos capítulos com nossas escolhas, ações e pensamentos. Ser protagonista da sua história significa assumir o controle do enredo, não permitindo que outras pessoas ou circunstâncias decidam por você. É viver de forma consciente, com coragem para definir os rumos da sua jornada.

VIVIANE GOTTARDO BRIDI

Viviane Gottardo Bridi

Empresária e gestora do Centro de Ensino de Abelardo Luz (CESAB). Possui graduação em Letras (Português/Inglês) e pós-graduação em Língua Inglesa pela Unoesc Xanxerê. Graduada em Marketing Digital pela Estácio, e pós-graduada em Gestão de Polos. Possui aperfeiçoamento internacional em Inglês em Brighton, Inglaterra. É integrante da Coordenação do Núcleo da Mulher Empresária de Abelardo Luz.

Contatos
viviane@cesab.com.br
Instagram: @vivigottardobridi
49 98413 0755

Viviane Gottardo Bridi

É difícil saber qual é nossa primeira recordação. Apenas lembro que, quando criança, meu sonho era ser professora. Mesmo antes de iniciar minha vida como estudante, meu desejo era ser professora. Uma profissão que eu admirava. Na minha família tinha professoras, e eu sempre pensava: quando crescer quero ser igual a elas.

Nasci e fui criada em uma comunidade no interior de Abelardo Luz. Na minha casa, apenas meu pai trabalhava para o sustento da família. Minha mãe cuidava da casa e dos três filhos (que davam bastante trabalho), eu, minha irmã mais nova e meu irmão mais velho. Depois, ela adotou um primo, e nos tornamos quatro irmãos.

Tivemos uma infância saudável, brincávamos muito. Apesar de ganhar apenas um brinquedo por ano, somente no Natal, nós nos divertíamos muito, às vezes, com brinquedos que nós mesmos criávamos, às vezes, em brincadeiras com os amigos vizinhos.

Cresci ouvindo a história triste de minha mãe, minha maior inspiração. Com ela, aprendi o valor da resiliência, da bondade e generosidade. Muito cedo, ela precisou deixar a casa do meu avô. Minha avó faleceu quando ela era criança e meu avô, como não tinha condições de criar os quatro filhos, permitiu que fossem viver com outras famílias, em outras cidades, para poderem estudar e trabalhar. Conta ela que sofreu muito por ter que se afastar do pai e dos irmãos e viver com pessoas desconhecidas. Essa história sempre me comoveu, e, diante desse cenário, eu decidi que minha história seria diferente.

Cresci pensando em ser protagonista da minha própria história. Em buscar o melhor para mim. Este sentimento sempre esteve muito presente na minha vida.

Quando iniciei minha vida como estudante, a ideia de ser professora ainda persistia.

Iniciei meus estudos aos seis anos de idade, na 1ª série de uma escola multisseriada. Eu morava no interior e as escolas eram assim, as quatro séries em uma única sala.

Minha primeira professora foi minha tia Neuza Gotardo Signor. Lembro que eu gostava de sentar com colegas das séries mais adiantadas e, inclusive, fazia algumas atividades com eles. Eram carteiras onde se sentavam dois alunos lado a lado.

Minha admiração pela minha professora só aumentava. Eu me perguntava: "como ela sabe tanta coisa?".

Talvez, pelo fato de sonhar em ser professora, sempre fui boa aluna, muito dedicada e caprichosa, minha paixão pelo conhecimento sempre foi minha maior motivação.

Sempre estudei em escola pública. Comecei a trabalhar desde cedo. Aos dez anos, conquistei meu primeiro trabalho e tinha até salário. Trabalhei como babá da filha de uma vizinha. De manhã, eu ia para a escola, à tarde, para o trabalho. Minha habilidade com crianças já começou a se desenvolver desde então.

Fiz as primeiras séries do Ensino Fundamental na comunidade onde morava e moro até hoje, Passo das Antas. Para as séries finais, tínhamos que ir de transporte para a cidade. Quando iniciei o ensino médio, era oferecido somente a noite e não havia transporte, então tive que ir morar na cidade para poder estudar. Fui morar na casa dos meus tios e então trabalhar no comércio para ganhar algum dinheiro, pois já conhecia o gosto da independência financeira e queria ter minha renda.

Meu primeiro trabalho no comércio foi na imobiliária do meu pai, que tinha meu tio como sócio. Depois, trabalhei em mercado, ferragem, lojas e até em escola, como bolsista.

Aos 19 anos, me casei com João Cezar, um grande incentivador de todos os meus sonhos e projetos até hoje. Quando me casei, parei de trabalhar no comércio, porém, eu não me acostumava com o ócio, já estava habituada com a rotina do trabalho fora de casa. Foi então que decidi ser manicure, algo que eu pudesse me ocupar para passar o tempo. Atendia as clientes na minha casa.

Em 1995, nasceu nossa primeira filha, Thaís. Eu era imatura para a maternidade, muito jovem e encarei o desafio de descobrir que, quando nasce um filho, nasce também uma mãe. Medo, insegurança e a certeza de que eu teria um papel fundamental no desenvolvimento dela. Quando ela ainda era bebê, iniciei minha tão sonhada carreira de professora. A escola era perto da minha casa e, pasmem: multisseriada também.

A professora da época estava grávida e, devido a problemas durante a gravidez, precisou se afastar e me chamou para substituí-la por uns dias; passaram-se meses e, por fim, ela não voltou mais para a escola e eu fui contratada como professora.

Um desafio enorme, pois eu não tinha formação nenhuma na área, apenas o sonho de criança que me sustentava.

No ano seguinte, iniciei o curso de Magistério. Fui buscar formação para estar mais bem preparada para desempenhar com qualidade a minha carreira tão sonhada.

Assim que terminei o Magistério iniciei minha graduação em Letras (Português e Inglês).

Durante minha graduação, um novo sonho despertou em mim. Me apaixonei pela língua inglesa e então descobri onde realmente eu queria estar, o que eu realmente queria ser e ter.

No primeiro ano da graduação já iniciei como professora de Inglês. Mais um desafio, pois eu tinha apenas o inglês que aprendi na escola a partir da 7ª série (como se chamavam os anos escolares na época).

Concluí minha graduação e prestei concurso na prefeitura do município onde eu moro. Me efetivei como professora de Inglês, 40 horas semanais.

Fiz pós-graduação em Língua Inglesa e um curso de Inglês por quatro anos. Então me senti preparada para qualquer desafio na área. Sempre tive uma ideia de que as oportunidades surgem para quem está preparado. Seguindo essa ideia, busquei ampliar meus conhecimentos e desenvolver meu potencial.

Enquanto trabalhava como professora na rede municipal, fui convidada para dar curso de inglês em uma escola particular que vinha de outra cidade. Trabalhei por dois anos ministrando curso de inglês, dava aulas à noite e aos sábados. Como a escola tinha poucos alunos e não era viável mantê-la aqui na nossa cidade, a escola fechou. Perdi minhas aulinhas particulares que eu tanto amava.

Em 2007, quando nasceu nosso segundo filho, o João, senti que precisava priorizar um pouco do meu tempo para ele, então desisti de dez horas de aula para poder ficar pelo menos um tempo a mais com ele.

No ano de 2010, minha colega de escola, Iracema Grespan, me convidou para lecionar na sua escola, que oferecia cursos de graduação no modelo de educação a distância e que também queria oferecer curso de inglês.

Iniciei como professora e depois fui contratada como coordenadora do polo de EAD. O curso de Inglês era oferecido em parceria com uma escola de idiomas de outra cidade.

Oportunidades continuaram surgindo e eu estava disposta a aproveitar cada uma delas. Fui convidada para fazer parte do quadro societário da empresa onde eu estava trabalhando. Uma das proprietárias, que era advogada, decidiu seguir sua carreira na área de Direito e me ofereceu suas ações na empresa. Me tornei sócia de uma empresa onde eu era mera funcionária.

Com essa oportunidade percebi que precisava priorizar algumas coisas. Eu podia trabalhar no que realmente encontrei como razão, com algo que ainda estava dentro do meu coração, que era ser professora, mas também com algo que agregasse para minha vida, me fazendo crescer ainda mais, a graduação. Continuei trabalhando como coordenadora e professora de Inglês. Como nosso negócio já estava estabilizado, decidimos ter nossa própria escola de inglês. Iniciamos adquirindo os materiais diretamente da editora e oferecemos nosso produto à comunidade. Consolidou-se a marca CESAB como polo EAD e escola de inglês.

Sempre trabalhando na área de educação, nosso lema é "Transformar vidas através da educação". Sim, a vida realmente é transformada pela educação, pois é um dos pilares mais importantes para a transformação da vida das pessoas, oferece ferramentas que vão além do aprendizado acadêmico.

A educação contribui para o desenvolvimento pessoal, ampliando horizontes, ajudando as pessoas a desenvolverem habilidades para atuarem no mercado de trabalho e para a vida pessoal.

Em todos esses anos na educação, vi muitas pessoas/alunos transformando suas vidas, tornando-se empresários, conquistando ótimas posições no mercado de trabalho e fazendo muito sucesso a partir de suas escolhas.

Minha vida também foi transformada pela educação. Foi neste segmento que realizei muitos sonhos, tive muitas conquistas e uma delas, inesquecível, foi o intercâmbio que fiz em Brighton, Inglaterra. Poder viver a língua, a cultura, o dia a dia do país onde a língua era minha paixão foi uma experiência memorável.

Em resumo, a educação é um motor de mudança, possibilitando o desenvolvimento, a independência e a melhoria contínua das condições de vida.

Ao investir em educação, investimos no potencial humano e no progresso da sociedade como um todo.

Por falar em potencial humano, no decorrer de nossa existência, vamos descobrindo o quanto podemos desenvolver e aproveitar nosso potencial.

Eu, por exemplo, sempre acreditei que meu potencial seria dar aulas, apenas ser professora, mas a vida nos coloca diante de situações em que descobrimos que temos muito mais potencial do que podemos imaginar.

Na empresa em que sou sócia, sempre trabalhei como professora e coordenadora, nunca estive à frente da gestão da empresa, minhas sócias faziam esta parte. Meu trabalho sempre foi a parte pedagógica, tanto no curso de Inglês quanto na área das graduações: atendimento aos alunos e tutores, orientações de estágios, TCCs e afins. Um trabalho que me ensinou muito e me mostrou o poder da educação na transformação na vida das pessoas. Descobri o que realmente me movia, o verdadeiro sentido de "ame o que faz e nunca precisará trabalhar".

Mais um desafio se apresenta na minha vida, e agora? Estou preparada? Sim, estou. Como protagonista da minha história, seria mais um capítulo, o qual eu estava disposta a viver. E foi pensando nessa condição que aceitei o desafio de ser a única proprietária da empresa. A sócia atual me ofereceu as ações restantes. Ela não tinha mais interesse em continuar na empresa. Professora aposentada, decidiu que queria curtir a aposentadoria sem se preocupar com negócios.

Então uma nova fase começou na minha vida. De professora a gestora.

Preciso fazer um parêntese. No decorrer da escrita deste artigo, um novo capítulo surgiu e confesso que para este eu não estava preparada. No início de dezembro, descobrimos que meu pai está com câncer. Perdemos o rumo, jamais imaginávamos passar por isso. A partir daquele momento, não consegui mais escrever, experimentei o que chamamos de "vazio criativo". Não que eu não tivesse o que escrever, pois era a minha história, mas, simplesmente, não conseguia, o pensamento não colaborava. Então tomei a decisão de que iria iniciar o ano escrevendo e aqui estou, no dia 7 de janeiro, preparada para terminar o capítulo da minha trajetória até aqui.

Como citei anteriormente, me tornei empresária, gestora do meu próprio negócio. Aprendi muito com minha antiga sócia sobre gestão e isso me ajudou. Ainda encontro desafios na área, mas estou buscando me especializar para poder gerir minha empresa com a eficiência que o mercado exige.

No ano de 2023, uma empresária, Janete Gotardo, movida pela paixão em apoiar e fortalecer mulheres no mundo dos negócios, decidiu fundar o Núcleo da Mulher Empresária, com o objetivo de criar um espaço de troca, aprendizado e fortalecimento entre empreendedoras. Sua visão era proporcionar um ambiente onde mulheres pudessem compartilhar experiências, desafios e conquistas, além de promover o desenvolvimento de habilidades e conexões que impulsionassem seus negócios. O Núcleo busca contribuir para a evolução do empreendedorismo feminino e incentivar cada vez mais mulheres a se destacarem no mercado. Desde o início, fui convidada a fazer parte e agradeço imensamente, pois percebo que realmente o objetivo do grupo é o desenvolvimento e o fortalecimento. Mulheres empresárias que se uniram para buscar contribuir umas com as outras, edificando, assim, uma história mútua de colaboração e pertencimento. Hoje faço parte da coordenação do Núcleo e cada encontro, tanto da coordenação quanto do núcleo, é um momento de compartilharmos anseios, pensamentos, ideias e projetos que visam o crescimento pessoal e profissional de cada nucleada e suas empresas.

Refletir sobre minha trajetória no empreendedorismo feminino me fez perceber o quão fundamental é a coragem de assumir o protagonismo da própria história. Cada desafio enfrentado, cada conquista alcançada é um passo em direção à construção de um futuro mais justo, inclusivo e empoderado para todas nós. O caminho do empreendedorismo exige persistência, confiança e a quebra de barreiras, mas é, sem dúvida, uma jornada que transforma não apenas as mulheres, mas a sociedade como um todo.

O protagonismo feminino vai além da liderança nos negócios; ele é um movimento de ressignificação de valores, de novas perspectivas e de fortalecimento coletivo. Ao olharmos umas para as outras, vemos um imenso potencial, que ultrapassa limites e nos impulsiona a seguir em frente. Que todas as mulheres possam se enxergar como protagonistas de suas vidas e de seus sonhos, pois o verdadeiro poder está em acreditar no que somos capazes de conquistar. A mudança começa em nós, e o futuro, mais uma vez, será escrito por nossas mãos.